기독교문서선교회 (Christian Literature Center: 약칭 CLC)는 1941년 영국 콜체스터에서 켄 아담스에 의해 시작되었으며 국제 본부는 미국 필라델피아에 있습니다. 국제 CLC는 약 650여 명의 선교사들이 59개 나라에서 180개의 서점을 운영하며 이동 도서 차량 40대를 이용하여 문서 보급에 힘쓰고 있으며 이메일 주문을 통해 130여 국으로 책을 공급하고 있는 국제적 문서선교 기관입니다.

추천사

지난 수년간 가장 두드러진 "온라인 예배냐 대면 예배냐"에 관한 뜨거운 논의는 어느 쪽을 지지하고 반대하고와 상관없이 아쉬움이 있습니다. 이러한 논의의 저변에는 '예배가 곧 기독교 신앙'이 되어 버린 듯한 전제가 깔려 있는 것이 아닌가 하는 우려가 듭니다.

예배는 복음주의적 신앙을 가진 우리에겐 가장 중요한 요소이자 교회의 필수 기능 중 하나지만, 예배가 기독교 신앙의 전부는 아닙니다. 그런데 현대는 여러 가지 이유에서 예배가 기독교 신앙생활의 가장 중심이 되는 것에 그치지 않고 거의 모든 것이 되어 버린 듯합니다. 만약 이 평가가 맞다면 "온라인 예배냐 대면 예배냐"라는 질문은 잘못된 전제이기에 답을 도출할 수 없는 소모적 논의에 불과하게 될 겁니다. 성경은 우리에게 그리스도의 마음을 품고 십자가의 삶을 살라고 하지, 삶을 예배화하라고 명령하지 않습니다.

좀 더 본질적인 것으로 생각을 돌려야 합니다. 학자들의 주장에서 벗어나 성경과 개혁자의 전통으로 돌아가, 살아 계신 주님과 그리스도의 몸으로서 교회, 궁극적 자기 부인과 생명을 주는 사랑으로서 십자가, 교회를 통해 어떻게 그 십자가가 기독교 신앙을 담는 유일한 그릇이자 우리의 정체성이 되는지를 논의해야 합니다. 그래서 우리는 교회의 본질에 마음을 두어야 합니다.

이런 의미에서 이윤성 박사의 책은 논의를 "온라인 예배냐 대면 예배냐"에서 교회 자체의 논의로 옮기는 첫 발걸음일 뿐만 아니라, 교회 됨을 되찾아야 한다는 올바름을 향한 발걸음을 시작할 때, 교회가 사회를 향한 변혁의 큰 발걸음이라는 소망을 보여줍니다.

『빅스텝 한국교회』는 실수를 두려워하지 않고 시도해야 한다는 가치를 우리에게 일깨우며, 우리의 작은 발걸음을 교회로 모을 때 빅스텝이 될 수 있음도 꿈꾸게 합니다. 교회를 사랑하고 교회를 위해 계속 소망하고 꿈꾸기 원하는 분들에게 이 책을 추천합니다.

김 인 허 박사 | 사우스웨스턴 침례신학대학원 조직신학 교수

『빅스텝 한국교회』는 코로나19 이후 급변하는 한국 교회의 상황에 살아 계신 성령의 능력을 바탕으로 "하나님의 복음 현장을 세상에 사랑을 실천하는 교회"로 새로운 방향의 좌표를 정립해 주고 있다. 이윤성 박사는 11년의 유학 생활 속에서 『빅스텝 한국교회』를 위해 변화와 역할을 지속적으로 인지하며 분석한 결과물을 정리한 것은 상당한 현장의 도전을 만들어 낼 것으로 본다. 그 방법으로 '교회다움'을 회복시키고, 극복함의 기초를 세우고, 오직 복음을 향한 열정과 절박함으로 세상을 향해 일어설 수 있음을 확증해 주었다.

저자는 선구자적인 역할을 한 한국 교회와 성도들의 믿음의 역사가 다시 시작할 수 있으며 넉넉한 원동력임을 본서를 통하여 증명하고 있다. 모든 한국 교회와 성도가 세상을 향한 빅스텝을 시작해야 하며, 그 결과로 신앙의 유산이 한국 교회의 선교와 목회로 한반도가 살아나는 소망을 보고, 강력한 성령의 도전을 시작했다. 저자는 한국 교회의 유산이었던 사도행전 20장 22-24절과 에베소서 5장 16절-17절을 선포했다.

> 보라 이제 나는 성령에 매여 예루살렘으로 가는데… 내가 달려갈 길과 주 예수께 받은 사명 곧 하나님의 은혜의 복음을 증언하는 일을 마치려 함에는 나의 생명조차 조금도 귀한 것으로 여기지 아니하노라(행 20:22-24).

> 세월을 아끼라. 때가 악하니라! 그러므로 어리석은 자가 되지 말고 오직 주의 뜻이 무엇인가 이해하라(엡 5:16-17).

즉, 성경을 붙잡고, 오직 복음으로 세상을 향해 자신을 내어주는 예수 그리스도의 삶을 드러내는 『빅스텝 한국교회』를 통해 살아 있는 한국 교회의 영광이 임하기를 축복한다.

박 영 환 박사 | 서울신학대학교 선교학 명예교수

처음에는 가벼운 마음으로 이 책을 읽었습니다. 얼마 지나지 않아 매 페이지마다 밑줄을 치고 있는 저 자신을 발견했습니다. 이 책은 '코로나 이후 당면한 교회의 현실과 마주해야 할 준비되지 않은 미래를 어떻게 준비해야 하는가' 라는, 현재 모든 교회가 안고 있는 숙제에 대한 모범 답안과도 같습니다. 저자는 그 대답을 미래학자에게서가 아니라 오래된 미래에서 찾고 있습니다. 즉, 교회다움의 회복과 그 업의 충실함으로 극복할 수 있다고 말합니다.

구약에서 하나님께서 그 백성을 다루시는 하나님의 백성으로서의 교회다움, 예수 그리스도가 몸이 되신, 그리스도의 몸으로서의 교회다움, 성령이 거하시는 성전으로서의 교회다움에서 그 해답을 찾고 있습니다. 놀라운 통찰입니다. 또한 그 교회다움의 업을 다섯 가지 사역으로 담아내고 있습니다.

제가 스무 해 이상 목회 하면서 계속해서 실천하며 강조해 왔던 내용입니다. 지금은 월드사역연구소를 통해 이 내용을 많은 교회에 소개하고 함께 사역을 이루어 가고 있습니다. 이 사역들을 정리하여 책으로 편찬하려는 마음을 가지고 있던 중에 만난, 『빅스텝 한국교회』는 그 모든 것을 이미 담고 있는 책입니다. 한국 교회가 당면한 현실의 문제를 냉정히 점검하고, 나아갈 방향을 주도면밀하게 제안하고 있으며, 그 해답을 영원히 변치 않는 성경 속에서 찾아 소개하고 있는 이 책을 모든 교회의 목회자들과 리더들에게 강력히 추천합니다.

최병락 목사 | 강남중앙침례교회 담임, 월드사역연구소 소장

코로나 팬데믹은 많은 부분에 급격한 변화를 이루어 놓았다. 그것이 사회 여러 부분뿐 아니라 교회와 신앙 부분에도 큰 영향을 끼치고 있는 것은 더 이상 언급할 필요도 없는 것 같다. 이윤성 박사는 『빅스텝 한국교회』를 통해 이 시대를 지내면서 '우리가 코로나 이후의 삶을 어떻게 살아야 할 것인가'에 특별히 '교회는 무엇을 해야 생존할 수 있을까'에 대한 대안을 말해주고 있다.

교회는 더 이상 팬데믹 이전의 삶으로 돌아갈 수 없다. 3년 여의 삶 속에서 급격한 변화를 이룬 삶의 방식은 그 이전의 삶으로 돌아가는 것을 허락하지 않

는다. '온라인 예배는 예배가 아니다, 대면 예배만이 예배다'라는 논쟁은 이제 논의할 가치도 없는 듯하다. 사람들은 각자 자신의 판단에 따라 신앙생활을 하고 있기 때문이다.

저자는 세상의 흐름을 읽고 사람들의 필요를 아는 것이 중요하다고 말한다. 즉, 이 세상은 예배에 대해 어떻게 생각하고 있으며 사람들이 영적으로 무엇을 필요로 하고 있는가를 아는 것이 지금 교회가 고민하고 시도해야 할 과제라고 이야기한다.

순간순간 변화하는 세상 속에서 선명한 복음을 전하는 방법이 바뀔 수 있고, 다음 세대, 특히 MZ 세대를 끌어안을 수 있는 방법은 무엇일까 고민해야 한다. 가나안 성도 이후 온라인상에서 여기저기 떠도는 신앙적 유목민들에게 어떻게 다가갈 것인가, 이 급격한 변화의 파도 속에서 물결을 거스르며 어떻게 다음 세대에게 복음을 전할 것인가에 대한 제언들을 독자에게 증거하고 있는 것이다.

위기는 기회다. 코로나 팬데믹은 위기였으나, 하나님은 우리에게 여러 가지 방법으로 복음을 전하고 지구 반대편에 있는 사람들과 영적으로 소통할 수 있는 방법에 눈을 열게 하였다. 하나님이 팬데믹을 허락하신 이유가 있었을 것이고, 우리 모두는 이 시대를 향한 하나님의 마음을 알고 슬기롭게 이 시대를 헤쳐 나가며 마침내 승리할 것이다. 『빅스텝 한국교회』가 바로 그러한 영적 통찰력과 지혜를 얻게 해 주는 귀한 책이 될 것을 확신하며 한국 교회를 이루는 모든 지체에게 이 책을 적극 추천한다.

권준 목사 | 시애틀형제교회 담임

전문 멀티미디어 사역자로서 코로나 이후의 세상과 교회를 해석하는 이윤성 박사님의 통찰력은 특별합니다. 본서를 통해 이윤성 박사님은 먼저 코로나 이후에 등장한 온라인 사역의 특성과 이로 인해 탄생한 신앙적 유목민의 성향을 제시합니다. 빠르게 고령화되고 있는 한국 교회는 코로나 이후 사역의 방향성을 상실했다는 평가를 받습니다.

이런 상황에 대한 해결책으로 이윤성 박사님은 코로나 이후에 교회가 계속 변화시켜야 할 영역과 반드시 보전해야 할 영역을 사회 과학적 조사 방법론을 통해 도출된 자료로 설득력 있게 제안합니다. 이윤성 박사님이 제시하는 한국 교회의 빅스텝은 교회의 본질적인 사역을 회복하고, 교회 사역의 공공성과 디지털 공간에 대한 선교 사역을 강화하여 교회의 교회다움을 회복하는 것입니다. 본서는 코로나 이후 교회 사역의 본질을 찾지 못해 방황하는 교회들에게 다음 세대를 위한 빅스텝을 열어주는 이정표와 도움을 제공할 것입니다.

유 형 재 목사 | 백향목교회 담임, 사우스웨스턴 침례신학대학원 설교학 교수

저자는 빠르게 바뀌는 기술만큼이나 모든 것이 빠르게 변화하는 시대를 직면한 한국 교회에 대한 깊이 있는 통찰과 분석을 내놓았습니다. 『빅스텝 한국 교회』는 한국 교회가 이미 이루어지고 있는 미래의 변화의 흐름에 맞추어 어떻게 자신의 역할을 재정립하고, 새로운 세대와의 접점에서 성장할 수 있는지에 대한 중요한 질문을 던집니다.

내용의 각 파트는 철저한 연구와 현장 경험에 기반한 심도 깊은 분석 자료들을 통해 독자에게 교회의 현 상황에 대한 깊은 영감을 안겨줄뿐더러 이러한 상황에서 어떻게 교회가 교회다운 모습을 통하여 세상에서 빅스텝을 내디디며 힘차게 일어날 수 있을지 성경적인 방향을 제시합니다. 한국 교회의 시대적 사명을 통찰하고자 하는 모든 목회자와 교회의 미래를 고민하며 기도하는 모든 리더와 성도에게 이 책을 강력히 추천합니다.

이 은 상 목사 | 달라스 세미한교회 담임, 사우스웨스턴 침례신학대학원 겸임교수, 덴버신학대학원 이사 및 특임교수

> 예수께서 이르시되 네가 이 큰 건물들을 보느냐 돌 하나도 돌 위에 남지 않고 다 무너뜨려지리라 하시니라(막 13:2).

　불가침의 영역이라 생각했던 것들이 무참히 침범 당하는 세상이 되었습니다. 정말 많이 변화하고 있습니다. 이런 상황에서 교회도 예외일 수 없기 때문에, 하나님의 뜻을 찾아야 합니다.
　현재 교회마다 미디어를 통한 예배를 앞다투어 드리고 있는데, 그렇게 예배를 드리다 보면 편하지만, 또 불편함을 감출 수 없습니다. 하나님 앞에 왠지 송구한 마음입니다. 하나님의 보수성과 진보성을 다이내믹하게 이룬 예수 그리스도의 교회가 오늘날에는 새것을 받아들이는 데 몰두한 나머지 지켜야 할 가치를 소홀히 한 데 안타까움을 금할 길이 없습니다.
　이런 상황에서 이윤성 박사의 『빅스텝 한국교회』는 새롭지만 어찌 보면 당연한 길을 리마인딩하고 있습니다. 교회는 방법을 모르는 것이 아닙니다. 교회가 어떻게 되어야 하는지 알지만 외면하고 있는 것은 아닌가 반성하게 됩니다. 교회가 온 마음으로 다시 하나님 앞에 바로 서야 할 것입니다.

> 너희가 온 마음으로 나를 구하면 나를 찾을 것이요 나를 만나리라(렘 29:13).

　다시 한번 이윤성 박사에게 감사와 축하를 보냅니다. 한국 교회의 바른 회복을 위해 이 책을 정중히 추천드립니다.

이경림 목사 | 평택 안중제일교회 담임

　제가 플라워마운드교회 담임목사로 섬기던 시절, 저자가 미디어 사역자로 동역하며 함께했습니다. 그때부터 시작된 인연은 지금까지 이어지고 있습니다. 미디어 사역에 대한 편견이 만연했던 당시에도 흔들리지 않고 하나님의 부르심을 따라 헌신적으로 사역하셨던 저자의 모습은 저에게 깊은 감동을 주었습니다. 그의 깊은 믿음과 탁월한 역량이 탄생시킨 결실이 바로 『빅스텝 한국 교회』입니다.

　이 책은 단순한 기술서가 아닙니다. 저자의 풍부한 경험과 섬세한 관찰력을 바탕으로 펼쳐지는 한국 교회의 변화에 대한 깊이 있는 통찰입니다. 팬데믹 이후 새로운 시대로 접어들면서 변화를 겪는 목회 현장과 그 속에서 미디어 사역이 지닌 새로운 관점과 중요성을 명확하게 제시합니다.

　저자는 사회 변화의 흐름을 날카롭게 분석하고 성경적 관점에서 하나님의 뜻을 해석하는 탁월한 능력을 보여줍니다. 이는 오늘날 우리가 겪는 시대적 변화를 이해하고 해석하는 데 큰 도움이 됩니다. 또한, 교회가 본질을 훼손하지 않고 변화에 유연하게 적응해 나갈 수 있는 방향을 제시하며 미래 교회의 모습을 구체적으로 제시합니다.

　그러므로 『빅스텝 한국교회』는 하나님께서 열어주시는 새 시대에 교회와 목회자, 성도들에게 명확한 지침을 제시합니다. 세상 속에서 세상을 변화시키는 사명을 가진 모든 그리스도인이 꼭 읽어야 할 책입니다.

김경도 목사 | 텍사스 플라워마운드교회 개척목사

　『빅스텝 한국교회』의 가치는 성경적 차원에서 교회의 본질이 무엇인가를 깨우쳐 주는 동시에, 무서운 속도로 바뀌어 가고 있는 세상 문화의 물결 속에서, 어떻게 복음이 늘 새롭게 사람들의 영혼을 살릴 수 있는가에 관한 대안을 제시하는 데 있다고 봅니다.

　이제, 목회는 목회자 홀로 인도하는 시대는 지나갔음을 알아야 합니다. 그렇다고 전문적인 신학자가 필요 없다는 말이 아닙니다. 신학자나 목회자들은 더욱더 전문가가 되어야 하지만, 복음을 전하고, 목회를 하는 데 있어서는, 다양하고 새로운 문화의 도구들을 활용하는 모든 세대와 손잡고, 함께하지 않으면 안 되는 시대가 된 것입니다. 동시에 성도들은 목회자들이 더욱 전문화된 신학적 연구를 할 수 있도록 서포트하는 동시에, 그들과 함께 고민하며 복음을 전달할 다양한 수단과 채널을 개발하는 데 조금도 주저하지 않고, 이윤성 박사의 말대로, 새로운 시대를 향하여 큰 발걸음을 내디딜 때라고 생각합니다.

영적으로 혼탁한 시대에, 교회를 위한 고민과 사랑을 담아, 새로운 길을 제시한 이윤성 박사에게 목회자의 한 사람으로 깊은 감사를 전하며 『빅스텝 한국교회』를 교회를 사랑하는 모든 분께 적극 추천드립니다.

정영희 목사 | 하와이 에바비치연합감리교회 담임

코로나19 팬데믹 이후로 많은 성도가 교회를 떠나 각자의 처소에서 예배를 드리게 되었습니다. 이전에는 교회에서 함께 신앙생활을 하는 것에 회의를 느껴 스스로의 의지로 교회를 떠나서 신앙생활을 하려고 하던, 이른바 '가나안 성도'에 대한 대책이 필요했다면, 이제는 한걸음 더 나아간 신앙적 유목민(저자의 용어)들에 대한 대책을 세워야 하는 상황이 되었습니다.

작금의 교회는 목회적인 숙제를 해결해야만 합니다. 사회적으로는 MZ라고 불리는 세대에 대한 방안을 내어놓아야 하는 동시에, 신앙적으로는 자신의 신앙생활의 형태, 방식, 장소까지 자신이 선택하려는 신앙적 유목민에 대한 대안을 생각해야 합니다.

이런 문제에 대해 이윤성 박사님은 큰 통찰력을 우리에게 전달해 주고 있습니다. 현시대의 문제가 무엇인지, 우리가 미처 들여다보지 못했던 근본적인 문제의 원인은 물론, 전문성이 담긴 분석과 조언을 통해 이에 관한 해답을 제시해 줍니다. 특히, MZ 세대에 대한 이해와 다음 세대를 지탱할 주일학교 사역이 왜 위기에 처하게 되었는지를 분석하며 교회가 빅스텝을 내디딜 수 있도록 간절히 호소하고 있습니다.

무엇보다 이 책의 향기를 아름답게 해주는 가장 큰 요소는 교회를 사랑하는 저자의 마음입니다. 자칫 기존 교회에 대한 신랄한 비판에만 머물 수 있는 민감한 주제를, 우리 주 예수 그리스도의 교회에 대한 따뜻한 관심과 염려로 뒤덮고 있습니다.

비판은 쉬우나 함께 책임을 통감하는 일은 어렵습니다. 비난은 쉬우나 함께 십자가를 지고 걸음을 내딛는 일은 어렵습니다. 아프지만 직면해야 하는 문제들을 기꺼이 분석해 주시고, 교회가 나아가야 할 길을 제시해 주신 이윤성 박사님께 깊은 감사를 드립니다. 모쪼록 『빅스텝 한국교회』가 많은 교회와 사역자들을 깨우고 길을 제시하는 귀한 하나님의 도구로 사용되기를 바랍니다.

박형용 목사 | 달라스 리스타트교회 담임, 말씀식당성경연구소 소장

저자는 『빅스텝 한국교회』를 통해 어떻게 교회 안에서 미디어 사역 분야를 더 발전시킬수 있을지를 고민하다가, 결국 역설적이지만 온라인 사역의 종착점은 온라인 공간에서 신앙생활을 지속할 수 있게 하는 것이 아니라 오프라인 현장 사역으로의 초대임을 주장하고 있습니다.

더불어 교회가 시대와 세대 앞에서 다시 바로 서기 위해서는 무분별한 교회 확장과 교세 유지를 위한 미디어 기술의 유입을 경계해야 할 뿐 아니라, 교회의 본질적 가치와 핵심 사역을 지켜야 함을 강조하였습니다. 저자는 이를 교회의 '교회다움'이라고 소개합니다.

"시대와 세대에 따라 목회는 유연하게 대처할 수 있지만, 교회의 존재 목적과 핵심 사역은 변하지 않는다"라는 명제를 통해 교회가 시대적 도전(특히, 코로나19 이후)을 교회답게 극복하는 방법은 새로운 변화보다 본디 모습으로의 회복에 있다고 주장하며, 바로 이러한 모습이 오늘날 한국 교회에 필요하다고 주장하고 있습니다. 위조지폐 감별사가 모든 위조지폐를 연구하기보다, 원본 지폐를 더 깊이 이해하고 익히는 모습에서 알 수 있듯, 한국 교회가 더욱 교회다움을 회복할 때 비로소 다양한 도전을 극복할 수 있다고 말합니다.

한국 교회의 신앙의 유산을 받은 성도의 한 사람으로, 한국 교회가 후대에도 신앙을 가르치고 양육하는 역할을 할 수 있기를 바라는 마음으로 이 책을 추천합니다.

이경만 박사 | 前 대원외국어고등학교 국제부장,
현 열방아카데미 교장, 영자신문 칼럼리스트

사막에 피어난 꽃처럼, 이윤성 대표님은 밝고 따뜻한 마음으로 만나는 사람마다 행복을 나누어 주는 아름다운 분입니다. 이번에 출간하신 『빅스텝 한국교회』는 그의 학문의 여정과 삶 가운데 아름답게 맺어진 열매와 같습니다.

저자는 코로나 후기로 진행되는 한국 교회의 현 상황을 직시하면서, 한국 교회가 마주한 새로운 현실과 위기를 마주하게 합니다. 불편하지만, 한국 교회는 어려움에 직면해 있습니다. 우리는 팬데믹이 끝났지만 여전히 돌아오지 않는 성도들 그리고 변화된 상황에 갈팡질팡하는 목회 리더십들을 마주하게 됩니다. 이와 같은 현실 속에서 저자는 교회가 되찾아야 할 교회다움을 분명하게 제시합니다.

세상이 변한다고 복음의 진리가 변하는 것은 아니며 또한 교회의 존재 가치가 변하는 것은 아닙니다. 분명한 것은 어지러운 상황일수록 처음으로 돌아가는 것이 중요하다는 사실입니다. 그런 의미에서 저자는 교회의 시작으로 돌아가 교회가 무엇인지 밝히며, 이를 통해 한국 교회가 회복해야 할 교회의 본질이 무엇인지 알려줍니다. 그리고 그가 탐구해 낸 원리들을 통해 교회의 미래를 열어갈 수 있는 실천적인 방법론을 제시합니다. 현시대 상황 가운데 교회의 문제를 살피고, 그 문제의 중심을 관통하는 핵심 원리를 파악하며 이를 통해 시대 상황적 대안을 마련하는 지혜가 이 책 속에 있습니다.

한국 교회를 걱정하며 미래 사역에 대한 지혜가 필요하시다면 이 책을 꼭 읽어 보시기 바랍니다. 그리고 이 책의 원리를 사역에 적용해 보시길 바랍니다. 바라건대 많은 사역자가 이 책을 통하여 미래 교회의 사역을 꿈꾸고 새롭게 세워나갈 수 있게 되길 소망합니다.

이소명 박사 | America Evangelical University 전임교수

빅스텝 한국교회

새로운 시대와 세대를 위한 한국교회의 결단과 행동

BIG STEP FORWARD
Written by Alex Yoonsung Lee
All rights reserved.
Korean Edition Copyright ⓒ 2025 by Christian Literature Center, Seoul, Korea

빅스텝 한국교회

2025년 4월 30일 초판 발행

지 은 이 | 이윤성

편   집 | 이신영
디 자 인 | 이윤성, 서민정
펴 낸 곳 | (사)기독교문서선교회
등   록 | 제16-25호(1980. 1. 18.)
주   소 | 서울특별시 동대문구 천호대로71길 39
전   화 | 02-586-8761~3(본사) 031-942-8761(영업부)
팩   스 | 02-523-0131(본사) 031-942-8763(영업부)
이 메 일 | clckor@gmail.com
홈페이지 | www.clcbook.com
송금계좌 | 기업은행 073-000308-04-020 (사)기독교문서선교회
일련번호 | 2025-38

ISBN 978-89-341-2803-8 (03230)

이 책의 출판권은 (사)기독교문서선교회가 소유합니다.
신저작권법에 의하여 한국 내에서 보호받는 저작물이므로 무단 전재와 무단 복제를 금합니다.

BIG STEP FORWARD

이윤성

빅스텝 한국교회

새로운 시대와 세대를 위한 한국교회의 결단과 행동

CLC

한국 교회의 오늘이자
내일인 당신에게 드립니다.

목차

추천사   1

　김인허 박사　｜　사우스웨스턴 침례신학대학원 조직신학 교수
　박영환 박사　｜　서울신학대학교 선교학 명예교수
　최병락 목사　｜　강남중앙침례교회 담임
　권　준 목사　｜　시애틀형제교회 담임
　유형재 목사　｜　백향목교회 담임
　이은상 목사　｜　달라스 새미한교회 담임
　이경림 목사　｜　평택 안중제일교회 담임
　김경도 목사　｜　텍사스 플라워마운드교회 개척목사
　정영희 목사　｜　하와이 에바비치연합감리교회 담임
　박형용 목사　｜　달라스 리스타트교회 담임
　이경만 박사　｜　열방아카데미 교장
　이소명 박사　｜　America Evangelism Univ. 전임교수

감사의 글   20

프롤로그   26

　펜데믹과 새로운 사역　｜　변할 것과 지켜야 할 것들

1부 ｜ 크고 새로운 것들이 온다   33

세상은 멈추지 않고 변한다   37

　기독교인은 왜 세상의 변화를 알아야 하는가?　｜　변화의 기회를 날려버린 중세 교회　｜
　영적 패러다임의 전환

이전에 없던 신앙의 유형이 나타나다   55

　가치 충돌이 일어나다　｜　신앙적 유목민들의 등장　｜　'가나안 성도'와는 또 다른 유형　｜
　더욱더 온라인 속으로　｜　신앙의 편식이 심해지다

2부 | 새로운 세대가 일어나다   69

신앙은 개인적인가 공동체적인가   70
신앙은 있는데 종교적이지는 않다? | 개인적 신앙생활이 강조된 결과 | 공동체임에도 개인적인 교회

쫓아가면 도망가는 세대, Z   79
누구의 말도 듣지 않는 그들 | MZ세대? Z세대? | 믿음보다 제도 | 신앙보다 태도

3부 | 한국 교회에 산적한 문제들   93

교회는 아주 빠르게 나이들고 있다   94
변화는 외부에서만 밀려오는 게 아니다 | 중심 세대의 고령화 | 미래 세대가 빠르게 미전도종족이 되고 있다

코로나19가 드러낸 교회의 민낯   107
한국 교회의 신뢰 문제 | 방향성 잃은 교회, 내몰린 신도 | 이제 신앙생활도 구독한다 | 반드시 목회자들이 변해야 한다

4부 | 이제 교회의 기초를 다시 쌓을 때   129

교회를 무엇으로 정의하는가   130
더 이상 미룰 수 없는 과제 | 교회론 교육의 필요성 | 교회의 공동체성 | 교회의 교회론적 기초 | 교회의 어원

교회의 성경적 표상   145
하나님의 백성 | 그리스도의 몸 | 성령의 전 | 교회의 5가지 기능 |

주님이 세우신 교회   168
하나님의 백성이라는 의미 | 이 땅 위의 하나님 나라 | 내 교회를 세우리니 | 하나님만 주인이신 교회

5부 | 온라인교회를 교회로 볼 수 있을까?　　　　　**177**

온라인교회의 역사적 흐름　　　　　181
영미권에 속한 온라인교회의 사례 | 한국 교회의 온라인교회의 상황

온라인교회의 양면성　　　　　193
온라인교회의 유익성 | 온라인교회의 문제점과 한계성 |
디지털 친화적이어야 하나 디지털 위주는 경계해야

6부 | 한국교회, 다시 교회를 교회답게　　　　　**211**

교회가 교회를 교회되게　　　　　212
아직 한국 교회의 사명은 끝나지 않았다 | 그리스도인들의 양극화를 해소해야 한다 |
교회를 위한 비전과 리빌딩

코로나19, 한국교회에 주어진 마지막 기회　　　　　222
변화에 앞서 본질을 지키는 교회 | 그의 율법을 주야로 묵상하는 교회 |
끊임없이 바른 대답을 구하는 교회 | 본질은 지키며, 사역은 유연히 적용하는 교회

교회가 세상에서도 교회되게　　　　　237
초대 교회에 나타난 공공성 | 종교개혁 운동가들의 교회 공공성 의식 |
펜데믹 이후 한국 교회가 회복해야 할 공공성

7부 | 세상으로 내딛는 빅스텝　　　　　　　　　**251**

교회를 교회다움으로 회복하기　　　　　　　　　252
업의 본질을 회복하는 교회 ｜ 믿음의 역사를 회복하는 교회 ｜
타협하지 않는 말씀이 선포되는 교회

다시 선교적 교회　　　　　　　　　　　　　　　262
위기와 기회 사이 ｜ 교회의 선교적 본질 ｜ 포스트코로나 시대의 선교와 교회

빅스텝 한국교회　　　　　　　　　　　　　　　275
먼저 발을 내딛는 교회 ｜ 디지털 공간의 영성을 선도하는 교회

에필로그　　　　　　　　　　　　　　　　　　287
사명을 위해 변화에 대처하는 교회　｜　교회다움으로 본질을 지키는 교회

표 목록　　　　　　　　　　　　　　　　　　　298
미주　　　　　　　　　　　　　　　　　　　　299
참고 자료　　　　　　　　　　　　　　　　　　316

감사의 글

이윤성 박사
멀티미디어 사역자, 스쿱마케팅 부대표

무엇보다 먼저 부족한 주의 종이 오늘에 이를 수 있게 일찍이 모든 것을 계획하여 인도하신 성부 하나님의 은총과 성자 하나님의 끝없는 사랑 그리고 항상 동행하며 힘 되어 주신 성령 하나님께 감사와 영광을 돌립니다.

하나님은 저를 2013년에 미국으로 옮겨와 심으셨습니다. 그리고 11년 만인 2024년에 사우스웨스턴 침례신학대학원에서 박사 과정을 마치게 도와주셨고, 그 결과물로 이 책이 출간되었습니다. 10년이 넘는 이민 생활 속에서 하나님께서는 제게 주신 시각 디자인과 그래픽 디자인, 영상 제작 등의 달란트를 발견케 하셨으며 이를 통한 멀티미디어 사역을 마음에 주셨습니다. 그 후 하나님은 코로나19 팬데믹 동안 폐쇄된 교회를 지키게 하시고, 현장에 오지 못하는 성도를 위해 헌신하게 하셨습니다.

저는 멀티미디어 사역이야말로 현장 사역을 가장 일찍 그리고 가까이에서 준비하고 언어와 지역의 장벽을 허물어 복음을 가장 빠르게 전할 수 있는 사역이라고 생각합니다.

하나님은 제게 멀티미디어 사역의 확장과 발전에 감사하는 마음을 가짐과 동시에 교회의 미래에 대한 마음을 주셨습니다. 가장 트렌디한 기술과 감각을 가지고 헌신하는 사역이라고 해도, 미래 세대와 미래 교회에 대한 목회적 고민과 신학적 고찰이 없이는, 단순한 세상 기술에 머물 뿐이겠다는 고민이 생겼습니다. 그래서 더욱 진보된 기술을 이용한 온라인 사역에 대한 글을 쓰기보다 교회다운 교회의 모습을 다시 찾아가는 내용의 글을 쓰게 되었습니다.

나아가 하나님은 제게 교회가 앞으로 도래할 새로운 변화에도 준비되어야 한다는 목회적 사명을 주셨습니다. 때문에 『빅스텝 한국교회』는 저의 박사학위 결과물임에 동시에, 새로운 변화에 대비하고 교회의 교회다움을 회복하는 사명을 가지고 한국 교회를 섬기게 하시는 하나님의 이끄심으로 감히 생각해 봅니다.

이 책이 완성되기까지 많은 시간과 많은 분의 중보와 격려가 있었습니다. 전체적인 글의 틀을 잡는 데 지도해 주신 사우스웨스턴 침례신학대학원의 Dr. Jermiah I. Kim 박사님께 감사드립니다. 이와 함께 앞으로 교회가 나아가야 할 방향을 일찍이 제시해 주신 동 대학원 Dr. David Allen 교수님께 감사드립니다. 더불어 제게 선교를 가르치시고 선교 사역의 꿈을 가질 수 있게 지도해 주시고, 개인적으로 큰 사랑을 베풀어 주신 서울신학대학교의 박영환 박사님께 감사드립니다. 이분들의 지도와 사랑은 저의 무지함의 발견과 학문을 연구하는 자세를 알 수 있는 계기가 되었습니다.

목회 현장에도 감사드릴 분이 많습니다. 목회 현장에서 넘치는 목회의 경험과 배움의 길을 열어주신 플라워마운드교회의 김경도 목사님, 에바비치연합감리교회의 정영희 목사님께 감사드립니다. 훌륭한 목회의 본을 보여주신 최병락 목사님, 권준 목사님, 이은상 목사님, 유형재 목사님, 박형용 목사님께 감사드립니다. 이분들의 기도와 도움과 목회에 임하시는 모습이 미래를 준비하는 교회를 꿈꾸게 하셨고 깊은 목회적 도전이 되었습니다.

달라스침례대학교에서 도움을 주신 분들에게 감사드립니다. 언어적 어려움을 극복하는데 큰 힘이 되어주신 Philip Hommer, Don Birkhead, Rodney Parsley, Ann Boyles에게 감사드립니다. 달라스에 처음 정착하는 데 도움을 주신 오도은 전도사님께 감사드립니다. 한신대학교 신학대학원 2010년 기초 학기 동기 모두에게 감사드립니다. 서울신학대학교 선교영어학과 동문들에게 감사드립니다. 도움을 주신 분들을 다 말할 수 없지만 빠른 시일

안에 이 책과 일용할 간식을 들고 찾아뵙겠습니다.

박사학위 논문을 마치기까지 가족들이 감당해야 했던 희생과 사랑은 이루 말할 길이 없습니다. 당신들의 모든 것을 쏟으면서도 늘 안타까운 마음으로 오늘도 새벽을 깨우시며 눈물로 중보하시는 부모 이경림 목사님과 권혜정 사모님, 조모 김금순 권사님, 처음으로 목사로 하나님께 헌신하신 외조부 권택규 목사님께 존경과 감사를 드립니다. 그리고 평생의 친구이자 인생의 짝으로 이어주신 아내 전찬미와 처가 식구 모두에게 깊은 감사와 사랑을 전합니다.

이제 한 권의 책으로 정립된 내용이 목회 현장에서 발휘되어야 할 것입니다. 책의 제목처럼 한국 교회는 불어난 요단강에 먼저 발을 내디딘 제사장들처럼, 변화하는 세상 속에서 하나님의 뜻을 분별하여 움직여야 할 것입니다. 비록 책의 내용이 부족할지라도 부족한 부분은 한국 교회를 사랑하시고 저를 위하여 기도해 주시는 모든 분의 조언과 관심으로 채워 나가겠습니다. 부족한 종이지만 하나님께 영광이고, 교회에는 유익이 되고, 미래 세대에게는 본이 되는 착하고 유익한 종이 되겠습니다.

오늘날 교회를 위해 헌신하시는 동료 사역자님들께 위로와 응원을 보냅니다. 감사합니다.

2024년 여름에
미국 캘리포니아에서

이스라엘 사람들이 요단강을 건너려던 그 때는
강이 크게 불어나 범람한 상태였다.
하지만, 언약궤를 멘 제사장들이 먼저 그들의 발을 강에 담그자
곧 상류에서 부터 흘러오던 물이 완전히 끊어졌다.
제사장들은 강 한 가운데 드러난 마른 땅에 섰고,
모든 이스라엘 사람들은 무사히 강을 건널 수 있었다.
[여호수아 3장 14-17절]

프롤로그

팬데믹과 새로운 사역

필자는 전문 멀티미디어 사역자Multimedia Minister다. 2010년 필자가 처음 미디어 사역자로 부임했을 때, 대체로 미디어 사역자라고 하면 기술자 혹은 장비에 관심이 있는 젊은 사역자 정도로 치부하곤 했다. 오해와 편견도 많았다. 소위 신도들을 직접적으로 목양하고 강단에서 설교하는 사역을 목회의 이상적인 모습으로 인정하다 보니 영상과 음향 장비 등을 다루는 멀티미디어 사역자들을 '젊었을 때 잠시 맡는 사역', '아직 제대로 된 목회 사역을 시작하지 못한 사역자'로 보는 시각들이 있었다. 나아가 멀티미디어 사역 역시 교회 내 사역으로서 인정받고 그 중요성을 널리 공감하기보다 '보조적인 서비스' 차원으로 인식하거나 사역의 위치를 격하하기도 하였다. 아마 다른 한인 교회들도 크게 다르지 않았을 것으로 예상한다.

모두가 알다시피, 원했든 원하지 않았든, 2019년에 발생하여 2023년까지[1] 계속된 팬데믹으로 사회 구성원의 생활 방식뿐 아니라 신도들의 신앙생활의 유형마저 불가피하게 변화할 수밖에 없었다. 가장 큰 변화는 모일 수 없다는 것이었고 이로 인해 모여서 예배를 드릴 수 없게 된 것이다. 21세기 교회가 경험한 어려움 가운데 코로나19 팬데믹 만큼 충격이 깊은 사례도 많지 않을 것이다.

하지만, 이런 시기에도 하나님은 예비하신 하나님의 종들을 교회로 보내셨다. 멀티미디어 사역자들로 예배의 현장과 신도들이 연결되어 함께 예배에 참여할 수 있도록 하시어, 비록 모일 수 없어도, 함께 모여 예배 드릴 수 있는 새로운 신앙생활의 형태를 여셨다. 언택트Untact의[2] 영역이 신앙생활 영역에도 확장된 것이다. 이러한 과정을 지나며 멀티미디어 사역은 교회가 맞이한 새로운 시대의 중요한 사역의 한 부분으로 자리 잡게 되었다.

코로나19가 초기에는 순교의 마음으로 대면 예배를 고수하려는 일부 단체들이 등장하였다. 하지만, 곧 대다수의 교회는 온라인을 통한 예배 방송을 발전시키고 확대해 나가기 시작했으며, 셀 모임과 성경 공부 등 더 넓은 분야로 확장되었다. 교회가 급변하는 변화에 적응하며 돌파구를 찾은 셈이다.

이제 긴 터널 같았던 코로나19도 서서히 걷히기 시작해, 팬데믹도 종결되었다. 그러자 한국 교회의 리더들과 신도들은 본능적이며 현실적인 질문을 고민하기 시작했다. 바로 '교회가 코로나 이전으로 돌아갈 수 있을까'에 대한 두려움이다.

결론부터 말하면 교회의 바람과 달리, 교회는 다시 팬데믹 이전으로 돌아갈 수 없을 것이다. 아니, 돌아갈 수 없다. 시대가 바뀌었는데, 그것도 아주 단시간에 바뀌었다. 그런데 그렇게 환경이 빠르게 바뀌었음에도 불구하고 세상은 빠르게 정착되는 것 같다. 새로운 시대에 새로운 세대들이 일어났고 그들의 새로운 신앙 패턴은 교회가 이전에 경험하지 못한 것들로 가득하다. 특히, 온라인 사역의 대중화로 신앙생활을 온라인에서 해결하는 젊은 세대의 비율이 점차 높아짐에 따라 기성 교회의 조급함은 점점 커지고 있다. 때문에 멀티미디어 사역을 위한 투자는 팬데믹 이후로 크게 늘었고, 교회 규모와 무관하게 많은 교회가 집중하는 분야로 떠올랐다.

그러나 우려의 목소리도 많다. 왜냐하면, 이 사역 방식은 급작스럽게 찾아온 위기를 극복하는 데는 유용했지만, 계속적으로 사용하는 데는 신학적이고 목회적인 충분한 고민이 동반되지 못했다는 한계도 지적되었다. 그뿐만 아니라, 과도한 온라인 사역의 보편화가 현장 사역의 위축을 야기한다는 의견도 심심치 않게 제기된다. 모두 교회가 무겁게 받아들여야 하는 부분이라고 생각된다.

하지만, 보다 중요한 것은 조금 더 본질적인 질문에 대한 답이다: 멀티미디어 사역은 팬데믹이라는 특수한 상황을 교회가 극복할 수 있도록 사용하신 하나님의 방법이며, 그 도구는 교회의 리더들과 하나님의 백성이 교회를 지키고, 세상을 향한 교회의 사명을 멈추지 않으며 계속적으로 감당하도록 하는 도구이기 때문이다.

변할 것과 지켜야 할 것들

이제 멀티미디어 기술을 교회가 어떻게 받아들이느냐에 대한 입장을 논하는 것은 크게 중요하지 않다. 팬데믹이라는 커다란 변화가 교회를 흔들어 놓음으로, 장차 도래할 예정이었던 미래가 좀더 앞당겨졌을 뿐이다. 때문에 멀티미디어 기술을 이용한 사역을 바라보는 교회의 입장은 단순히 새로운 기술 도입에 대한 고민에 머물러서는 안 된다.

어렵지 않게 예측하건데, 앞으로 코로나 팬데믹과 같은 다이내믹한 변화가 교회를 몰아세울 것이다. 그에 따라 새로운 변화가 교회에게는 또 다른 도전으로 다가올 것이 분명하다. 그때마다 새롭게 등장하는 것들에 대응하는 것도 필요하겠지만, 그에 앞서 교회는 그보다 더 중요한 질문을 스스로 던지며 답을 구해야 한다. 바로 교회가 보전하여야 할 교회 본연의 모습이다.

필자는 멀티미디어 사역을 사랑한다. 이 사역이 계속 발전하면서 교회 사역에 끊임없는 유익을 가져다 주기를 바란다. 하지만, 이 사역을 수행하면서 예배를 섬기며 받는 은혜뿐 아니라 사역의 본질을 꿰뚫는 질문이 필요함을 깨닫게 되었다.

멀티미디어 사역이 바르게 기능하지 못하는 시대가 도래하면 새로운 기술과 대안을 찾아서 대체하면 그만인가? 이렇게 사역자가 새로운 변화에 대응하는 데만 몰두한다면, 그것이 과연 무슨 의미가 있을까? 그렇게 대응을 하면 교회는 저절로 지켜지는 것인가? 그렇게 지키려는 교회는 과연 무엇인가?

필자가 주님께 받은 메시지는 '교회가 어떻게 해야 교회다운 모습으로 변화를 극복할 수 있겠는가'에 대한 부분이었다. 급격한 변화에 교회가 적응하지 못한다면 변화하는 시대와 세대로부터 도태될 것이고, 트렌드에 크게 몰입하고 대응하고 적응하는 데만 치중하면 자칫 교회가 간직해야 할 교회의 본질이 취약해질 것에 대한 염려다.

코로나 이후, 교회가 계속 변화시켜야 할 것은 무엇인가?
그리고 교회가 반드시 보전하여야 하는 것은 무엇인가?

팬데믹이 교회 안에 온라인이라는 화두를 던졌지만, 여기에 몰입하여 대응 방안에만 몰두한다면 교회는 그저 변화에 발빠르게 적응하는 세상의 기업들과 다를 바 없을 것이다.

교회는 시대적 변화를 성경적으로 감지하고 복음적인 목회로 실천해 내야 한다. 물론, 앞으로 변하고 발전할 기술에 대한 수용에 대해 교회는 열린 입장을 가지고 있어야 하겠지만, 더 중요한 것은 교회가 보수하여야 할 전통적 교회의 모습을 끊임없이 교육하고 유지하기 위해 힘쓰는 일이다.

그리고 이를 바탕으로 교회가 가장 교회다운 모습으로 새로운 시대와 세대를 섬기며 선도하는 교회로 다시 거듭나는 결과를 얻을 수 있도록 해야 한다.

본서는 필자의 목회적 고민에 대한 작은 해답이고, 연구의 결과물이다. 필자에게 신앙을 전승해 준 한국 교회가 가장 교회다운 모습으로 시대적 사명을 계속적으로 감당하기를 바란다.

1부

크고
새로운 것들이
온다

이미 시작된 변화

코로나19 팬데믹이 선포된지 벌써 5년이 되었다. 이쯤 되면 코로나는 이제 서서히 지난 역사로 물러나 사람들에게서 잊혀질 때도 되었다.

하지만, 아직도 코로나는 현재 진행형인 것처럼 느껴진다. 그도 그럴 것이 워낙 짧은 기간임에도 불구하고 전해진 충격이 실로 어마어마했기 때문일 것이다. 그 충격은 권력자와 일반인, 빈부의 격차를 가리지 않고 나타났다. 당시 영국 총리 보리스 존슨Boris Johnson과 미국 대통령 도널드 트럼프Donald Trump가 감염되었다가 죽음의 문턱에서 돌아온 사실은 널리 알려져 있다.

그런데도, 코로나19 팬데믹은 도래하는 미래를 예정보다 앞당기는 역할도 하였다. 가장 대표적인 사례가 줌Zoom과 같은 플랫폼Platfom을 이용한 비대면 환경을 앞당겨 대중화에 기여한 것이다. 생활의 많은 부분이 비대면으로 전환이 되면서 삶의 패턴과 근무 환경의 변화가 일어났으며 기업과 사회 전반 서비스 분야에서도 변화가 강제적으로 요구되었다. 그 사건이 불과 채 5년이 되지 않았다. 그리고 비록 시간이 5년이 지나지 않았다 하더라도 이전으로 돌아가는 것은 감히 생각할 수 없을 정도로 변해 버린 것을 알 수 있다. 앞으로 비대면 환경은 더욱 발전하여 온라인 가상 현실 세계가 일반인들에게 빠르게 보급될 것이고 모든 사람이 교회 현장보다 메타버스Metabus[1] 공간에서 만나서 교류하게 될 날이 도래할 것이다.

하지만, 코로나19가 교회에 미친 영향은 단지 현장에 모이지 못하게 하는 것에서 멈추지 않았다. 역병이 발발하자 한국 교회는 부끄러운 민낯을 드러내고 말았다. 이웃 사랑이 실천되지 않았고 목회자의 권위는 뒤틀린 경제 관념과 부끄러운 윤리관으로 땅에 떨어져 있는 상태였고, 무리한 재정 상태는 부채 문제로 드러나 교회의 심각한 타툼과 분열의 모습이 여지없이 드러났다. 그리고 전도의 문은 좁아져 있었고, 교회의 미래인 다음 세대는 교회에서 이미 떠나기 시작했으며, 주일학교가 없는 교회를 어렵잖게 찾아볼 수 있게 되었다.

앞으로 더욱 크고 새로운 변화가 일어날 것이고, 그 파도는 너울을 타고 교회에 다다를 것이다.

한국 교회와 신도는 앞으로 계속적으로 전달될 변화의 파동 Wave을 견딜 준비를 해야 한다.

세상은
멈추지 않고 변한다

기독교인은 왜 세상의 변화를 알아야 하는가?

미래는 갑자기 도래할 수 있지만, 갑자기 만들어지지는 않는다. 미래 방향은 아무런 이유 없이 막연하게 만들어지지 않는다. 하나님은 역사를 아무렇게나 막연하게 만들어 가시지 않으시며 일관된 목적과 방향성을 가지고 이끄신다.

그렇기 때문에 어느 날 갑자기 미래가 우리 앞에 나타나지 않으며 무언가가 일어나기 전에 전해 오는 시그널Signal을 민감히 알아차려야 한다. 성경은 이에 대하여 설명하기를 '하나님은 그의 백성들이 구원의 역사에 초대하시고 참여시키기 위해 징조를 보이시고 준비하게 하신다'고 증거한다.²

복음의 역사에도 일정한 시점에 거대한 변화가 있었다. 에덴 시대, 노아 시대, 바벨탑 시대, 아브라함 시대, 요셉 시대, 모세와 여호수아 시대, 포로 전후 시대, 예수님의 성육신 사건과 초대 교회들의 등장 시대, 바울을 통한 복음 전파 시대, 콘스탄티누스 황제의 기독교 국교 선언 시대, 중세 전염병 창궐에서 종교개혁으로 이어지는 중세 개신교 시대, 영국과 미국에서 일어나는 복음주의 영적 대각성 운동 시대 등은 하나님께서 각 시대와 세대를 통해 세상을 새롭게 바꾸신 사건들이다.

그리고 2015년 이후부터 인공지능과 로봇, 나노 기술 등의 급진적인 발전과 2019년에 세계를 충격과 공포로 몰아넣은 코로나19 팬데믹은 가상과 현실 세계의 경계를 무너뜨린 메타버스 시대를 크게 앞당기게 되었다. 이러한 변화들을 바라보고 그리스도인들은 어떠한 표적Signal을 읽어내야 하고, 어떻게 준비해야 할까? 현재의 상황들을 통하여 하나님께서 또 다른 시대로 바꾸시고 계신 것은 아닌가 하는 질문이 필요하다.

필자가 사역 현장에서 '미래의 변화와 징조들을 볼 수 있어야 한다는 말' 이후에 받는 가장 많은 질문은 "세상의 변화를 왜 그리스도인들이 민감히 깨닫고 알아야 합니까", "세상을 따라갈 이유가 있겠습니까"다.

필자 역시 청소년/청년기 시절에 교회에서 "그리스도를 믿고 구원에 대한 확신이 있다면 세상의 모든 것을 배설물과 같이 여기고 버릴 수 있어야 하며 주님만 따르는 삶을 살아야 한다"라는 교육을 받았다. '세상 등지고 십자가 보네, 뒤돌아 서지 않으리'라는 찬양 가사는 교회와 세상을 바라보는 기독교적 관점이 녹아있는 것으로 볼 수 있겠다. 세상의 것들은 부정하니, 이 부정한 것들로부터 그리스도인들은 구별된 삶을 살아야 한다는 것이었다.

이런 개념이 잘 드러난 구절이 부자 청년을 만난 예수님께서 하신 말씀이다.[3] 그 청년은 예수님의 말씀을 듣고 근심하고 떠났지만 예수님의 제자들은 그들이 가진 모든 것을 버리고 예수님을 따랐다. 세상의 것들을 어떻게 하는 것이 바람직한 것인가를 보여주는 본문이다.

하지만, 예수님께서 승천하시기 전 남기신 '대위임령'에는 또 다른 입장이 나온다. 세상과 인연을 끊고 등을 지라고 해도 모자랄 판에, 세상의 모든 민족을 찾아가 제자를 삼고 삼위일체 하나님의 말씀을 가르쳐 지킬 것을 명하셨다. 세상에서 이 명령을 수행하는 동안 항상 같이 계시겠다는 약속까지 더하셨다.

이렇게 상반된 성경 구절과 만날 때 쉽게 범하는 잘못은 오해를 야기한다는 것이고, 그 오해는 신앙의 불균형으로 나타난다. 하나님은 일관적이시다. 때문에 오늘 A구절에서 등장하시는 하나님은 B에 등장하시는 하나님과 대치되지 않으신다. 모든 구절과 조화를 이루시며 통일의 개념을 유지하신다. 때문에 그리스

미래는
갑자기 도래하기도 하지만,
막연하게 그냥 생겨나지 않는다.

도인들은 말씀을 해석하고 적용할 때, 하나님의 섭리와 구원의 목적 전체를 조화하고 균형을 유지하기 위해 노력해야 한다.

세상 것들에 대한 지침이 천지창조 시대창 1:28⁴에도 있었다. 그렇다면 그리스도인들은 성경이 말하는 '세상'의 개념을 조화롭게 해석할 수 있어야 한다. 그렇다면 다음과 같은 개념에 도달할 수 있을 것이다.

예수님과 열두 제자들 그리고 사도 바울은 성경에서 말하는 세상의 개념을 사역에 완전히 녹여냈다. 사도 바울은 "나는 비천에 처할 줄도 알고 풍부에 처할 줄도 알아 모든 일 곧 배부름과 배고픔과 풍부와 궁핍에도 처할 줄 아는 일체의 비결을 배웠노라"빌 4:12고 고백했다.

이는 상황마다 대처하는 모든 방법을 가지고 있다는 말이 아니라, 모든 상황에 처할 줄 아는 '일체'의 비결, 즉 '하나님의 말씀'을 가지고 있다는 의미였고 그 기준으로 세상을 가르치고 이끌라는 당부의 의미였다.

'다스린다'라는 말의 의미는 무엇일까?

성경에서의 다스림은 정복이나 지배의 의미가 아니다. 시대마다 등장하는 도전들에 대해 깨어 경계하는 것, 교회들에 들이닥치는 위기에 대응하는 것, 하나님의 백성들을 세상의 것들에서 건져내어 약속의 땅으로 인도하는 것이다.

교회는 예언자적 통찰력을 가지고 변화하는 세상 속에서 하나님의 거룩한 뜻을 분별해 내고 하나님 나라의 궁극적인 목표와 소명을 위한 다스림을 펼쳐야 한다. 하지만, 중세 교회는 세상에 물들고 세상을 다스리지 못하여 끝내 몰락하였다. 그리고 오늘 한국 교회는 그 시험대에 올라 있다.

성경에 나타난 인물 가운데 곧 도래할 세상의 변화를 예측하고 대비하여 하나님의 뜻을 세상에 선포하고 다스렸던 인물로 단연 요셉을 꼽을 수 있다. 그의 통찰력과 다스림은 하나님께서 내리신 지혜와 세상의 지식이 모두 동원되어 펼쳐졌다. 그를 보고 당시 이집트의 왕은 이렇게 평가하였다.

> 하나님이 이 모든 것을 네게 보이셨으니 너와 같이 명철하고 지혜 있는 자가 없도다(창 41:39).[5]

바로가 말한 '명철'의 사전적 의미는 '총명하고 사리가 밝음'으로 정의할 수 있다. 이는 지혜와 종종 혼용되어 사용하기도 하지만, 지식의 차원에서 접근한다면 지혜보다는 명철이 더 어울리는 어휘다. 실제로 명철의 한자어는 밝을 명明과 밝을 철晢의 합성어다. 이는 옛 그리스인들이 철학을 학문적인 접근 방법을 바탕으로, 아는 것을 사랑하는 데서 유래한 것과 유사하다. 영단어에서도 지혜를 'wisdom'으로 표현하지만, 지식에 가까운 표현이 필요할 때엔 'understanding'이 사용된다.

히브리어 구약 원문에도 요셉에게 사용한 명철이라는 단어도 '알다', '식별하다'의 뜻을 가진 빈בין, byn이 사용되었다. 출애굽 시절, 하나님은 브살렐을 지명하여 부르시고 "하나님의 영을 그에게 충만하게 하시어 지혜와 총명과 지식으로 여러 가지 일을 하게"출 35:31 하셨다. 마찬가지로, 요셉은 하나님의 뜻과 섭리를 아는 것을 바탕으로 사물과 자연의 이치를 깨달아 나라를 경영하는 데 발휘한 것이다.

오늘날에도 그리스도인들이 발휘해야 하는 통찰력과 거룩한 다스림은 동일하다. 두 가지가 동일하되 우선순위 차원에서 먼저 선행되어야 하는 것은 바로 세상을 향하신 하나님의 뜻을 아는 것이다. 세상을 향하신 하나님의 변하지 않는 말씀 위에, 세상의 지식과 정보가 응용되어야 한다. 말씀 속에서 성령께서 깨닫게 하시는 통찰력으로 세상의 지식을 조명해 갈 때 비로소 세상의 변화를 통찰할 수 있다. 기독교인들이 '왜 세상의 변화를 알아야 하는가'라는 질문에 대한 답은 '하나님의 뜻이 세상에 있기 때문'이다요 3:16. 그리고 세상을 향한 하나님의 섭리와 뜻을 알고 그것을 통해 세상을 다스리는 것이 하나님의 뜻을 이루는 길이라 할 수 있다.

오늘날 한국 교회는 빠르게 변화하는 세상의 변화를 빠르게 간파하여야 하는 숙제를 안고 있다. 하지만, 교회가 진일보하기 앞서, 먼저 보수해야 할 것이 있다. 바로 그 시대를 향하신 하나님의 뜻을 분별하는 일이다. 교회가 변화에 앞서 발빠르게 대처하지 않는다면 변화가 위기로 다가올 수 있겠지만, 만약 교회가 영적인 통찰력과 분별력을 잃어버린다면 교회로서의 본질을 잃어버리게 된다. 때문에 교회는 교회 구성원 모두가 '왜 교회가 세상의 변화에 민감해야 하는가'에 대한 명확한 의식을 가질 수 있게 교육해야 한다. 그리고 이를 바탕으로 교회에 도래할 도전들에 대응하고 이를 극복할 방안을 제시할 수 있어야 한다. 그렇지 못한다면, 교회는 더 큰 어려움을 맞이할 수도 있다.

변화의 기회를 날려버린 중세 교회

코로나 팬데믹이 오늘날의 교회들에게 시련이었음은 분명하지만, 동시에 미래로 나아갈 수 있는 변화의 기회임도 확실하다. 동시에 팬데믹과 같은 사건을 기회로 승화시켜 교회가 새롭게 변화하며 본질적 각성을 이루어 시대의 변화에도 교회의 존재적 가치를 지켜내지 못한다면 더 큰 도전이 다가올 것이다. 교회를 어려움으로 내몰았던 전염병은 역사적으로 여러 차례 보고되었다. 그중 중세 교회와 초대 교회는 당시에 발병한 역병을 대처하는 모습에서 차이를 드러냈는데, 이는 복음 전파와 선교 영역에

상이한 결과를 가져왔다.

먼저 초대 교회는 두 번의 대규모 전염병을 경험하였다. 첫 번째는 주후 165-180년에 로마에서 발병하여 중국까지 퍼진 안토니누스 전염병Antoninus Plague이다. 이 질병은 높은 확률로 천연두나 홍역으로 추정되며, 당시 시리아 지역을 점령하고 있었던 파르티아제국과의 전투를 치르고 돌아온 로마 군인들이 매개가 되어 전파된 것으로 추정된다. 두 번째 전염병은 주후 249-251년까지 위세를 떨쳤던 키프리아누스 전염병Cyprianus이다. 키프리아누스는 당시 로마 시민 5,000여 명을 하루 만에 희생시킬 정도로 치명적이었으며 알렉산드리아 전체 인구의 3분의 2가 쓰러졌을 정도로 강력한 전염병이었다.[6]

이러한 역병이 재앙으로 작용하자 로마제국의 권력층과 기득권자들은 자리를 비우기 시작했다. 자기 목숨을 보존하고자 도망친 셈이다. 반면, 초대 교회의 성도들은 감염자들을 돌보고 치료하는 오늘날 공적 의료의 역할을 자처하며 나서기 시작했다. 지금과 달리, 당시 교회는 박해 받던 중이었다. 하지만, 그들이 받은 박해는 그들의 삶에 그리스도의 말씀을 실천하려는 노력으로 드러난 '세상과 다른 삶'에 대한 세상 사람들이 받은 이질감에서 비롯된 것이었다. 하지만, 초대 교회의 성도들은 감염의 두려움에도 불구하고, 주님의 이름으로 병자들의 필요를 공급하고 돌봄으로써 그들을 섬긴 것이다.

이런 희생이 알려지면서 초대 교회 교인들에게는 '위험을 무릅쓰는 사람들'이라는 뜻의 파라볼라노이 παραβολάνοι라는 별칭이 붙었다.⁷ 기독교 역사학자 유세비우스Eusebius는 초대 교회 시절 발병한 두 번의 전염병 당시 성도들이 보여준 희생과 섬김이 당시뿐 아니라 초대 교회 이후의 복음 전파와 선교 사역에 좋은 영향으로 되돌아왔을 것으로 평가하였다.⁸

시대적 위기를 세속적인 수단과 방법이 아닌, 복음을 실천하는 삶과 헌신으로 돌파했을 때 교회의 존재 목적인 복음 전파와 선교적 교회로서의 역량이 발휘된 사례다. 실제로 키프리아누스 전염병이 창궐할 당시 기독교 인구는 전체 로마 인구의 1.9퍼센트인 120만 명에 불과했지만, 그리스도의 사역을 실천해 내는 데 숫자는 그리 중요한 것은 아니었다.

그리고 주후 1346-1253년, 유럽에서만 4,000만 명 그리고 중국에서는 3,000만 명을 포함해 전 인류의 1억 명 이상의 희생자를 낸 것으로 추정되는 페스트Pest가 등장하였다. 당시 전 세계 인구를 4억 5천여 명으로 추정할 때, 오늘날 세계 인구 중 20억 명 이상이 희생된 것과 같은 수치로, 인류 역사상 최악의 전염병이었다.

중세 시대는 교황과 교권이 국가 권력뿐 아니라 모든 시민의 삶에도 강력한 영향력을 끼치던 시대로, 바야흐로 기독교의 르네상스였다. 하지만, 막상 전염병이 창궐하자 고위 성직자들은 자신들의의 안위를 먼저 걱정해 목자의 사명을 포기하였다. 그들의 양들을 내버려둔 채 도망치기에 바빴고, 심지어 역병을 교권에 순종하지 않은 신앙인들을 징벌하기 위한 하나님의 형벌이라 일축하며, 병자들을 비난하기에 바빴다.

성직자들이 자리를 비우자 다급히 성직자들을 수급했고, 이는 성직자의 질적 하락의 원인이 되었다. 성직자의 권위가 추락하자 함께 추락한 것은 교회의 재정이었다. 이를 메우기 위해 고안해 낸 면죄부 판매는 교회가 스스로 권위와 신뢰를 무너뜨리는 것을 넘어서, 교회 존재의 목적과 사명을 망각하고 포기한 매우 가슴 아픈 역사가 아닐 수 없다.[9]

페스트 이후 교회 중심 세계관이 지배하던 중세가 종결되고 근대 시대가 시작되었다. 이는 신보다 인간에게 더 집중하겠다는 움직임의 시작이었으며 보이지 않는 신에게 의중을 묻는 것이 아닌, 인간에게서 답을 구하고 종교에서 벗어나 과학과 문학에 더 다가서는 것이었다.

교회는 '근대는 신앙을 잃어버린 시대'라고 비난할 수 있겠는가?

근대 시대 사람들의 생각이 그렇게 된 것에 교회는 지분이 전혀 없다고 말할 수 있을까? 이후 유럽은 과학과 기술의 급진보하여 인구가 늘어나고 국력이 성장하고 과학이 발전하여 경제와 군사력을 바탕으로 식민지 개척이 시작되고, 부가 모이면서 전 세계의 중심이 되었다.

중세 시대가 저물면서 함께 저문 교회의 신뢰와 권위는 다시 떠오르지 못했다. 식민지 개척과 확장에 함께 동원되는 파트너 정도로 종종 등장할 뿐, 시대적 역할을 하는 활약은 보여주지 못했다. 만약 패스트를 거치면서 중세 교회와 성직자들이 전혀 다른 모습을 보여줬다면 교회는 다시 본연의 모습을 회복했을지도 모른다. 하지만, 중세 교회는 그렇게 하지 못했고, 그저 오늘날 교회들에게는 반면교사의 교훈을 얻을 수 있는 사례로 언급될 뿐이다. 그리고 그렇게 교회의 모습을 잃어버린 중세 교회로 인해 영적 패러다임은 조금씩 전환되기 시작하였다.

영적 패러다임의 전환

페스트가 창궐한 이후 167년이 지난 1517년 10월 31일에 마틴 루터Martin Luther는 비텐베르크대학 궁정교회 정문에 면죄부 판매에 대한 비판을 포함한 '95개 조항의 반박문'을 붙였다. 영적 패러다임의 전환을 알리는 사건이었다.

아이스레벤이라는 독일의 작은 마을에서 태어난 루터는 구원은 돈으로 살 수 없고, 수백 개의 성당 계단을 무릎으로 기어오르는 고행을 통해 얻어지는 것도 아니라, 오직 하나님의 은혜이며 그를 믿음으로만 가능하다고 선포하였다. 하나님은 루터를 통해 '오직 믿음'Sola Dide과 '오직 은혜'Sola Gratia를 들려주셨고, 종교개혁을 통하여 개신교회Protestant Church의 시작을 선언하셨다. 하나님은 구교의 무능함과 부패함에서 신교라는 새로운 영적 패러다임의 전환을 이끌어 내셨다.

이 와중에 로마 가톨릭의 수호자를 자청하던 스페인왕국이 몰락하게 되었고 개신교회를 받아들인 새로운 국가들네덜란드, 프랑스, 독일, 스위스 등 근대 국가들의 시대가 열리게 되었다. 나아가 신대륙이 발견되고 유럽에서 미국으로 패러다임의 전환이 이어졌다.

루터를 비롯한 종교개혁자들은 당시 창궐했던 전염병에 중세 교회의 지도자들과는 다르게 대처하였다. 페스트가 유럽을 집어삼킨 시점이 1346-1353년이었지만, 이후에도 페스트는 반복적으로 발병하였다. 당시 루터가 거주하던 비텐베르크에도 발병했는데, 루터는 "치명적인 재앙으로부터 도망칠 수 있는가"라는 글을 썼고, 역병의 확산을 차단할 수 있는 실질적인 단계들을 가르쳤다.[10]

당시 신흥 종교 세력인 개신교가 당시 대중에게 받아들여질 수 있었던 이유는 시대적 변화를 '가장 교회다운 모습'으로 대처하여 대중에게 신뢰 받은 데 있었다. 변화에 직면한 교회가 마땅히 해야할 본질적인 고민이 선행되었고, 그 이후 기술적인 수단이 동원된 결과, 개신교의 교세는 크게 성장할 수 있었다.

루터의 종교개혁이 일어난지 500여 년이 지난 1918년, 유럽에 다시 큰 전염병이 창궐하였다. 스페인 독감Spanish Flu Pandemic Disaster 으로 불리는 이 전염병은 유럽과 북미 지역 모두에서 창궐했는데, 유럽의 사망자가 크게 1억 명으로 추산되고 미국에서는 대략 50만 명 이상 사망한 것으로 집계되었다.

당시 유럽의 상황은 최악이었다. 가장 큰 피해를 입은 지역은 영국, 프랑스, 독일 등 서유럽이었다. 제1차 세계대전의 후유증으로 대륙이 황폐해진 상황에 역병까지 창궐해 전쟁의 피해는 기하급수적으로 늘어났다. 여기에 연차적으로 일어난 제2차 세계대전까지 치르면서 유럽은 일제히 국력을 상실했고 세계의 패권을 미국에게 넘기게 되었다.

반대로, 미국은 두 번의 세계대전 초반 고립주의를 내세워 직접적인 피해는 없었고 심지어 나중에는 승전국이 되었다. 게다가 스페인 독감으로 인한 인명 피해도 상대적으로 적었으며 회복 역시 빨랐다. 미국은 막대한 전쟁 복구 비용을 유럽에게 빌려주면서 자연스럽게 채권국의 혜택을 받아 경제 호황기를 누리게 된다. 이때가 미국 경제의 번영을 상징하던 '광란의 1920년대'Roaring Twentie였고 레오나르도 디카프리오가 주연한 영화 <위대한 개츠비>의 배경이기도 하다. 영화가 그려낸 화려한 장면들처럼, 당시 미국의 경제는 호황이었고 패권은 확고하였다.

하지만, 안타깝게도 미국은 세계적인 대격변의 변화 속에서 점차 올바른 영적 대응력과 지도력을 보여주지 못하게 되었다. 회개와 반성, 사랑과 희생을 통한 기독교 운동도 줄어들었고 자본주의와 상업적 대형화의 유행으로 교회의 성장 위주의 부흥과 확장에 정당성을 부여하였다.

그에 따라 교회에 대한 불신도 높아졌다. 예를 들면, 1905년에 미국인의 기독교 호감도는 78퍼센트였지만 20년 뒤에는 67퍼센트라는 결과를 받아야 했다.[11] 당시 미국 국민들이 기독교를 거의 국교로 받아들이고 있었다는 것은 감안하면 큰 낙폭이 아닐 수 없다. 게다가 스페인 독감이 창궐한 동안에는 예배의 자유를 주장하며 야외에서 예배를 드리는 것에는 동의했지만, 감염자들을 돌보고 돕는 사역에 참여하는 비율은 매우 저조했다. 미국교회 영성의 민낯이 드러난 것이었다.[12]

4년 후, 1929년에 미국은 대공황을 겪게 되며 신앙적 침체를 경험한다. 경제가 붕괴되자 교회도 위기에 봉착한다. 예배 출석률은 90퍼센트에서 50퍼센트로 급락하였고 교회학교도 감소하였다. 선교 헌금의 60퍼센트가 감소하였고, 선교사 자원도 10분의 1로 하락하였다. 때문에 세계 선교 지부들의 절반이 선교지에서 철수할 수밖에 없었다.[13] 1776년 미국 건국의 아버지들이 성경에 기초하여 독립선언문을 발표한지 150년, 미국의 부흥 운동이 일어난지 110년 만에 미국교회의 영적 전성기가 지나는 순간이 아닐 수 없다.

반면, 스페인 독감 이후 동북아시아의 작은 나라 조선에서는 젊은 선교사들이 전해준 복음을 배우고 섬기고 회개하는 과정을 거치며 평양대부흥이라는 기독교 역사의 대전환기를 맞이하면서 세계 기독교의 새로운 영적 지도력을 펼치는 나라로 등장하여 영적 패러다임은 다시금 달라지게 되었다.

이처럼 하나님은 역사 속에서 모든 나라와 민족을 향하여 동일한 섭리와 사랑을 베풀어 주시지만, 시대적으로 영적인 영향력을 발휘하는 이들을 세우셨다. 새로운 영적 패러다임의 전환은 전염병과 같은 세계적으로 큰 어려움이 찾아온 혼란의 시기 동안에 이루어졌으며, 비록 시작은 미약할지라도 부패하고 교회이기를 포기한 기득권 세력이 기독교공동체의 정체성과 목적성을 신도들과 사회에 전파하고 사랑과 희생으로 섬기는 공동체로 교체되는 역사인 것이다.

역사 속에 나타나는 기독교 정체성과 목적성을 실천하던 여러 공동체의 등장과 퇴장을 바라보며 오늘날 교회의 오늘을 반성하고 미래를 전망해야 한다. 어떤 교회가 사라지고 어떤 교회가 교회의 역할을 했는지 깨닫고, 오늘의 교회를 바라보아야 한다.

한국 교회는 코로나19 팬데믹을 탓하고 기존에 누리던 것을 못하고 있다는 불평을 늘어놓아선 안 된다. 복음과 사랑을 잃어버린 교회는 하나님께서 주관하시는 역사에서 옮겨지게 된다.[14]

포스트 팬데믹 시기, 한국 교회는 교회다운 교회가 무엇인지 다시금 점검해야 한다.

그런데 오늘날 교회가 맞이할 변화에는 예전과 같은 전염병으로 인한 사회적 혼란과 동시에 이전에는 없던 전혀 새로운 도전들도 있다.

교회가 세상의 변화를
알아야 하는 이유는
하나님의 뜻이
세상에 있기 때문이다.

이전에 없던
신앙의 유형이 나타나다

가치 충돌이 일어나다

한국 교회가 신도들에게 특히 강조하여 교육한 신앙의 덕목이 몇 가지 있는데 그중 하나가 '주일성수'主日聖守다. 이는 기독교인이라면 누구나 이유 불문으로 지켜야 하는 의무같이 여기는 핵심 가치로 여겨졌는데, 이 개념이 코로나19 팬데믹을 거치면서 전혀 다른 예배의 형태를 잉태하였다. 이는 주일을 지키긴 하는데 어느 장소에서 지킬 것인가에 대한 교육 부재 때문이었다.

팬데믹 이전에는 예배는 당연히 성전에서 드리는 것이라고 받아들여져 왔고 이는 고려의 대상이 아니었다. 하지만, 한자리에 모여 예배를 드릴 수 없게 되면서 주일성수를 위한 장소의 개념

이 화두가 되었다.[15]

상황이 이렇게 되자, 교회 리더들은 서둘러 현장에서 드리는 예배가 가장 하나님께서 기뻐하시는 예배라며 여러 가지 신학적 이유를 동원했지만, 세상 속에서 교회로 살아가며 어디서든 예배하는 삶을 살아야 한다고 가르침을 받았던 신도들은 오히려 혼란에 빠졌다. 특별히 젊은 세대는 기성 세대와 교회 리더들이 앞장서 현장 예배를 강조하는 모습을 단순히 자기들을 교회로 불러들이기 위한 명분으로 받아들이면서 거부감을 드러내곤 하였다. 오히려 온라인 공간 안에서 신앙생활에 정착하여 주일성수를 하려는 추세가 두드러지게 나타났다.

하지만, 안타깝게도 신앙생활은 예배와 동일하지 않다. 다시 말해, 예배가 곧 신앙생활은 아니라는 말이다. 예배가 중요한 신앙생활의 부분인 것은 사실이나, 예배가 곧 신앙생활 자체라고 말할 수는 없다. 주일성수와 예배에 대한 과도한 강조가 도리어 어디서든 예배를 드리기만 하면 신앙생활을 잘하고 있는 것으로 오해하게 만든 셈이다. 이제와서 이것을 바로 잡으려고 하니 거부 반응이 일어나는 것도 어찌 보면 이해가 되기도 한다.

이제 교회의 리더들은 교회로 돌아오지 않아도 신앙생활을 하고 있다고 생각하는 신도들이 다시 교회의 현장으로 돌아올 수 있도록 지혜를 모아야 한다. 하지만, 현장 예배만이 가장 성숙한 기독교인의 예배라는 개념으로 접근하는 것은 피해야 한다. 먼저 지금 교회에 돌아오지 않는 사람들을 이해하는 것부터 시작해야 한다. 예전에는 어느 교회로 갈 것인가에 대한 고민이 있었다면, 이제 온라인 공간을 떠나 현장 교회로 나올 것인지 아닌지에 대한 질문에 대해 납득할 만한 대답이 준비되어 있어야 한다. 이 대답을 준비하는 과정이 오늘날 신도들을 이해하는 시작점일 것이다.

신앙적 유목민들의 등장

"교회는 가지 않고 온라인으로 예배를 드리고 있어요.
저희 교회 예배를 드리기도 하지만,
종종 다른 교회 온라인 예배에 접속하기도 합니다."

"예전에는 예배 드리기 전에 준비할 것들이 많았는데,
이제는 온라인으로 드리니 더 좋은 것 같아요.
시간적으로 여유가 더 많아졌습니다."

온라인 예배를 선호하는 사람들의 이야기다. 현장 예배에 참석하는 것과 비교했을 때 온라인 예배에 참석하는 것이 훨씬 편리하다는 것을 받아들이기 시작한 것이다. 교회로 가기 위해 일찍 일어나서 분주하게 준비해서 제시간에 도착하기 위해 이동할 필요도 없다. 복장과 격식 관련하여 고민할 필요도 없고 사람들을 만나서 교제하고 봉사하고 모임에 참석할 것을 염려할 필요도 없다. 단순히 송출되는 예배의 인도를 따라가면 된다. 바쁜 일과를 매일 살아내야 하는 현대인들에게 온라인 예배는 주일을 지키면서도 예배 이외에 다른 부분들에 대해서 자유롭게 하니 마다할 필요가 없다.

코로나19 팬데믹 초기까지만 해도 집에서 방송으로 드리는 예배는 임시적인 방편이고 교회에서 드리는 예배만 정식 예배正式禮拜이므로 전염병의 사태가 호전되거나 팬데믹이 종결되는 즉시 현장 예배로 돌아갈 것을 당연하게 여기는 분위기였다. 이는 교회의 지도자들뿐 아니라 신도들도 마찬가지였다.

그러나 팬데믹이 예상보다 심하고 오랫동안 지속되며 온라인 예배를 통한 비대면 신앙생활 역시 길어짐에 따라 '비대면 예배도 예배다'라는 의식이 자연스럽게 받아들여지기 시작했다. 이 와중에 거의 비슷한 시기에 대부분의 교회가 일제히 예배를 생방송으로 중계를 시작하다 보니 신도들은 온라인에서 여러 교회의 예배를 손쉽게 골라볼 수 있게 되었다. 이에 따라 스스로 예배를 드리기는 하지만, 한 교회에 등록하고 정착하는 방식이 아닌, 자신이 원하는 교회의 방송을 통해 예배를 드리는 부류가 자연스럽게 생겨났다.

필자는 이들을 '신앙적 유목민'이라고 부른다.

'가나안 성도'와는 또 다른 유형

신앙적 유목민들은 '가나안 성도'The Unchurched People[16]와 유사한 점이 있다. 하지만, '가나안 성도'는 자발적으로 교회에 출석하지 않는 사람들이고, 어느 한순간에 나타난 부류가 아닌 한국 교회 내에서 점진적으로 나타난 현상인데 반해, 신앙적 유목민들은 코로나19 팬데믹이라는 불가항력에 의해 비자발적으로 정착했다는 점에서 차이가 있다.

코로나19 팬데믹을 거치면서 기독교인들은 전보다 다르게 자유롭고 유연한 신앙생활을 추구하고 있다. 불가피한 상황으로 인한 변화이기는 하지만, 그 추세는 명백하다. 그 배경에는 이미 사회에서는 용인되고 있는 인식의 변화가 있다. 반드시 현장에 없어도 근무 효과만 차질이 없다면 근무로 인정해 주는 것이 그것이다. 동일하게 이전 교회에서는 용납되지 않았던 부분들을 이제는 교회에도 당연스럽게 요구하고 있다.

신앙적 유목민들의 등장이 비대면 예배의 대중화로 넓게 나타나게 되었지만, 앞으로는 더욱 다양한 이유와 요건으로 인한 이동이 온라인 내에서 일어날 것으로 보인다. 이를테면, 집에서 예배를 드리는 교회학교 학생들을 위한 팔로업프로그램Follow-up Program이나 온라인 성만찬 문제, 공동의회와 같은 회의 참여 방법, 성소수자에 대한 인식, 목회자의 이중직에 대한 이해 등과 같이 매우 세밀한 항목들에 따라서, 교회를 선택하게 될 것이다. 그리고 예배를 드려 보고 최소한의 교회 활동을 해보고 나서, 멤버십을 가질지 말지를 선택하게 될 것이다. 그렇지 않으면 등록하지 않은 채 온라인에 머물거나, 또 다른 교회로 이동할 수도 있다.

이는 교회의 변화로 생겨난 현상이 아니라, 세상의 변화로 교회가 변화하기를 요구받고 있는 사례다. 팬데믹이 아니었다면 더 나중에 도래했겠지만 그렇다고 오지 않을 일도 아니었다. 예측 불가능한 미래도 아니었다. 다만 미처 준비되지 않았는데 찾아왔을 뿐이다. 그나마 희망적인 것은 비록 유목민 같이 교회를 떠돌고 있지만 이들은 신앙을 벗어나지 않았다는 점이다.

더욱더 온라인 속으로

현재 온라인 예배를 드리고 있는 신도들을 상대로 설문을 하였다. '출석하고 있는 교회에서 온라인 예배 송출을 중단한다면 어떻게 할 것인가'에 대해 물었다. 응답자 중 24.5퍼센트가 "다른 교회의 온라인 예배나 방송 예배를 드리겠다"를, 4.3퍼센트는 "온라인 예배를 하는 교회로 옮기겠다"라고 답했다.

온라인 예배의 유무가 교회를 선택하는 데 크게 작용한다는 점과 10명 중 3명은 교회를 옮기는 한이 있더라도 온라인 예배를 계속하겠다는 의지를 가진 것으로 풀이된다. 이는 50대 이상보다 20-40대, 시골보다는 도시에 있는 교회에서, 중직자들보다는 일반 신도들에게서, 100명 미만의 교회보다는 100명 이상의 중대형교회에서 두드러지게 나타났다.[17] 결국, 익명성이 보장되고 신도들 간의 관계가 상대적으로 느슨한 교회나 신도들이 상대적으로 신앙적 유목민이 될 가능성이 높은 것으로 보인다.

이제 온라인 예배는 팬데믹 시절 현장 예배를 임시로 대체하는 방안이 아닌, 교회를 선택할 때 고려하는 사항 중 하나가 되었다. 유명 목회자들의 테이프나 CD를 통해 설교를 듣던 시절이 있었다. 그때에는 이런 것들이 비타민이나 건강 보조제와 같이 신앙을 위한 추가적 선택 사항이었다. 있으면 좋지만 없어도 문제없는 보충제와 같이 말이다.[18]

하지만, 오늘날 온라인 예배는 점진적으로 현장 예배를 대체하는 방안으로 자리 잡고 있다. 그리고 신앙적 유목인 신도들은 더 이상 예배를 드리러 교회에 가려고 크게 노력하지 않을 것이다. 신앙적 양심으로 인해 교회의 현장으로 나오지 않기로 작정하지는 않겠지만, 노력을 해서 현장으로 나오려고 하지도 않는 것이다. 이미 온라인 예배라는 편리한 방안이 있고, 그들의 신앙관에는 온라인 예배가 신앙생활을 유지하는 데 신학적으로 위배되지 않는다고 생각하기 때문이다.

그렇다고 '온라인 예배를 폐지하면 이들이 현장으로 돌아올까?'라는 질문에 돌아올 것이라는 대답을 내놓기에는 무리가 있어 보인다. 왜냐하면, 서두에도 언급했듯이 예배를 드리는 방법의 대체 방안이 되어 버렸기 때문이다. 이미 예배에 대한 인식이 달라졌는데 온라인 예배로의 유입을 차단한다고 해서 모든 신도가 다시 현장으로 돌아올 것이라고 기대하는 것은 어불성설에 가깝다. 오히려 더욱 온라인 공간 안에서 온라인 예배를 대체할 수 있는 방안을 고안하여 더욱 온라인 공간 안으로 파고들어 기존 제도 교회에서 더 멀어지는 역효과가 생길 수도 있다. 결국, 예배만을 특히 강조해 온 한국 교회의 충분하지 않은 신앙 교육이 오늘날 일부 신도들에게 충분하지 않은 신앙관이 자리 잡는 데 일조하게 된 것이다.

신앙의 편식이 심해지다

결혼을 앞둔 커플이 결혼식을 준비하면서 겪는 어려움들은 기혼자들이라면 누구나 공감할 것이다. 결혼을 준비하는 이들은 결혼 세리머니를 준비하기 위해서 꽤 많은 것을 결정해야 하는데, 결정을 하는 데 어려움을 주는 큰 이유 중 하나는 아이러니하게도 선택 사항이 너무 많다는 데 있다. 작고 세세한 부분까지 모두 당사자들이 직접 결정을 해야 하기 때문에 선택을 내려야 하는 입장에서는 선택 자체가 어렵다기보다는 선택을 해야 한다는 심리적 스트레스가 더 크다.

이와 같이 선택의 폭이 일정 수준을 넘어 과잉으로 치달으면 오히려 선택하는 입장에 있는 사람은 본인의 철학과 의지를 바탕으로 다양한 선택지를 고려하여 결정하기보다 좁은 영역의 선택을 하게 되는데, 이를 에코 체임버Eco Chamber라고 한다.[19]

신앙적 유목민들은 온라인 공간에서 수많은 교회가 쏟아 내는 설교 영상과 방송 예배를 접한다. 사실 다양한 교회를 경험할 수 있고 여러 목회자의 설교를 매일 끊이지 않고 들을 수 있을 정도이니, 복음의 풍년이 아닐 수 없다.

하지만, 대부분의 온라인 이용자가 그렇듯 온라인 공간 안에 있는 신도들은 그다지 다양한 예배와 설교를 골고루 접하기보다는 같은 입장의 설교와 예배를 반복적으로 수용하는 경향이 많이 나타난다. 이를테면, 복음주의적 성향을 가진 신도는 온라인 공간에서도 복음주의적인 콘텐츠Contents만 선택하여 소비하고, 그 반대의 성향을 가진 신도는 본인이 가진 성향에 따라 콘텐츠를 소비한다. 유사한 생각과 신앙을 가진 신도들이 유사한 자료들을 검색하고 비슷한 성향을 가진 설교자의 설교로 인해 기존에 가지고 있던 성향들이 편향적으로 나타나는 것이다.

편향적인 신앙은 신도로 하여금 평소에 가지고 있던 신앙관에 부합되는 정보나 자료만을 접하려 하고, 이와 상반되는 정보를 접하게 될 때에는 이를 철저하게 차단하려는 배타적인 선택을 하게 된다. 다시 말해, 많은 설교를 듣지만 설교자의 리스트는 이미 결정되어 있으며, 그중에서도 원하는 설교만 받아들인다는 것이다. 쉽게 말해, 듣고 싶은 것만 듣는 것이다.

마치 사람이 편식을 하듯, 신앙의 편향적 현상은 신앙적 유목민 신도들이 그들의 신앙을 점검하고 돌보아 줄 담당 교역자가 없다는 치명적 약점으로 인해 큰 문제로 지적된다. 소셜 네트워크로 방송되고 게시되는 교회의 콘텐츠들은 방송국에서 심의를 거쳐 방영되는 프로그램들과는 달리 아무런 심의나 제재 없이 노출되기 때문에, 신도들의 신앙 관리 차원에서 담당 교역자의 부재는 시급한 사안이다. 과거에는 담임목회자의 방침과 목회철학이 신도들의 신앙의 방어막이자 방향 지시의 역할을 했지만, 이제는 그 역할을 신도들 개개인이 스스로 해야 하는 실정이다. 예전에는 담임목사 한 명의 영향력이 교회의 모든 신도에게 크게 작용해서 신도들의 자율성이 다소 제한되는 문제가 있었다면, 이제는 신도들이 쏟아지는 정보의 광야에 홀로 내몰린 상황인 것이다.

이와 같이 신앙의 편향성이 심화되는 현상은 비그리스도인들을 전도하는 것과는 전혀 다른 개념으로 접근하여야 한다. 앞서 다루었듯 신앙적 유목민들은 스스로 그리스도를 믿는 신도이고 예배를 드리니 성도라고 생각한다. 단지 현장 예배로 나오지 않을 뿐이며, 신앙생활의 중요한 한 부분인 주일도 구별하여 지키고 있으니 자신들의 신앙도 문제가 없다고 믿고 있다. 이런 사람들을 향해 단지 현장 예배로 나오는 것이 더 좋은 신앙생활이라고 하는 것은 논리적이지도 않고 납득하기도 어려울 것이다.

그렇기 때문에 한국 교회는 계속적으로 교회의 참된 목적과 사명에 대해 교육해야 한다. 여기서 주의해야 할 점은 여기에 개교회 중심주의적인 요소가 들어오는 것을 경계해야 한다는 점이다. '참된 교회란 무엇인가'에 대해 교육을 하는데 자칫 '우리 교회'만이 좋은 교회임을 우회적으로 주장하는 것으로 오해될 수 있기 때문이다.

하나님께서는 각 교회에 개별적으로 특별한 비전과 사명을 주셨지만, 모든 교회가 그리스도의 하나 된 몸으로서 한 교회$_{\text{Universal Church}}$임도 고백해야 한다. 그렇기 때문에 올바른 교회론을 교육하는 것은 오늘날 존재하는 모든 교회와 앞으로 새롭게 생겨날 미래의 교회들뿐 아니라 개교회들을 위해서도 반드시 필요하다.

현실적으로 한국의 모든 교단이 하나의 공통된 교회론을 정립하기란 어려움이 많을 것으로 예상된다. 하지만, 교회의 리더들은 영적 분별력과 목회적 역량을 넓혀서 온라인 공간 안에 있는 신도들뿐 아니라 교회를 이루는 모든 지체의 건강한 신앙생활과 교회에 관한 올바른 이해를 위해 끊임없이 노력하고 연구하여, 그들이 어디에서 예배를 드리든 관계없이 올바른 신앙생활을 할 수 있도록 모든 목회적 역량을 기울여야 한다.

2부

새로운 세대가 일어나다

신앙은
개인적인가 공동체적인가?

──────── **신앙은 있는데 종교적이지는 않다?**

"교회는 안 다니는데 하나님은 계시다고 믿어요.
가끔 저 혼자 기도도 해요."

앞서 신앙적 유목민들은 비록 교회 현장으로 나오지는 않지만, 온라인 예배를 통해 최소한의 신앙생활은 유지하고 있다고 생각하고 있음을 살펴보았다. 그러나 교회 현장에 나오는 것을 아주 차단한 것은 아니며, 다만 어느 한 교회에 등록하여 얽매이는 것을 거부하고, 자유롭고 유연한 신앙생활을 추구하며, 선호하는 목회자의 설교와 예배를 골라 들음으로 다소 편향적이지만 신앙생활의 맥을 유지하고 있다는 점도 다루었다.

그런데 이들과 비슷해 보이지만, 조금 더 심화된 신앙 그룹이 있다. 설문 조사 결과를 통해 알아보겠다.

2018년 한국교회탐구센터의 "가나안 성도의 신앙 인식 및 생활에 관한 조사"에 의하면, 가나안 성도를 대상으로 교회를 출석하지 않는데 기독교인이라고 생각하는 이유를 물었다. 응답자의 37.9퍼센트는 자신들이 "하나님을 믿기 때문"이라고 답했으며, 비슷한 맥락으로 12.3퍼센트는 "예수님의 대속을 믿기 때문"이라고 응답했다. 과반이 넘는 숫자가 교회 출석과 무관하게 자신의 신앙에 근거하여 기독교인으로서의 정당성이 부여된다고 생각하는 것이다.

그 외에 26.2퍼센트는 "기독교 가정에서 자랐기 때문"이라고 답하였고, 13.2퍼센트는 "오랫동안 신앙생활을 하였기 때문"이라고 응답했다. 39.4퍼센트가 자신의 기독교적 환경이나 오래된 신앙생활에 가치를 두고 기독교인으로서의 정체성을 나타낸다고 생각하는 것으로 판단된다. 이 역시 자신이 기독교인이라 생각하는 이유는 교회 출석 여부와 분리되어 있음을 보여준다.¹

이와 같이 기독교 신앙과 영성을 가지고 있다고 생각하지만, 교회에 나가지 않는 사람들을, 신앙은 있지만 종교적이지 않다는 의미로 'SBNR'Spritual But Not Religious이라고 부른다. '종교적'이라는 의미의 'Religious'는 제도권 교회를 의미하므로, 'Not Religious'는 교회를 나가지 않거나 출석하기를 거부하는 것을 말한다. 'Spiritual'은 현대적인 영적 영역을 통칭하는 말로 기독교적 의미만을 내포하지 않는다. 따라서, 이 용어는 영적이지만 종교 기관과의 연관을 거부하는 의미로 가나안 성도나 신앙적 유목민 신도가 포함되어 있다.

SBNR들의 문제는 그들이 교회에 출석하지 않으면서 기독교인이라 자부하는 데 있다. 하나님과의 영적 교류가 있다면 예배를 포함한 종교적 행위는 필요하지 않다고 생각하는 경우인데, 이들이 늘어날수록 교회의 성장은 높은 확률로 둔화될 것이다.

코로나19 팬데믹이 지난 이후에도 이들은 교회로 발걸음을 옮기지 않고 있다. 그런데도 그들은 스스로를 '교인, 기독교인'이라고 말하고 있다.

신앙적 유목민들과 유사한 점은 영적으로 돌보고 양육하는 교회나 목회자의 부재가 있다는 점이고, 신앙적 유목민들은 결과적으로는 목회적 돌봄을 필요로 하지만, SBNR들은 없어도 된다고 생각하는 경우가 상대적으로 많다는 점에서 차이가 있다. 왜냐하면, 그들은 교회와 거리를 두고 관전자와 같이 바라보고 있기 때문이다.[2]

개인적 신앙생활이 강조된 결과

한국 교회는 교회 중심의 신앙을 강조했으며 교회를 기준으로 한 신앙공동체를 지향하였다. 교회에서는 예배뿐 아니라 각종 모임과 프로그램이 진행되었다. 한국 교회는 특히 이 점에서 뛰어났으며 신도들의 신앙생활은 거의 교회를 중심으로 이루어졌다.

하지만, 코로나19를 겪는 동안 교회의 많은 부분은 중단되었다. 그 결과, 신도들 개인의 신앙생활이 남았다. 신앙의 사유화가 이루어진 것이다. 제도적 교회 리더들의 도움 없이 자발적으로 신앙을 유지해야 했다. 스스로 예배를 드릴 교회를 정하고, 설교를 듣고, 원하는 교회에 헌금하며 성경을 읽고 기도를 해야 했다.

최근에 일어난 SBNR들이 개인적인 신앙생활을 형성하게 된 가장 큰 배경은 아마 코로나19 팬데믹이 아닐까 싶다. 하지만, 그들을 지칭하는 SBNR에서 알 수 있듯, 그들은 영적인 부분을 중요한 덕목으로 둔다. 영적인 신앙생활을 위해 굳이 현장 예배를 가지 않아도 되는 것이고, 영적인 예배를 드리는 것이기 때문에 온라인 예배로 대체해도 문제없다고 판단하는 것이다. 공동체가 주는 유익이 분명하지만, 개인적인 성향이 강하기 때문에 포기할 수 있는 것이다.

하지만, 영적인 관심은 여전히 가지고 있다. 2022년 4월 코로나19 이후 "한국 교회 변화 추적 조사 결과 보고서"에 영적 체험을 경험하고 싶은 마음이 있는지에 대한 설문이 있었다. 전체 응답자 중 71.9퍼센트가 "영적인 체험을 원한다"라고 응답했다. 교회에 현재 출석하지 않고 있다고 응답한 사람들 중 무려 69.7퍼센트에 달하는 숫자다. 이를 전체 개신교인의 기준으로 대입하면, 교회에 출석하지 않지만 영적인 경험을 원하고 있는 개신교인은 34.0퍼센트로, 전체 3명 중 1명에 달한다. 지극히 개인적인 신앙생활을 원하는 동시에 영적인 것을 추구하고 있는 것이다.[3]

그들은 여전히 교회에 다니는 것과 영적인 경험을 별개로 이해하고 있다고 볼 수 있다. 기독교 신앙을 가진 신도이기 때문에 영적 체험을 원하지만, 그렇다고 반드시 교회에 나갈 필요는 없다는 논리다. 영적인 경험은 교회를 다니지 않고서도 가능하며, 지극히 개인적인 신앙과 수련에 달렸다고 생각하는 것이다. 교회 출석은 신앙생활에 있어서 얼마든지 배제될 수 있다고 생각하는 부분이다.

반면, 그동안 교회가 교회로서의 역할과 기능을 충분히 제공해 주지 못하였고, 교회를 통해서 신령과 경건의 경험을 했다기보다는 교회 재정 문제나 목회자의 윤리 문제 등 다른 것을 목격하거나 경험하여 실망했다는 방증이기도 할 것이다.

공동체임에도 개인적인 교회

코로나가 지배적으로 유행할 때 많은 기업이 도산 위기에 처했지만, 동시에 다른 누군가에게는 기회가 되기도 했다. 넷플릭스Netflix나 유튜브YouTube와 같은 영상 공유 플랫폼 기업들은 팬데믹 동안 엄청난 수익을 올렸으며, 닌텐도Nintendo와 같은 가정용 게임기 제조 기업은 과거의 영광을 재현하기라도 하듯 화려한 부활을 맞았고, 로그Rogue와 같은 운동 기구 제작 기업은 집에서 운동할 수 있는 경량화된 기구를 개발하여 새로운 매출 경로를 개척하였다. 기업 정체성을 잃지 않으면서도 변하는 사회 구조에 적응하여 새로운 사업 전략을 구축하여 성공한 사례. 핵심은 변화하는 시대의 흐름을 읽었다는 점, 사람들의 필요Needs를 알았다는 점이다.

안타깝게도 코로나19 팬데믹은 애굽에 내려진 열 가지 재앙처럼 기독교인들만 비껴가지는 않았다. 전 지구에 있는 모든 사람에게 동일한 위협이 되었으며, 모두가 잠정적 보균자이자 감염자였다.

그렇기 때문에 정도의 차이가 분명 존재하긴 했지만, 각 나라의 정부는 집회나 모임을 제한하였다. 예배도 예외는 아니었다. 이 가운데 일부 교회는 이를 기독교에 대한 핍박과 탄압으로 규정하고 저항하였다. 예배가 곧 신앙생활의 전부이고, 신앙생활의 중심은 교회 현장이기 때문에 이 두 가지를 제한한다는 것은, 곧 기독교인의 정체성을 침해하는 것으로 받아들인 것이다.

역병에 대한 위기감으로 위축되어 있을 때, 사회는 효과적인 방역을 위해 대면 모임을 취소하고 근무지를 집으로 옮기는 등의 여러 노력을 기울였다. 이는 단지 근무 환경의 기술적 업그레이드를 위함이라기보다, 역병의 전염을 최소화할 수 있도록 베푸는 최소한의 배려이자 예방의 차원이었다.

그런데 일부 교회는 현장 예배를 고수하였고, 결국 교회를 통한 방역 문제가 발생하고 말았다. 그 결과 기독교는 공공성公共性을 존중하지 않는 집단으로 낙인 찍혔으며, 사회적인 비난을 피할 수 없게 되었다.

사회적 분위기를 고려하지 않는 교회의 모습은 과거 이미 여러 사례[4]를 통해 대중에게 각인되었고, 사례가 거듭될수록 부정적인 여론이 형성되었다. 코로나19 팬데믹 기간에도 교회는 굉장히 개인적이고 이기적인 모습을 대중에 노출하고 말았다. 교회가 신뢰를 상실하는 동시에, 현장에 나가서 예배를 드리는 행위가 사회 전체를 위험에 빠뜨린다는 시선 때문에 교회에 가는 것조차 부담으로 작용하여 점차 교회로 향하는 발걸음을 머뭇거리게 하는 결과가 나타난 것이다.

이런 현상은 교회의 중직자들보다는 일반 신도에게서, 50대 이상보다는 20-40대에서 두드러지게 나타났다. 이 나이대의 사람들은 MZ세대라고 불리는 연령층과 겹치는데, 이 중 2000년 이후 출생인 Z세대는 교회 역사상 가장 다루기 어려운 세대로 분류된다.

교회는 세상과
구별되어야 하지만,
결코 세상과 단절되지 아니한다.

쫓아가면
도망가는 세대, Z

누구의 말도 듣지 않는 그들

누가 뭐라 해도 요즘 교회 리더들의 가장 큰 걱정은 교회가 위축되는 것이 아닐까 생각된다. 교회의 위축은 신도들의 감소와 무관치 않은데, 그중 미래 세대의 부재는 가장 시급한 문제로 거론되고 있다. 장차 교회를 이끌고 고령이 될 기성세대를 돌보고 새로운 세대를 양성할 핵심 세대로 성장할 미래 세대가 없다면, 교회는 부모 세대와 함께 사라지고 말 것이다.

그렇기 때문에 20대를 교회 안에 안정적으로 정착시켜야 하는데, 젊은 세대가 그리 만만하지 않다. 쉽게 말해, 그들은 기성세대의 방법으로는 통제되질 않는다. 이들이 바로 2000년 이후에 출생한 세대이고, 출생연도에 숫자 0이 많다고 하여 Zero세대, Z세대라고 불리는 세대다.

이들은 앞서 언급한 가나안 성도, 신앙적 유목민, SBNR의 성격을 모두 지니고 있다. 그러면서 교회에도, 직장에도 충성하지 않고, 개인이 일보다 우선되며, 개인적이지만 공정한 것에 예민하다. 내일을 위해 오늘을 희생하는 것에 대해 회의적이며, 지극히 오늘을 즐긴다. 때문에 자기에게 이롭고 성장할 수 있는 기회가 된다고 판단되면 돈과 시간을 아끼지 않고 끝장을 보는 세대다.

전통적인 교회의 가치와 부합되는 점을 찾기가 매우 어렵기 때문에 이들을 권위로 굴복시키는 것은 사실상 이들과 단절하겠다는 의도로 받아들일 것이다. 그렇다고 이들이 즐겨 사용하는 SNS에 가입해서 그들을 팔로우Follow하면 그들은 친구 신청을 받아들이지 않거나 심한 경우 기존 계정을 폐쇄하고 다른 이름으로 다시 계정을 개설하기도 한다. 쫓아가면 도망가는 세대, 이들이 바로 Z세대다.

교회는 Z세대가 점차 교회를 떠나기 시작했다고 생각하는데, 이 점이 오해의 시작이다. 사실 Z세대는 교회에 정착한 적이 없다. 부모 세대인 X세대를 따라 주일학교와 청소년부를 다녔을 뿐이지, 교회의 핵심 세대로 교회 내에서 사역의 역량을 펼친적이 없다. 대부분 교회 사역에 동원되거나 헌신을 강요받는 상황에 노출되어 있었다. 자기중심적이고 공정한 대우와 그에 따른 보상에 민감한 그들에게는 상당히 불합리하고 부당하다고 느껴졌을 것이다. 마침내 성인이 되었을 때 그들은 부모의 그늘을 벗어나면서 교회의 울타리도 넘어가 버린 것이다.

안타까운 점은 이들을 담당하는 교회의 목회자들이나 리더들 스스로 그들에 대한 고민과 성찰 없이 그들이 교회를 떠나는 이유를 잘 파악하고 있다고 자부한다는 점이다. '교회를 떠난 요즘 젊은 것들은 믿음을 상실했고 너무나 세속화 되어 버렸다'고 생각한다. 고생하기를 거부하며, 내일을 위해 오늘을 희생하는 절약 정신도 부족하며, 무엇보다 한 가지 일을 꾸준하게 할 성실성도 없다고 치부한다.

하지만, 교회에 다시 나오게 되면 이 모든 것을 해결할 수 있는 성경적 해결책 역시 가지고 있다고 생각하기 때문에, 이미 교회를 떠난 세대는 교회가 잃어버린 양으로 생각하기보다 집 나간 탕자와 같이 스스로 돌이켜 돌아와야 한다고 생각한다.

하지만, 정작 청년들에게 물어보면 대답은 너무나 의외다.

"네? 아닌데요?"

MZ세대? Z세대?

더 넓게 통용되는 용어는 MZ세대다. MZ는 1981년에서 1996년까지 출생한 밀레니얼Millenials세대와 1997년부터 2012년까지 출생한 Z세대를 하나로 묶은 표현으로, 이들은 전체 인구의 37퍼센트나 차지하고 있다. 이 두 집단을 처음으로 묶어서 표현한 곳은 미국의 연구 기관인 퓨리서치센터Pew Research Center로 2018년 "세대 분석 리포트"에서 두 집단의 특징의 유사성을 발견, 이후 두 집단이 하나로 묶어 통용되기 시작하였다.[5] X세대나 베이비부머Baby Boomers들과 비교하였을 때 상호 비슷해 보이지만, M과 Z사이에는 분명한 간극이 존재한다.

MZ세대가 디지털을 주로 사용한다는 점을 공유하지만, 어린 시절 아날로그Analog의 감성을 잠시라도 경험하였던 M세대와 다르게 Z세대는 시작부터 인터넷과 디바이스를 접하고 살았던 디지털 네이티브Digital Native라고 봐야 한다. M세대는 개인적이긴 하지만, 집단적 공동체주의를 실제로 경험한 세대이고 인터넷의 발달은 이미 인간관계의 방향성이 이미 정립된 이후에 추가적으로 더해진 것이라, 시작부터 세상을 접하는 방식을 인터넷과 스마트폰을 통하여 바라보는 Z세대와는 완전히 다르다. 디지털 시대가 발전되면서 온라인 사용에 적응한 M세대와 달리 Z세대는 시작부터 온라인 공간에 최적화되어 있는 셈이다.

앞서 언급한 것과 같이 M세대는 Z세대와 비슷하게 개인주의적 성향이 존재한다. 하지만, 필요하다면 공동체를 위해 잠시라도 개인주의적인 성향과 욕구를 포기할 수 있는 세대다. 학창 시절까지는 그러한 사회적 분위기가 존재했기 때문이다. 그들의 학창 시절 각 학급의 인원수는 50명이 넘기 일쑤였다. 개인보다는 집단 속에서 적응하고 순응해야 했고, 치열하게 경쟁하는 분위기 속에서도 그러한 사회 구조를 받아들이기를 강요받았고, 또한 그것에 따랐던 세대다. M세대가 주일학교와 학창 시절을 지날 때에는 교회의 부흥기를 이어나갔고, 그들이 성인이 되었을 때에는 교회의 젊은 리더들로 남아 교회의 중직들이 되어 신앙 선배들의 유산을 이었다.

반면, Z세대는 M세대보다 더 개인적이고 권위를 인정하지 않아 굉장히 이기적인 세대로 오해받지만, 사실은 굉장히 똑똑한 세대다. 우선 그들은 자신의 발전과 성장에 큰 가치를 둔다. 자신이 좋아하거나 가치를 두는 일이 아니면 크게 몰두하거나 간섭하지 않는다. 하지만, 자신이 좋아하는 일에는 시간과 돈과 열정을 아낌없이 쏟아붓는다. 상당히 효율성을 중요시하고 합리적인 세대인 것이다.

이러한 성향이 자리 잡게 된 가장 큰 요인은 바로 온라인 공간에서의 사회성이 익명성과 평등성 그리고 능력이 우선시되기 때문이다. 그렇기 때문에 오프라인 사회에 존재하는 권위나 위계 질서와 같은 사회 구조는 그들의 눈에는 굉장히 비효율적으로 보였을 것이다. 게임과 같이 수평적인 경쟁과 공평한 보상이 주어지는 온라인 사회처럼 오프라인에서도 동일하게 요구한다. 이런 것들이 충족이 되지 않으면 그들은 여지없이 그곳을 떠난다.

그들이 떠나는 곳들 중 하나가 바로 교회라는 점이 안타까운 현실이다.

믿음보다 제도

"너무 당연하게 여기는 게 싫어요."

요즘 청년들에게서 이런 말들을 자주 들었을 것이다. 그리고 혼란이 왔을 것이다. 당연한 것들을 당연하게 생각하는 게 싫다니 … 여기서부터 대화는 이어질 수 없다. 어느 한쪽이 수긍을 해야 한다. 상대적으로 나이와 사회적 위치 등이 상대적으로 열등한 젊은 세대가 입을 닫는 경우가 많을 것이다. 그리고 그들은 기성세대와 담을 쌓기 시작한다.

여기서 주목해야 하는 점은 청년들은 기성세대가 하는 모든 말이 아니라, 기성세대의 태도와 방식을 거부하는 경우가 더 많다는 점이다.

그들은 역대 어느 세대보다 개인의 발전과 성공을 위해 노력하고 자기 계발을 게을리하지 않은 세대이며 합리적 사고를 즐겨한다. 그들은 일방적이고 수직적이고 강압적인 기성세대의 방식을 받아들이지 않는다.

2021년 1월 27일 유튜브를 통해 발표한 "코로나 시대, 기독 청년들의 신앙생활 탐구 연구"에서 자신의 교회에 대해 불만족스럽다는 청년들에게 그 이유를 중복으로 응답하게 하였더니, 가장 높은 34.9퍼센트가 '교회 지도자들의 권위주의적인 태도'라고 응답했다. 그리고 네 번째인 23.3퍼센트가 '교회 지도자들의 언행불일치적인 삶의 태도'라고 답했다. 목회자와 관련한 응답이 과반을 넘은 58.2퍼센트로 나타난 것이다.[6]

청년들의 눈에 교회 지도자들은 기성세대이고, 기성세대에 대한 실망과 불만이 설문으로 표출된 것이다. 설문에 드러나지 않았지만 그들은 교회 지도자들이 전하는 성경의 가르침이나 삶의 지혜와 같은 훈수와 권면을 거부하지는 않았을 것이다. 하지만, 청년들은 모범적인 삶을 살지 않으면서도 여전히 권위적이고 강압적인 태도를 보이는 기성세대에 불만을 가지고 있는 것으로 보인다.

Z세대의 또 다른 특징은 직장 내에서 불합리하고 불의한 대우나 처분을 받았다고 생각하면 직접적으로 불만을 표출하기보다는 퇴직을 결심한다는 점이다. 직장뿐 아니라 어느 공동체에 속

'이해'보다 상위의 개념은
그 자체를 받아들이는
'인정'이다.

해 있을 때에도 비슷한 결단을 내리는데, 제도적 교회의 불합리함은 그들을 주저 없이 떠나게 만들었다.

주목할 점은 그들은 신앙을 잃어버려서 교회를 떠나는 게 아니라 오히려 신앙을 지키기 위해 교회를 떠난다고 말한다는 점이다. 2021년 아크ARCC연구소는 1017명의 청년들과 청년 담당 사역자들을 대상으로 '청년이 교회를 떠나는 이유'를 설문하고 인터뷰하였다. 결과는 목회자에게 실망, 헌신 강요, 신앙의 회의감 순으로 나타났다.[7] 청년들은 신앙을 몰라서 떠나는 것이 아니다. 교회 지도자들이 그들에게 필요한 것이 무엇이고 원하는 것이 무엇인지 모르기 때문이다. 다시 말해, 그들은 믿음을 떠난 것이 아니라 기성세대와 교회 지도자들이 형성한 제도적 교회를 떠난 것이다.

만약 교회가 신앙의 원칙을 지키고 바른 교회의 모범을 보였다면 다소 원칙주의적으로 보일지라도 청년들은 올바른 신앙인의 모습에 부합한 교회를 인정하지 않았을까?

신앙보다 태도

Z세대는 단순히 믿는 것에서 멈추지 않고 행동하기를 원하는 세대다. 직접 행동으로 옮기고 직접 체험하여 스스로 보람을 느

껴야 만족하는 세대다.

그런 까닭에 그들의 눈에 비친 기성세대와 교회의 중직자들의 위선은 큰 실망 요인으로 작용했을 것이다. 어쩌면 청년들을 통해서 기성세대와 기성 교회가 크게 각성하는 계기가 되어야 할지도 모른다. 왜냐하면, 하나님께서는 새로운 세대를 통해 현재 한국 교회의 민낯을 밝히 보이고 계시기 때문이다.

단순히 젊은 세대를 다시 교회로 돌려놓겠다는 차원에서가 아니라, 새로운 세대를 통해 교회가 중생重生하는 기회가 될 때, 기성세대와 새로운 세대 모두가 교회를 회복하는 사역에 함께할 수 있다. 그렇기 때문에 교회는 청년 세대가 교회에 요구하는 점들을 무겁게 받아들여야 한다.

첫째, Z세대는 교회가 그들을 지금보다 더 소중하게 여겨줄 것을 바란다. 그들이 생각한 교회 불합리성의 첫 번째가 '지나친 헌신의 강요'였다. 그들은 교회가 그들을 소모품처럼 사용하는 것을 매우 불쾌하게 생각한다. 때문에 그들은 교회 시설의 확충과 성장보다는 그들의 삶과 신앙이 풍요롭게 되고 동등하게 합리적으로 인정받기를 원한다. 그들이 삶에서 워라벨[8]을 추구하는 것도 동일한 이유다.

둘째, Z세대는 투명하고 개방적인 조직과 열린 리더십을 원한다. 합리적인 그들은 교회의 어떠한 사안이나 이슈가 있을 때 먼저 더 많은 데이터와 근거 자료를 바탕으로 납득하고 파악하기를 원한다. 하지만, 기성세대들은 그들의 모습을 매사에 따지고 재는 '믿음 없는 모습'으로 일축한다. 확인하고 싶은 마음이 믿음에 대한 의심으로 뒤바뀌는 순간이다. 그저 '은혜롭게 하라'는 말 앞에 순종하는 것을 미덕으로 받아들였던 기성세대의 눈에 합리적인 그들은 너무 이기적이고 개인적으로 보였을 것이다.

셋째, Z세대는 구성원 모두를 공평하고 평등하게 인정하는 리더십을 원한다. 그러나 안타깝게도 Z세대는 교회 안에서 존중받은 적이 거의 없는 세대다. 성인의 반열에 오른지도 얼마 되지 않았고, 사회에도 진입한지 몇 해 되지 않았으며 교회에서도 그저 어린 청년일 뿐이다. 그렇기 때문에 이런 말들을 자주 들었을 것이다. "뭘 안다고 그러느냐?"

하지만, 그렇지 않다. 그들은 뭘 아는지 아는 세대다.

위와 같이 Z세대는 어떤 세대보다도 존중과 인정을 중요하게 생각한다. 어느 세대나 필요한 점이지만, 이들이 더 간절히 원하는 이유는 그들이 존중과 인정을 받지 못했다는 반증이기도 한다.

지금까지 한국 교회는 존중과 인정보다는 대_大를 위해 소_小의 희생을 강요하기 일쑤였고, 소_小의 희생을 당연한 것으로 여겼다. 그리고 청년들이 이러한 부조리함을 견디지 못하고 떠날 때, 교회는 그들의 '믿음 없음'을 탓하였다. 기성세대에게 있어서 교회는 신앙생활 그 자체였고 믿음 생활의 본거지였기 때문에 교회를 떠나는 것을 믿음과 신앙생활을 포기하는 것과 동일시하였다. 젊은 세대는 신념보다는 교회의 태도가 문제였음에도 말이다.

새로운 세대들의 등장은 교회에게 중요한 메시지를 던지고 있다. 그리고 그들이 교회를 떠나는 모습에서 하나의 공통적인 부분을 발견할 수 있다. 바로 교회 출석 여부는 신앙과 무관하다는 생각이다. 이런 맥락에서 교회를 출석하지 않거나 온라인상에서 신앙생활을 이어 나가는 사람들은 교회에 출석하지 않아도 주일 성수와 같은 신앙생활을 이어 나가는 데 무탈하다는 주장을 하고 있다.

이는 교회를 떠난 사람들의 오해라고 말할 수도 있지만, 교회가 교회 됨의 모습을 먼저 솔선수범하지 못한 탓이 더 크다는 점을 인정해야 한다. 그들의 신앙에 문제가 없다고 할 수는 없지만, 교회를 떠나는 젊은 세대를 통해 하나님은 오늘날 한국 교회에게 말씀하고 계신다.

한국 교회가 무엇을 놓치고 있고, 무엇을 간과하고 있는지 말이다.

3부

한국 교회에 산적한 문제들

교회는 아주 빠르게
나이들고 있다

──────── 변화는 외부에서만 밀려오는 게 아니다

 앞서 필자는 한국 교회가 앞으로 시대적 변화로 새로운 세대의 등장과 같은 외부으로부터 유입되는 여러 가지 도전을 열거하였다.

 새로운 변화에 대한 목회적 혜안을 준비하지 못하면 세상으로부터 받을 여러 질문에 교회는 답할 수 없게 될 것이다. 세상과 소통하지 못하고, 등을 진 교회는 그저 믿음을 이미 가진 일부의 공간이자 모임으로밖에 기능하지 못할 염려가 크기 때문이다.

 하지만, 차후 교회에 임박할 위기와 도전들은 교회 내부에서 태동하기도 한다. 외적인 요소만큼이나 한국 교회 안에 산적한 문제들은 어떤 것들이 있는지 살펴보겠다.

2023년 3월, 한국기독교목회자협의회는 지앤컴리서치와 목회데이터연구소에 의뢰해 제5차 한국기독교 분석리포트 '한국인의 종교 생활과 신앙 의식 조사'¹를 진행하였다.

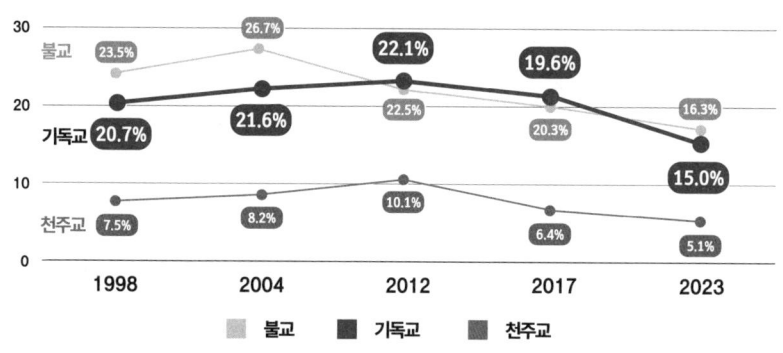

〈도표-1〉 대한민국 종교별 인구 비율 변화

*자료 출처: 19세 이상 개신교인 2,000명, 비개신교인 1,000명, 목회자 802명, 일반인 9,182명(한국갤럽 조사) 등 총 1만 2984명을 대상으로 온·오프라인으로 조사했다.

이번 조사에서 한국 교회 총인구 5,134만 명 중 개신교인을 15퍼센트로 보면, 개신교인은 약 771만 명으로 추산된다. 이와 더불어 목회적 유목민과 SBNR과 같이 교회에 출석하지 않고 있는 신도는 2017년 23.3퍼센트에서 2023년 29.3퍼센트로, 6년간 6퍼센트 증가한 것으로 나타났다. 출석자가 70.7퍼센트, 그렇지 않은 신도가 29.3퍼센트임을 고려하면, 현재 교회 출석자는 545만 명, 출석하지 않는 신도들은 대략 226만 명이라는 분석이 나온다.

 총인구 대비 개신교인은 감소한 반면, 교회를 떠나는 신도들의 비율은 계속해서 증가하고 있음을 알 수 있다. 이 같은 상황은 타 종교도 마찬가지이나 기독교 인구의 감소폭과 교회에 출석하지 않고 있는 신도들의 비율 상승은 주목해야 할 부분이다.

 교회를 떠나는 신도들이 늘어나고 있다는 점은 이미 앞서 살펴보았다. 더 주목해야 하는 문제는 교회 내에서 발생하고 있음을 인지하여야 한다.

중심 세대의 고령화

 한국 교회의 인구 변화를 살펴 보았을 때 가장 주목되는 부분은 '중심 세대의 고령화'다.

 중심 세대中心世代란 교회 내에서 숫자가 가장 많은 세대를 가리키며, 교회에서 가장 중추적인 역할을 감당하는 세대다.

 한편으로 중심 세대는 각 연도별로 연령이나 출산율, 교회의 부흥 성장 여부에 따라 구성원들이 바뀜에 따라서, 다르게 나타날 수 있다. 때문에 중심 세대가 고령이 되어간다는 것은 새로운 세대가 뒤를 이어받지 못하고 기존의 중심 세대가 여전히 중심 세대로 남아 있는 노령화가 진행되는 것이라고 볼 수 있다.

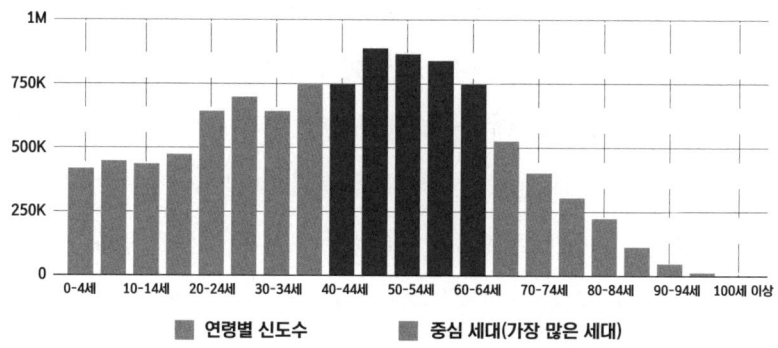

〈도표-2〉 2020년 한국 교회 연령별 신도 숫자와 중심 세대

2020년에 한국 교회의 중심 세대는 40-64세로 집계되었고 가장 많은 나이대는 45-54세였다. 사회적으로 고령화가 진행되기는 했지만 중장년층이 건재한 것으로 나타났다. 그러나 20년 뒤를 예측한 자료는 그다지 희망적이지 않다.

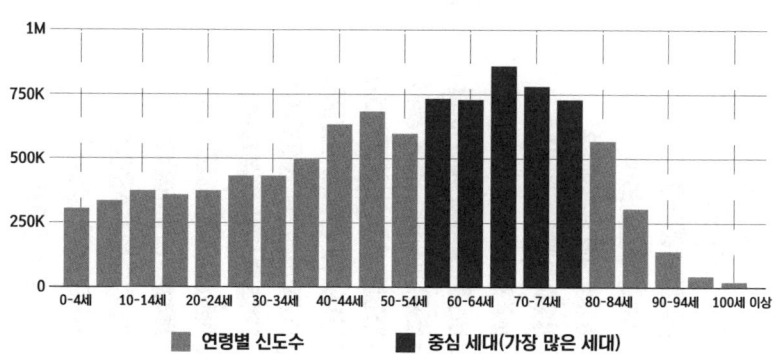

〈도표-3〉 2040년 한국 교회 연령별 신도 숫자와 중심 세대 예측

예측 자료에 의하면 2040년 한국 교회의 중심 세대는 55-79세이고, 가장 많은 세대는 65-74세가 될 것으로 집계되었다. 2020년의 중심 세대가 20년 후인 2040년에도 동일하게 유지될 것으로 예측되는 것인데, 이는 앞서 염려한 것과 같이 젊은 세대의 유입이 적어서 새로운 중심 세대의 전환이 일어나지 못한 탓으로 분석된다. 이를 바탕으로 2060년에는 전체 기독교 인구 중 55세 이상이 차지하는 비율이 65-70퍼센트까지 높아지며 초고령화가 강하게 나타날 것으로 보인다.[2]

주목할 점은 대한민국의 총 인구는 이제부터 감소하게 될 것이라는 점인데, 미래 세대의 유입이 크게 줄어든 상황에서 다음 세대로의 중심 세대 전환은 더욱 어려워질 것으로 보인다. 아래는 대한민국 총 인구 변동과 초고령인구80세 이상 비율을 집계한 그래프다.

〈도표-4〉 대한민국 총 인구 변동 예측

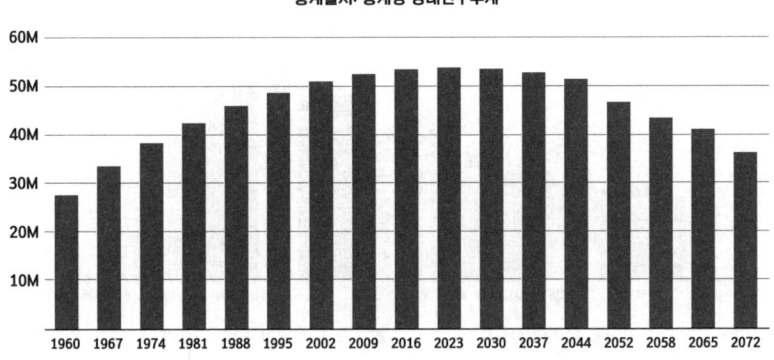

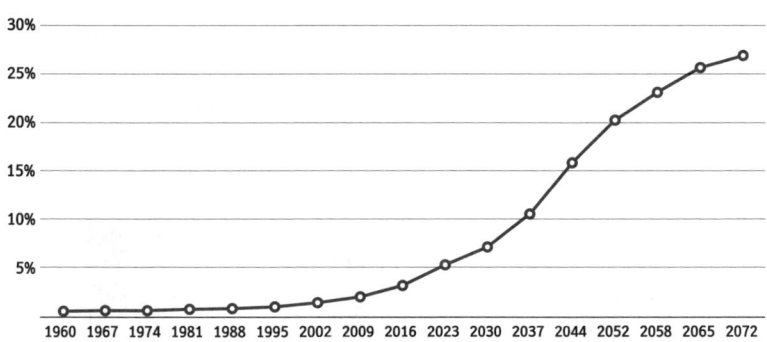

〈도표-5〉 대한민국 초고령(80세 이상) 인구 비율 예측

대한민국의 인구는 2023년에 최고를 기록하고 이후부터 점차 감소할 것으로 보이는 반면, 초고령인구 비율은 2023년 이후로 지속적으로 높게 상승하는 것으로 나타났다. 대한민국이 빠르게 초고령화 사회로 진입할 것을 보여주는 자료다.

그런데 교회의 고령화는 대한민국 전체의 고령화[3]보다 더 빠를 것으로 예측된다. <국민일보>는 최근 한국 교회 고령화 속도를 분석하기 위해 두 가지 자료를 비교했다. 하나는 한국기독교목회자협의회가 각각 2012년 10월, 2017년 10월, 2023년 2월 내놓은 자료인데, 여기에는 매주 예배에 참석하는 개신교인의 연령별 분포 현황을 집계하였다. 다른 하나는 같은 시기 집계된 행정안전부 주민등록 통계다(한국목회자협의회의 조사는 만 19세 이상 [2012년은 만 18세 이상]을 대상으로 이뤄졌으며, 행안부 통계 분석도 같은 기준으로 진행했다).

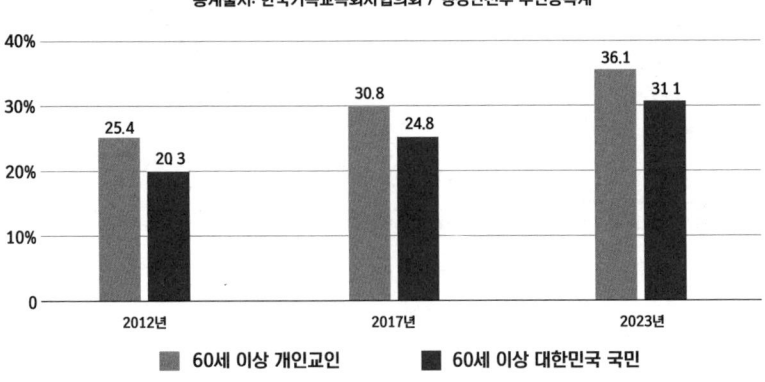

〈도표-6〉 60세 이상 개신교인 및 대한민국 전체 국민 내 60세 이상 비율 비교

만 19세 이상을 놓고 보면, 2023년 2월 기준 국내 인구에서 차지하는 60세 이상 비율은 31.1퍼센트였으나 한국 교회는 36.1퍼센트였다. 2017년엔 그 비율이 각각 24.8퍼센트, 30.8퍼센트였으며 2012년에는 각각 20.3퍼센트, 25.4퍼센트였다.

5-6년 주기로 이뤄진 분석에서 매번 5-6퍼센트 포인트 안팎의 격차가 일정하게 나타난 셈이다. 한국 교회가 한국 사회보다 대략 5년 정도 빨리 늙어가고 있음을 보여준다고 해석할 수 있다. 지금과 같은 추세라면 5년 뒤 개신교인의 60세 이상 비율은 40퍼센트에 다다를 것이라 볼 수 있다. 안타까운 것은 앞서 예상했듯이, 현재 지속적으로 상승하는 고령층이 교회의 중심 세대라

는 사실이다.

물론, 교회의 신도가 줄어들었다고 해서 교회의 목적과 기능을 하지 못하는 것은 결코 아니다. 교회는 교회 자체의 존립을 교회의 기능 중 하나로 여기지 않는다. 그러므로 교회 양적 수축이 발생했다고 해서 세상을 향한 교회의 목적에 변화가 있어서는 안 된다.

그런데 교회 인구의 변화가 여러 지표를 통해 드러나고 있지만 교회가 크게 변화를 이끌어 내지 못하는 실정은 심각하게 바라보아야 한다. 왜냐하면, 변화를 주도적으로 추진하는 세대는 기성세대지만, 그 변화의 대상과 혜택은 전적으로 다음 세대에 있기 때문이다. 하지만, 젊은 청장년 세대들은 교회를 떠나 있는 실정이고 젊은 부모들이 교회에 부재하면서 아이들도 줄었다. 주일학교를 포함한 교회학교 전체의 위축이 가속화되는 상황이다. 때문에 이들을 위한 새로운 사역을 힘있게 추진하기가 매우 어렵게 되었고, 교회학교가 사라진 일부 교회에서는 남아 있는 세대를 위한 사역이 그 자리를 대신하고 있다.

미래 세대가 빠르게 미전도종족이 되고 있다

앞서 언급했듯이 이미 진행 중인 청소년과 청년의 교회 이탈은 교인 평균 연령의 고령화를 가속시키고 있다. 2045년 대한민국의 국민 총인구는 5,206만여 명으로 예상되는데, 같은 해 한국교회 전체의 영아부-청년부의 숫자는 161만여 명으로 예상된다. 이는 전체 인구의 3퍼센트에 해당하는 157만여 명을 겨우 넘기는 수치다. 여기에 청년대학부를 제외하면 순수한 주일학교 영아부-고등부 인원은 전체 인구의 3퍼센트가 되지 않는다. 여기에 기독교 이단의 인원까지 제외하면 앞으로 20년 후 대한민국 교회의 주일학교 인원은 국민 총원 대비 2퍼센트를 넘길수 있을지 심히 우려된다.[4]

이를 통해 무엇을 알 수 있는가? 2045년 한국의 주일학교는 사실상 신앙적 미전도종족으로 분류될 것이다. 미전도종족이란 대체적으로 '복음을 들어 본 적이 없으며, 복음이 그들에게 이해할 방법이나 형태로 선포된 적이 없으며, 복음에 응답한 적이 없고, 교회가 있지도 않으며, 그들의 모국어로 번역된 성경을 갖고 있지 않음을 의미하며, 일부에서는 기독교 인구가 2퍼센트 미만일 경우 스스로 전도할 능력이 없어 외부로부터 선교 지원을 받아야 하는 종족이나 집단'을 말한다.

2-3퍼센트 미만은 미전도종족에 해당되는 수치이며, 미전도종족이면 선교의 대상이다. 다시 말해, 주일학교를 교육 기관인 동시에 선교의 대상으로도 생각해야 하는 미래가 멀지 않았다.

이에 반대되는 의견이 없는 것은 아니다. 주일학교 인원을 전 국민과 비교할 것이 아니라 전국 어린이, 청소년 숫자와 비교해야 한다는 의견이다. 하지만, 이런 반론에도 불구하고 필자는 크게 희망적이지는 않다고 본다. 왜냐하면, 2045년 국민 총 인구 가운데 30세 이하 인구는 1,133만여 명으로 예측된다. 그중 대략 15-20퍼센트로 추정되는 기독교 이단을 제외한 인원은 126만여 명으로 30세 이하 전체 국민의 10퍼센트를 조금 상회하는 수치다. 이는 앞서 언급한 대로 미전도종족으로 분류되는 2-3퍼센트 보다 높은 수치이기는 하지만, 희망적이라고 보기에는 매우 부족한 수치가 아닐 수 없다.

20년 후 대한민국 어린이, 청소년 10명 중 1명이라도 교회를 다니기 때문에 다행이라고 해야 한단 말인가? 예측이긴 하지만, 이 수치에는 최대 기대치가 반영되었을 것이다. 현재 한국 교회의 주일학교 인원 감소 비율과 속도는, 대한민국 어린이, 청소년의 감소보다 더 빠르고 높다. 교회가 지금의 세대를 올바르게 품고 선도하지 못하면 앞으로 일어날 세대들의 교회 이탈률은 제어할 수 없는 수준으로 심각해질 것이다.

비록 대기근으로부터
나라를 구한 위대한 요셉일지라도
기억되지 않고 전승이 끊어지니
그를 모르는 바로와 같은 세대가 일어났다.

한국 교회 교육부는 이러한 시대적 상황에서 새로운 세대를 감당할 수 있을까?

직관적으로 예측 가능한 시나리오는, 이 시기에 주일학교에 남아 있는 아이들 대부분은 교역자와 중직자들의 자녀들일 것이다. 그리고 추후 이들마저 청장년이 되어 교회학교를 졸업하게 된 후에도 교회에 남게 될지, 아니면 떠나게 될지 확신할 수 없는 상황이다. 게다가 한국 교회가 쇠퇴기에 접어들면서 신학교에 지원하는 인원도 줄어들고 있고, 젊은 부사역자들이 점점 부족해지고 있다. 그리고 청년대학부의 부진으로 새로 임명받을 젊은 중직자들 역시 교회를 떠나게 되면서 교회는 젊은 동력을 잃을 뿐 아니라, 그들의 자녀들도 주일학교로 돌아올 여력도 상실하게 될 것이다.

주일학교를 잃으면 교회는 신앙을 전승하고 계승할 방법을 잃게 된다. 다음 세대에 신앙의 전승을 하지 못하여 이미 신앙을 가진 이들만 교회에 남아 그들만을 위한 공동체의 역할만 유지하다 그 세대와 함께 사라지게 될지 모른다. 그렇게 되지 않으려면 교회는 어린이와 청소년을 향한 전도를 필사적으로 해야 한다. 20년, 50년 이후에도 신앙의 대가 끊기지 않고 사역이 유지되기 원한다면 말이다.

하지만, 교회가 열심히 전도하고자 하여도 사회는 호락호락하지 않다. 2007년 샘물교회 사건 이후로 교회는 사회로부터 본격적으로 지탄받기 시작하였다. 그리고 일부 목회자의 윤리 문제와 일부 교회들의 집단 이기주의 그리고 지난 5년 동안의 팬데믹을 거치면서 교회는 그 밑천을 드러내고 말았다.

팬데믹을 통해 드러난 교회의 민낯

한국 교회의 신뢰 문제

적지 않은 사람이 코로나19가 닥치면서 교회의 위기가 더욱 커졌다고 생각하지만, 실상은 그렇지 않다. 문제들은 이미 교회 내부에 뿌리내리고 있었다. 다만 팬데믹으로 인해 교회가 혼란스러울 때, 감춰져 있던 문제들이 드러났을 뿐이다. 외적인 문제들이 교회의 양적 축소를 가져왔다면, 교회의 내적 문제들은 교회의 질적 문제를 야기하였다. 필자가 주장하는 교회의 내적 문제, 즉 질적 저하는 크게 3가지로 분류할 수 있다.

첫째, 타협하는 설교다. 교회 역사 속에서 교회가 위기에 처하는 경우는 여러 가지가 있지만 교회가 스스로 무너지는 것은 강단에서 시작된다는 사실을 기억해야 한다. 강단의 권위 실추는 것은 외부의 힘에 의한 것이 아니다. 설교자 스스로 그 수준을 끌어내린다. 말씀의 권위도 마찬가지다. 잘못 전하거나, 설교자를 위한 가르침을 전하거나, 하나님의 말씀에 가감加減을 저지르거나, 회중을 향해 인기를 구걸하는 등의 행위가 바로 강단과 말씀의 권위를 지키지 못하는 행위들이다.[5]

유다 왕 시드기야 당시 바벨론이 침략하였다. 나라의 기운이 기울 때 하나냐와 같은 거짓 선지자들은 근거없는 낙관론과 거짓된 가르침을 앞세워 회중의 호응을 얻었고, 헛된 평화와 승리를 예언하였다. 그들이 선포한 그릇된 메시지와 인기를 위한 설교로 왕과 백성들은 오만해졌다. 성경은 하나님께도 영광을 돌리지 못하고, 나라와 백성에도 유익하지 않은 이들을 '여우 같은 거짓 선지자'라고 책망하였다.[6]

요한계시록의 일곱 교회 가운데 두 교회는 강단의 몰락으로 주님의 책망을 받았다. 버가모 교회는 극단적 자유주의무율법주의[7]를 주장하던 니골라당의 잘못된 교훈이 선포되었는데, 이는 기독교가 세속 신앙과 문화에 물든 교훈을 선포한 탓이었다. 두아디라 교회는 이세벨을 용납한 것으로 책망을 받았다. 성공을 위해서는 우상 숭배와 음행 등을 저지르는 타협을 감행하라고 가르쳤다고 전해진다. 성경은 두아디라 교회를 빗대어 표현할 때 간음을 말하는데, 이는 실제 간음을 의미했을 수 있고, 세상과 타협한 것을 간음으로 비유한 것일 수 있다.[8] 본래 의미가 무엇이었든 당시 교회에 선포된 메시지가 얼마나 타락했는가를 보여주는 사건이다.

오늘날 한국 교회는 어떠한가? 타협하는 메시지와 회중의 호응을 구걸하는 설교는 없는가? 본인 소견에 옳다고 생각하는 대로 성경을 해석하고 설교하는 설교자는 없는가?

사사와 생도들이 힘을 잃었듯, 목회자와 사역자들이 힘을 잃어가는 데는 강단에서의 권위가 제대로 발휘되지 못하였기 때문이다. 설교자의 인격이나 도덕적 청렴함에 문제가 없다 하더라도, 강단에서 선포되는 말씀이 잘못되었다면 문제는 심각하다.

십계명을 받기 위해 모세가 산에 오른 사이에 이스라엘 백성은 금송아지를 만들었다. 백성이 원하는 하나님을 만들어 줌으로써 타협하는 메시지를 전한 아론의 가르침 탓이었다. 빛과 소금의 역할을 자처하는 한국 교회가 지지받지 못하는 이유 중 하나는 거짓되고 타협하는 설교가 있기 때문이다.

둘째, 부족한 자의식이다. 그동안 한국 교회는 나라 밖에서는 잘못된 종말론에 근거한 극단적이고 공격적인 선교를 일으키고, 나라 안에서는 이웃과 사회적 약자의 문제와 종교인으로서의 책임과 의무를 지키지 않은 채 '종교의 자유'만 앞세운 나머지 이기적이고 무례한 종교라는 인식이 굳어졌다.

코로나19 팬데믹의 대혼란은 이러한 한국 교회가 가지고 있던 질적 민낯을 적나라하게 드러낸 결정적 사건이었다.[9]

2021년 1월 29일, 기독교여론조사기관인 목회데이터연구소는 "코로나19 정부 방역 조치에 대하 일반 국민 평가 조사" 결과를 발표했는데, 응답자 가운데 한국 교회를 "별로 또는 전혀 신뢰하지 않는다"라고 응답한 비율은 76퍼센트로 나타났다. 2020년 1월 기독교윤리실천운동이 실시한 "한국 교회의 사회적 신뢰도 조사"에서 한국 교회를 신뢰하지 않는다고 응답한 64퍼센트보다도 수치가 높아졌다. 반면, 한국 교회를 신뢰한다는 응답은 기존 32퍼센트에서 11퍼센트 하락한 21퍼센트로 나타났다.

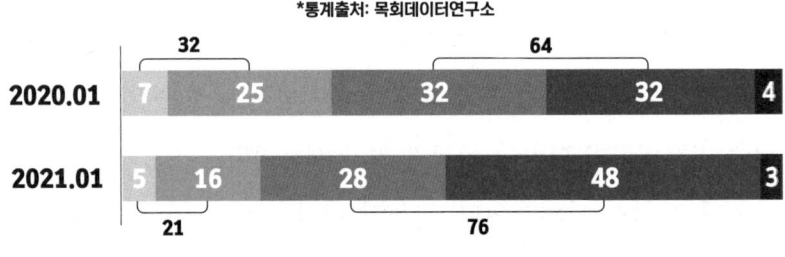

〈도표-7〉 한국 교회 신뢰도 변화(2020년 1월 vs 2021년 1월)

'코로나19 정부방역조치에 대한 일반국민 평가 조사', 2021.01 (일반 국민 1,000명, 온라인 조사, 2021.01.12.~15.)

비록 신천지와 같은 이단과 일부 교회의 이탈적인 행동으로 정부의 방역에 문제를 일으키긴 하였으나, 이는 교회 전체의 문제는 아니었다.

2021년 1월에 발표한 목회데이터연구소 제82호에 따르면 실제 확진자 가운데 교회발 감염 비율은 11퍼센트임에도 불구하고, 국민은 44퍼센트로 인식하고 있는 것으로 나타났다. 한국 기독교의 신뢰도가 심하게 훼손되었다고 볼 수 있는 대목이다. 한국 사회와 국민이 기독교를 바라보는 부정적인 시선과 반기독교적인 여론이 강력하게 형성되었다는 것을 방증한다.

하지만, 기독교의 신뢰 하락이 코로나19 때문이라고 단정하는 것은 피해야 한다. 교회의 신뢰 문제는 팬데믹 이전부터 누적되어 나타난 결과지, 결코 단 한번의 사건으로 나타난 현상이 아니기 때문이다.

그런데 2021년 1월 장로회신학교가 지앤컴리서치와 함께 조사한 결과는 한국 교회가 현 상황을 잘 이해하지 못하고 있음을 보여준다. 한국 목회자의 91퍼센트가 "교회가 정부의 방역 정책에 잘 협조했다"라고 응답했다. "교회가 코로나19에 잘 대응하고 있다"라고 응답한 목회자는 79.7퍼센트, "교회는 사회가 요구하는 목소리를 잘 이해하고 있다"라고 응답한 목회자도 66.3퍼센트에 달하였다.

반면 교회를 옮길 생각이 있다는 설문에 응답한 청년들 중 가장 높은 응답은 목회자의 언행불일치였다. 헌신 강요, 목회자의 설교 문제 등이 뒤를 따랐다.

한국 교회가 스스로를 어떻게 바라보고 있는지와 사회의 요구나 바람을 매우 낮게 이해하고 있는 것을 볼 수 있다.[10] 부족한 자의식은 교회가 임박한 문제와 도전을 대비하고 극복에 기여할 수 없다는 것을 방증하는 부분이다.

셋째, 목회적·신학적 통찰의 부재다. 강단의 권위가 서지 못하고 잘못된 가르침으로 사회적으로 무례한 종교가 되어가고 있음에도 스스로를 개선하지 못하고 있다면, 교회가 임박한 위기와 도전을 신학적이고 목회적인 대답을 준비하지 못하고 있기 때문으로 볼 수 있다.

교회는 세상에서 일어나는 변화와 흐름을 감지하고 그 가운데 하나님께서 주시는 메시지가 무엇인지 분별하여 신학적인 고민을 통한 목회적 대답을 항상 준비하고 있어야 한다.

하지만, 코로나19 팬데믹 이후 급변하는 사회적 변화를 충분히 감당해 내기에 한국 교회는 여러 가지로 힘에 부치는 것 같다. 대표적인 사례로는 빠르게 확대되고 있는 온라인 사역과 현장 사역의 위축에 대한 위기감이다.

온라인 사역은 목회적이고 신학적인 고민을 바탕으로 구축한 선교 전략의 차원에서 유입된 것이 아니라, 급변하는 시대적 상황으로 어쩔 수 없이 들여온 한시적인 예배 방식이었는데, 이제는 기존의 예배 방식을 대체할 수 있다는 움직임이 일어나고 있으니 교회로서는 매우 당황할 수밖에 없는 처지다. 또 단순히 신도들의 이탈뿐 아니라 다시 신도들을 현장 교회로 불러 모으는 데 신학적인 명분이 없다는 것이 더욱 교회를 어렵게 만드는 부분이다.

교회가 이런 시대적 변화에 따른 질문에 아무런 준비가 되어 있지 않다면, 교회에 임박한 위기와 도전은 교회를 방향을 잃은 배처럼 표류하게 만들 수 있다.

방향성 잃은 교회, 내몰린 신도

방향성의 상실은 항상 교만에서 비롯된다.
의사가 가장 경계하는 것이 환자의 자가 진단이다. 스스로 속이고, 본분에서 벗어나 전혀 다른 결과를 낳기 때문이다. 같은 맥락으로 방향성을 상실한 교회의 지도자들은 그들의 잣대에 알맞게 하나님의 말씀을 제단하고 선포하여 교회 전체를 하나님의 방향과 어긋나게 하며, 잘못된 예배로 하나님을 영화롭지 않게 하여 교회와 성도들도 방향성을 상실하기에 이른다. 예수님 시대에 가장 교만했던 사람들은 제사장, 바리새인, 서기관들이었다막3:5. 그들은 교만한 나머지 그토록 기다린다던 메시아, 주님을 알아보지 못하였다. 이처럼 방향성을 상실한 교회와 신도는 말씀을 읽는다 하여도 말씀이 그들 가운데 함께하지 않으므로 말씀을 깨달을 수 없게 되는 것이다.

어떤 상황을 예측하고 극복하여 개선하는 것은 결코 쉽지 않다. 오랜 시간 동안 엄청난 노력이 기울여져도 장담할 수 없는 것이다. 반면, 상황을 악화시키는 것은 큰 노력 없이도 한순간에 나타날 수 있다. 약간의 방심과 더딘 대응, 그릇된 판단과 정책이면 충분히 상황을 빠르게 악화시킬 수 있다.

팬데믹을 거쳐오면서 한국 교회가 보여준 위기 대처 능력이나 예방, 이후의 대책들을 본다면 한국 교회의 리더십에 잠재된 위험 요소가 있다는 것에 동의할 수 있을 것이다. 물론, 모든 교회의 문제로 단정할 수는 없다. 하지만, 교회의 지도자들은 교회에 나타나는 여러 가지 도전을 주의 깊게 살펴보아야 한다. 왜냐하면, 모든 문제의 시작은 지도자의 통찰력 부재에서 비롯되기 때문이다.

교회와 교회 지도자들이 방향성을 잃게 되면서 신도들의 신앙생활도 내몰리고 있다. 강단이 바로 서지 못하고 교만하면 무례한 기독교인만 양산되는 것이 아니라, 그렇지 않은 신도마저 영향을 받게 된다.

한국 교회가 어려움에 봉착한 가장 큰 이유는 뒤틀린 권력욕과 자기애에 있다. 권력은 사람이고, 사람이 모이는 곳에 재물과 힘이 자연스레 모인다. 자기애는 자기의 신념과 사랑, 자녀 등 자기를 위해 할 수 있는 모든 것이 포함된다.

한국 교회는 이 힘과 자기애를 얼마든지 정복하고 다스릴 수 있었으나, 희생과 겸손이 사라진 교만한 상태에서는 그러지 못하였다. 예수님께서 자기를 따르는 모든 이에게 희생과 겸손을 강조하신 이유는 그들이 불필요한 권력과 자기애에 사로잡히지 않게 하시기 위함이었다.

교회와 지도자들이 방향을 잃자 교회의 신도들 역시 각기 흩어지기 시작했다. 물질과 시간의 헌신을 피해 스스로 신앙의 크기를 줄이는 다운사이징 신앙을 트렌드로 받아들인다. 지금 내가 있기에 편한 곳이 교회라는 신앙적 유목민들, 현실 교회를 떠나 온라인 속에서 그들만의 신앙생활을 충실히 하고 있다고 생각하는 SBNR, 각기 다른 이유로 교회를 떠나고 있는 사람들도 그들이 기존에 가지고 있던 신앙의 사이즈를 줄여 나가려는 유혹에 빠진다. 교회의 지도자들이 다시 현장 교회로 불러 모을 때 돌아온 대답은 그들이 바라던 내용은 아니었다. 교회는 교회를 떠난 사람들의 신앙을 탓하고, 교회를 떠난 신도들은 교회를 탓하기 바빴다.

결론적으로, 교회가 방향성을 잃었을 때 신도들은 신앙적 사각지대로 내몰리게 되는 것이다.

이제 신앙생활도 구독한다

코로나19 팬데믹으로 오히려 사업의 전환기를 맞아 크게 성장한 분야들이 있다. 넷플릭스Netflix와 같은 바로 구독형 OTT 플랫폼[11] 기업들의 약진이 두드러졌다. 가히 글로벌 시대Globalization가 종결되고 초개인화 시대Hyper-Personalization가 대두되면서 개인의 요구와 상황을 더 세밀하게 고려하는 시대가 도래하였다.

'평균의 종말'이라고도 불리는 이 시대는 개인의 선택과 취향이 알고리즘에 의해 분류되고, 가장 선호하는 콘텐츠가 선별되어 제공되며, 개인은 그런 콘텐츠를 소비한다. 보편적 다수에게 다양한 프로그램을 편성하여 송출하던 방송Broadcast에서 각 콘텐츠 소비자에게 맞춰진 미디어를 선별하여 제공하는 협송Narrowcast이 시작된 것이다.

빅데이터를 바탕으로 제공되는 맞춤형 서비스 OTT는 지속적으로 성장하고 있으며 현재 대한민국 국민 10명 중 7명 가량이 OTT 플랫폼을 이용 중이다. 방송통신위원회가 발표한 "2022 방송 매체 이용 행태 조사"에 따르면 대한민국 국민의 OTT 이용률은 72.0퍼센트로 2021년에 비해 2.5퍼센트 증가하였고 연령 별로는 20대가 95.9퍼센트로 가장 높게 나타났다.[12]

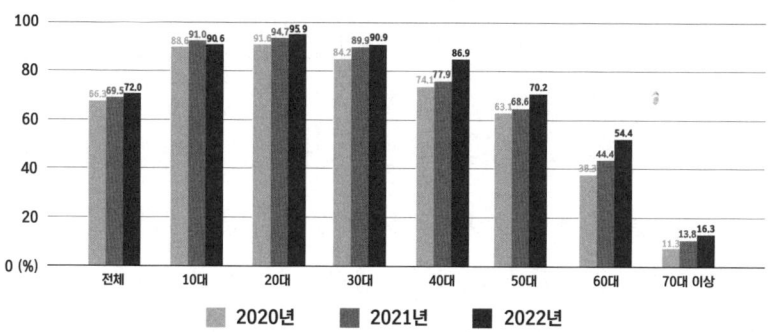

〈도표-8〉 연령별 OTT 플랫폼 이용 변화 추이

전국 4,287 가구에 거주하는 만 13세 이상 남녀 가구원 6,708명 설문. 정보통신정책연구원 2022.06.13~08.19

위의 도표에서 알 수 있듯이 거의 모든 세대의 OTT 이용률이 늘어나고 있는 것을 볼 수 있다. 아직 부모의 통제를 받고 있는 10대들도 이미 90퍼센트를 넘어서고 있다. 성인이 된 후에도 이들의 OTT 이용률은 크게 변하지 않을 것이며, 새로 등장하여 설문에 응답할 미래의 10대들도 크게 다르지 않을 것으로 보인다. 오히려 새로 등장하는 세대들은 디지털 네이티브Digital Ntative로 각종 디바이스Device를 이용한 미디어를 접하는 것에 더 익숙할 것이다. 점차 OTT 플랫폼을 기반으로 한 미디어 산업은 더욱 빠르게 성장할 것이고 기존의 기업들도 디지털 콘텐츠의 제작과 보급에 사활을 걸 것으로 보인다.

이러한 변화에 기독교 단체들도 가세하는 추세다. 확장되는 온라인 사역과 보급화되는 디지털 콘텐츠, 늘어가는 수요로 여러 플랫폼들을 개발하고 있다. 텍사스 멕킨니McKinney, TX에 본사를 둔 '라잇나우미디어'Right Now Media[13]는 현재 가장 대표적인 기독교 OTT 플랫폼으로 약 2,500여 개 이상의 콘텐츠를 제공한다. 한국어를 포함한 9개 언어를 지원하며 전 세계 2만 5천여 개 이상의 교회가 가입하고 있다.

미국 복음주의 신앙의 리더들뿐 아니라 한국 교회의 목회자들도 콘텐츠를 통해 한국의 신자들과 만나고 있다. 사용자들은 자신의 신앙과 관련된 설교, 찬양, 성경 공부 등 다양한 자료에 접근할 수 있으며 온라인 소그룹 도구도 공급한다. 플랫폼을 이용하는 것은 월별 구독료 지불을 통해 가능하다. 순수 국내 OTT 기업에서 제공하는 신앙 플랫폼도 있다. CGN에서 제공하는 '퐁당'Fondant[14]은 라잇나우미디어와 마찬가지로 알고리즘 기반 추천 시스템을 통해 사용자의 행동 패턴과 선호도를 분석하여 맞춤형 콘텐츠를 제공한다. 퐁당 역시 유료 구독 서비스로 진행된다.

이런 플랫폼 기업의 등장은 기독교인들이 언제 어디서나 원하는 신앙 콘텐츠를 손쉽게 접할 수 있는 기회임은 분명하다.

그렇다면 기독교인들이 원하는 신앙 콘텐츠의 카테고리는 어떻게 나타났는지 살펴보자. 목회데이터연구소의 최근 조사에 따르면 기독교인들이 가장 기대하는 온라인 사역은 '성경 공부'로 전체 응답자 가운데 32.3퍼센트로 나타났다. 그 뒤로 '찬양 및 예배팀 활동' 18.3퍼센트, '소그룹 모임'이 16.0퍼센트로 집계되었다.[15] 온라인 공간에서 신앙생활을 유지하는 신도들이 현장 교회와 거리를 두고 있으면서도, 교회에서 누렸던 활동과 관련된 사역들을 선호하는 것을 알 수 있다.

〈도표-9〉 기독교인들이 온라인 사역에서 가장 기대하는 사역

사역	비율
성경 공부	32.3
찬양 및 예배팀 활동	18.3
소그룹 모임	16.0
선교 및 사회봉사활동	16.0
기도 모임	9.1
청년 및 청소년 모임	6.5

*통계출처: 지앤김리서치, 2023.05.12-05.31, 전국 19세 이상 개신교인 2000명 온라인 설문

하지만, 이러한 설문 결과로 기독교인들이 현장 교회를 그리워하고 돌아와 위와 같은 사역을 다시 시작하고 싶어 한다는 결론을 내리기는 어렵다. 그보다 현장 교회에서 하던 사역을 온라인 공간에서 유지하고 싶다는 응답에 더 가까울 것이다. 이와 같은 새로운 신앙생활의 패턴은 기독교 OTT 플랫폼이 등장함에 따라 교회의 바람과는 달리 점차 안정적으로 정착하는 추세다.

신도들이 온라인 안에서 신앙을 잘 유지한다고 하면 그나마 위안이 되었을 것이다. 하지만, 최근 온라인에서만 신앙을 유지하는 신도들의 신앙 상태를 엿볼 수 있는 조사가 최근 발표되었는데, 여기에 주목할 필요가 있다.

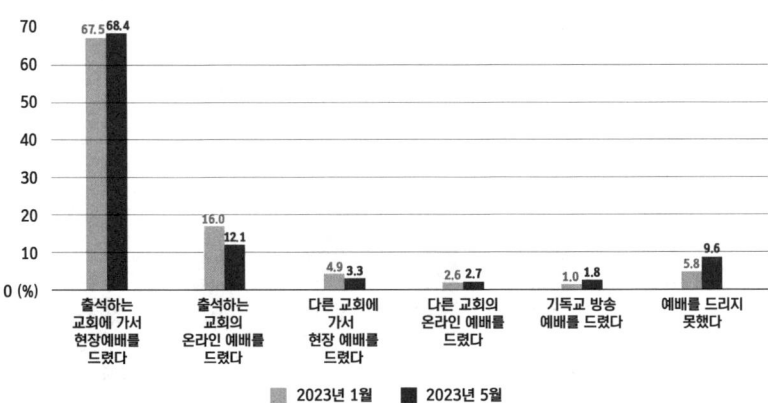

〈도표-10〉 지난주 주일예배를 어떻게 드렸는지에 대한 설문

*통계출처: 한국목회자협의회 '한국기독교 분석 리포트' 대한기독교서회, 121p (서울: 대한기독교서회, 2023.06.20)
목회데이터연구소 '2024 한국 교회 트렌드 조사' 전국 19세 이상 개신교인 2000명, 온라인조사 2023.05.12-05.31

2023년 한국목회자협의회와 목회데이터연구소에서 각각 1월과 5월에 진행한 설문 조사의 결과를 비교해 보면, 출석하는 교회의 온라인 예배 참석율이 16.0퍼센트에서 12.1퍼센트로 감소한 반면, 아예 예배 자체를 드리지 못했다는 응답은 5.8퍼센트에서 9.6퍼센트로 증가했다. 더불어 온라인 예배의 만족도가 2022년 93.7퍼센트로 나타났지만 2023년에는 7.9퍼센트포인트 하락

한 85.8퍼센트였다. 이 점을 주목할 필요가 있다. 온라인 예배에 만족하지 못한 신도들이 다른 교회의 온라인 예배에 참석하거나 다른 형태로 예배를 드리기보다, 예배를 드리지 않는 신앙의 상태가 되어가고 있음을 시사한다.[16]

일부는 이러한 신앙적 트렌드를 더욱 진보한 클라우드Cloud 기술이나 더 다양한 OTT 콘텐츠를 바탕으로 한 인프라로 극복할 수 있다고 생각한다. 필자도 더 세부적이고 치밀하게 기획되고 준비된 기독교 온라인 기술과 콘텐츠가 일부 도움이 될 수 있다고 생각한다.

하지만, 이런 것들이 신앙생활의 도움을 주는 일종의 영양 보충제는 될 수 있지만, 영양제가 식사를 대체할 수 없듯 교회를 대체할 수는 없다. 그저 신도가 필요한 정보와 종교적 조언을 제시하는 정도로 신앙생활과 교회의 역할을 대신할 수 있다고 생각하는 것은 교회의 본질적 의미와 핵심적 기능에 대해 충분한 고민을 하지 못한 결과일 것이다.[17]

교회의 역할을 조력하는 기술들이 교회를 대체할 수 있다고 받아들여지는 근본적인 이유는 기술이 발달해서가 아니라 교회가 교회로서의 역할에 충실하지 못한 탓이 크다.

사실 온라인 기술이 발전하고 온 세계가 인터넷으로 연결되는 이 시기는 선교적 관점에서는 큰 혁명이 아닐 수 없다. 때문에 미전도종족의 언어와 문화를 바탕으로 양질의 선교 콘텐츠를 제

교회는 변화하는 시대에
적응하기 위해 노력하기보다는
교회 본연의 모습으로의 회복(부흥)을
먼저 구해야 한다.

작하여 배포한다면, 선교사가 도착하기 전에 복음을 접하게 할 수 있는 혁명적인 사건이 아닐 수 없다.

이런 차원에서 볼 때, 교회에 있지 않는 시간에도 복음을 접할 수 있는 기회가 넓게 제공되는 것이니, 복음 전파를 최우선으로 하는 기존 교회로서는 마다할 것이 전혀 없는 상황이다.

하지만, 오늘날 교회가 온라인을 불편하지만, 어쩔 수 없이 받아들여야 하는 대상으로 바라보는 데에는 그동안 교회가 누려온 것들과 충돌이 발생했기 때문이다. 무분별한 성장우선주의와 신도들의 총인원 관리, 행사가 있을 때마다 동원되는 인력 등 교회가 유지해 온 기득권은 사회가 이미 알고 있는 부분이다. 그리고 선교와 복음 전파등의 이유로 다른 사회 구성원들과의 화합이나 협력에 소홀했던 모습이 교회와 기독교 집단을 이기적이고 무례한 종교로 만들었다. 사회에 깔린 이런 부정적 이미지들이 팬데믹을 만나면서 행동으로 나타난 것이다.

앞으로 새롭게 등장할 기술들과 세대들을 교회는 막을수 없으며, 이전으로 회귀할 방도를 찾는 것은 무의미하다. 왜냐하면, 이전으로 돌아갈 수도 돌아가게 되지도 않을 것이기 때문이다.

교회는 '무엇이 교회를 교회답게 하는가?'에 대한 신학적이고 목회적인 대답을 준비해야 한다.

멀티미디어 기술과 온라인 사역의 최종 목적은 비기독교인들에게는 복음을 접할 수 있는 많은 기회를 제공하는 것이다. 기존

기독교인들에게 신앙의 조력자 역할을 하여, 그들이 교회의 한 지체로서, 그리스도의 몸으로서 교회다운 교회를 이루고 유지하는 데 있다.

이를 위해서 교회는 교회론에 대한 교육을 계속적으로 실시하여 신도들이 교회로 들어오는 여러 변화를 스스로 판단하고 받아들일 수 있는 신앙적 분별력을 키우는 데 힘써야 한다.

이미 교회는 임박한 위기와 도전을 경험하고 있다. 그 위기 앞에서 교회는 모든 세대를 아우를 수 있는 신학적이고 목회적인 답변을 준비해야 한다. 그리고 매우 포용적이고 겸손한 자세로 어필하여야 한다. 특별히 교회의 지도자, 목회자들의 변화가 절실하다.

반드시 목회자들이 변해야 한다

2024년 한국리서치 정기조사 '여론 속의 여론'에서 대한민국 국민 천 명을 대상으로 '대한민국이 잘 될 것인가'를 질의하였다. 더 나빠질 것$_{15\%}$과 조금 나빠질 것으로 응답한$_{31\%}$ 인원을 합친 46퍼센트가 부정적으로 대답하여 긍정적으로 생각하는 응답을 합친 수$_{25\%}$보다 거의 2배 가량 많았다. 크게 달라지지 않을 것이라고 응답한 수까지 합하면 75퍼센트로 대한민국 국민의 4분의 3이 올해를 희망적으로 보고 있지 않은 것으로 나타났다.

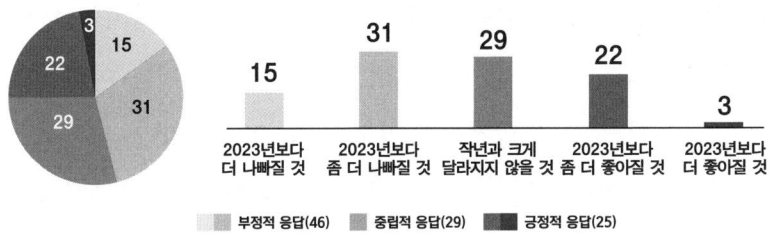

〈도표-11〉 2024년 대한민국은 작년과 비교할 때 어떻게 될 것으로 예상하는지 설문

'2024년도의 대한민국은 작년과 비교할 때 어떨 것으로 생각하십니까?'
2024.01.05-08 (일반 국민 1,000명, 온라인 조사)

하지만, 질문을 바꾸어서 '2024년 귀하의 삶은 어떨 것 같은가'를 질문한 결과는 아래와 같았다.

〈도표-12〉 2024년 나의 삶은 작년과 비교할 때 어떻게 될 것으로 예상하는지 설문

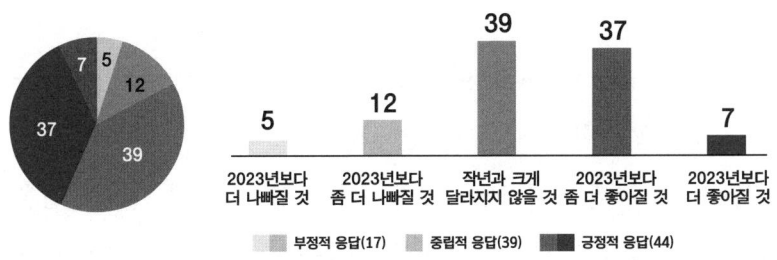

'2024년도의 귀하의 삶은 작년과 비교할 때 어떨 것으로 생각하십니까?'
2024.01.05-08 (일반 국민 1,000명, 온라인 조사)

개인의 삶에 있어서는 2023년보다는 더 좋아질 것이라고 응답한 비율이 44퍼센트로 대한민국을 희망적으로 본다는 인원보다 19퍼센트나 높게 나타났다. 부정적으로 보는 비율 역시 29퍼센트나 낮게 나타났다. 국가적인 현상을 보았을 때에는 이성적으로 생각해서 크게 '희망적이다'라고 말할 수는 없지만, 개인적으로 더 나은 삶에 대한 바람이 작용한 듯, 삶에 대한 질문에서는 '희망적이다'라고 응답한 것으로 풀이된다. 희망적이지 않은 상황 속에서도 희망을 찾는 것이다.

하지만, 성경은 예수 그리스도를 믿는 사람들에게 세상에서 잘 되고 강건하게 살 수 있는 방도를 이미 마련해 주셨다. '영혼이 잘 되어야 범사가 잘 된다'는 하나님께서 알려주신 법칙 말이다.[18]

> 사랑하는 자여 네 영혼이 잘 됨 같이 네가 범사에 잘 되고 강건하기를 간구하노라 (요삼 1:2).

2021년 1월 19일 대한예수교장로회 합동교단은 담임목사와 부목사를 포함한 목사 600명을 대상으로 설문 조사를 하였다. "코로나19 시대 한국 교회 신 생태계 조성 및 미래 전략 수립을 위한 조사 보고서"를 발표했는데, 설문에 응한 목회자의 86퍼센트가 한국 교회는 혁신이 '매우 필요'하다고 대답했다. '약간 필요'하다고 응답한 목회자는 12.9퍼센트로 거의 대부분 변화의 필요성에 동감하고 있었다.

그 주된 개혁의 대상이 누구인가 하는 질문에는 '목회자' 자신이라고 응답한 비율이 32.8퍼센트로 가장 높게 나타났다. 이어 '개별 교단·총회·노회'가 28.4퍼센트, '기독교 관련자 모두' 23.2퍼센트, '기독교 기관·연합 단체' 7.4퍼센트 등의 순이었다. 교회 지도자의 회개와 변화가 가장 중요하다는 것에도 공감했다.

'가장 중요한 혁신 과제가 무엇인가'라는 질문에는 '개인의 경건 생활 회복, 생활 신앙 교육'24.4% 그리고 '자기 교회 중심성·비공공성 탈피'20.3%가 각각 1위와 2위로 나타났다.

코로나19 팬데믹 사태 속에 불거진 한국 교회 문제 해결을 위한 최선의 방안으로는 '교회, 예배의 본질 재정립'43.7%, '교회 중심의 신앙에서 생활 신앙 강화'23.5%라는 의견이 있었다. 즉, 교회와 교회 지도자들이 강단의 회복과 하나님 말씀에 순종하며 사는 거룩한 삶의 회복이 중요하다는 공통된 의견으로 볼 수 있다.[19] 역으로 오늘날 교회 지도자들이 가장 시급하게 회복해야 할 영역을 스스로 인정하는 부분이기도 할 것이다.

실제로 교회 안에서 목회자를 포함한 교회의 리더들이 변한다면 교회는 크게 회복될 수 있다고 믿는다.

4부

이제, 교회의 기초를 다시 쌓을 때

교회를
무엇으로 정의하는가?

―――――――――――――― **더 이상 미룰 수 없는 과제**

　인터넷에 교회들과 교인들이 다수 있다는 것은 이제 의심할 수 없는 사실이다. 그리고 그것은 일정 부분 당연하게 받아들여져야 한다. 그렇지만 온라인 공간에 신도들이 다수 있고 그들을 위한 사역과 목회가 행해지고 있다고 해서 온라인 공간에서 일어나는 일을 '교회'라고 단정짓는 것은 경계하여야 한다. 왜냐하면, 교회는 온라인 안에서도 본질을 유지할 수 있지만, 온라인 안에서 행해지는 모든 종교적 행위를 교회라고 하는 것은 교회론적으로 여러 오류를 범하기 쉽기 때문이다.

오늘날 온라인 공간의 발전은 교회에게도 많은 변화를 강제했으며, 교회는 여러 가지 이유로 온라인으로의 진출을 주저하지 않고 있다. 그러나 온라인교회를 현장 교회의 대안이나 새로운 교회의 유형으로 보기 전에 교회론적으로 깊은 고민이 필요하다. 왜냐하면, 온라인 공간은 교회의 목회와 선교의 필요에 의해서 개척된 영역이 아니라, 코로나19 팬데믹으로 인해 갑자기 앞당겨진 기술의 영역이며 충분한 대비와 준비를 없이 도래한 미래이기 때문이다. 때문에 온라인교회의 인식이 '참된 교회가 무엇인가'에 대한 깊은 통찰과 이해보다 우선되는 것을 경계하며, 온라인교회의 기능들이 전통적인 교회의 기능과 역할보다 선행되지 않도록 분별력을 가져야 한다.

다시 말해, 온라인 공간에서의 사역과 목회가 참된 교회의 영역으로 받아들여지기 위해서는 먼저 올바른 교회론이 정립되고, 온 신도들이 공통적으로 공감하고 있어야 한다. 훌륭한 기술을 바탕으로 구축된 멋진 온라인공동체는 교회의 역할을 일부 수행할 수 있지만, 그것만으로는 충분하지 않다.

온라인교회가 교회로서의 역할을 감당할 수 있는지 없는지에 대한 논쟁은 자칫 교회의 분열과 세대의 분열, 나아가 미래 세대와의 분열을 야기해 교회가 다음 세대를 잃는 부정적 영향을 초래할 수 있다.

교회는 하나님만이 주인이시며, 교회의 운영도 하나님께서 주관하신다. 어쩌면 다음 세대의 교회는 대부분 온라인으로 대체될 수도 있다. 하지만, 그 안에서도 복음이 살아 있고 올바른 교회론이 건재하다면 온라인 안에서도 건강한 교회를 유지할 수 있을 것이다. 현장과 온라인을 놓고 각축을 벌이는 것은 마치 온라인에 강점을 가지고 있는 차세대 교회와 현장 사역에 익숙한 전통적인 기성 교회의 교세 경쟁으로 비춰질 수 있다.

다시 말해, 교회가 온라인으로 진출하는 것, 온라인 사역과 목회가 빠르게 성장하는 것에 대한 신학적인 논쟁과 평가가 중요한 것이 아니라, 교회가 교회답기 위해서는 교회가 무엇인가에 관한 교회론 정립이 반드시 선행되어야 한다는 점이다.

그렇기 때문에 교회는 교회론을 신도들에게 가르치고 숙달하는 것에 게으름이 없어야 하며 계속적인 교육을 바탕으로 교회가 유지되고 나아가야 할 방향을 제시해야 한다.

교회론 교육의 필요성

교회에 대한 성경적인 토대가 그리스도의 몸이고, 교회의 머리가 그리스도이시며, 하나님께서 스스로 재물이 되셔서 그 값으로 사신 것에 있을 때, 교회는 그리스도의 삶을 본받아 그의 복음을 전하고 말씀대로 살아가려는 사람들의 모임이라 할 수 있을 것이다. 그러므로 교회는 그리스도의 구속 사건과 부활을 기억하고 재림하실 그리스도를 전하는 선교적인 목적을 가지고 있다.

그렇기 때문에 올바른 교회의 의미를 회복한다는 것은 시대와 세대가 변하면서 교회에 스며들 새로운 문화와 기술 등의 영향으로 인해 불가피하게 변화를 요청받는 교회가 사명을 잃지 않고 본질을 회복하는 것과 일맥상통한다. 특히 세대와 시대가 빠르게 전환되는 이 시기에 교회가 무엇인지에 대한 개념은 매우 중요하게 재조명되어야 하는 부분이다. 왜냐하면, 교회를 떠나는 신도들은 교회에 출석하지 않아도 신앙생활이 가능하다 여기며 교회 생활이 오히려 개인의 신앙생활을 방해하는 요소로 여겨지는, 참으로 안타까운 현실이기 때문이다. 심지어 오늘날 Z세대는 영적으로 미전도종족으로 불리는 실정이니 그 심각성이 어느 정도인지 가늠할 수 있을 것이다.

다음 세대가 교회를 떠나고 청년 세대가 교회로 돌아오지 않기 때문에 이들을 교회로 다시 불러 모으기 위해 사역을 개발하고 발전시키는 것은 크게 의미를 두기 어려울 것이다. 이미 그들은 온라인 공간 안에서 스스로 신앙의 정당성을 부여하고 나름대로의 신앙생활을 이어 나가고 있기 때문이다.

하지만, 이미 온라인 공간 안에서 신앙생활을 이어 나가는 사람들 가운데 영적으로 외롭고 고독한 기독교인들이 나타나고 있다. 개인의 경건이 지나치게 강조되고 중요시되면서 일어난 현상이 아닐 수 없다.

새로운 세대에게 다시 교회가 무엇인지에 대한 교육이 필요한 때임이 분명하다. 왜냐하면, 그들은 권위적이고 강압적인 방식에는 결코 마음을 열거나 열정을 쏟지 않기 때문이다.

단순히 코로나 이전으로 교세를 회복하려 한다면 오히려 더 많은 것을 잃을 수 있다. 때문에 가장 설득력 있고 체계적인 방식으로 교회가 무엇인지 가르쳐야 하며, 더 나아가 왜 현장 교회 없는 신앙생활이 그토록 어려운지를 납득시켜야 한다.

팬데믹 이후 현실의 공간에 모여 예배를 드리는 것에 대해 의견이 갈리는 것이 사실이다. 실제 현장 교회로 나오는 것을 강조하는 사람들을 향해 지나친 간섭이고 시대착오적이라고 비난한다. 물론, 상황과 여건에 따라 방송을 통해 각자의 자리에서 예배를 드리는 방법은 언제든지 수용할 수 있어야 한다. 각자 자리는 다르지만, 한 교회의 일원으로서 영으로 공동의 예배를 드리는 것이 가능하기 때문이다.

하지만, 바빙크Bavinck가 교회의 다섯 가지 사역 중에 봉사에 대한 언급'을 했을 때처럼 온라인 기술은 단지 복음 전파를 위한 시대적 상황을 고려한 하나의 수단일 뿐, 그 자체가 교회가 될 수는 없다. 복음을 접할 수 있는 방법은 시대와 기술의 진보로 더욱 다양해졌지만 그것만으로는 신앙생활이라 할 수 없다. 비록 온라인 예배를 통해서 주일성수를 하고 있다 해도 말이다.

그러므로 현장 중심의 신앙생활은 반드시 동반되어야 한다.[2] 현장 중심의 신앙생활이 약화된 채 유지하는 신앙생활은 그 흐름을 유지하는 것이 매우 어렵다. 신앙생활은 때로는 세상으로부터의 절제와 일시적인 단절이 필요할 때가 있는데 이런 연단과 수행의 과정을 신도 개개인이 스스로 감당하기가 사실상 여렵기 때문이다. 교역자의 지도와 교육 그리고 신도들 간의 교제와 사귐 그리고 격려를 통한 연합이 반드시 필요하다.

건강한 신앙생활을 위해서는 교회론 교육이 뒷받침되어 있어야 하며, 이는 교회의 지도자들뿐 아니라 모든 신도가 공통으로 가지고 있어야 할 신앙적 상식으로 자리 잡아야 할 부분이다.

교회의 공동체성

오늘날 교회와 신도들이 오해하기 쉬운 것 중 하나는 '신앙은 개인적인 영역'이라는 것이다. 신앙은 하나님과 나의 관계이며 예배 출석이나 봉사, 헌신, 헌금 등 개개인이 기울이는 신앙의 수련이 가장 중요하다고 생각하는 것인데, 이것은 매우 부족한 신앙생활의 이해다.

구원받은 하나님의 백성들은 '그리스도의 몸 된 교회'로서 '함께' 지어져 가게 되어 있다. 그래서 신도 각자의 헌신과 섬김은 '우리 교회'라는 공동체를 형성하고, '우리 교회'를 건강하게 성장하게 하는 원동력이 된다.

> 너희도 성령 안에서 하나님이 거하실 처소가 되기 위하여 그리스도 예수 안에서 함께 지어져 가느니라(엡 2:22).

교회에 있어 공동체란 무엇인지 쉽게 생각해 보면 다음과 같다. 부모 중 누군가가 자신의 자유와 휴식을 위해 일을 하지 않는다고 가정해 보자. 노동을 하지 않아 생활비를 벌어 오지 않고, 집안일을 등한시하며, 그 누구도 식사를 준비하지 않고, 청소도 하지 않는다고 생각해 보자. 그러면 그 모든 피해는 부모 본인뿐 아니라 가족 구성원 모두에게 돌아간다.

사사 시대 교회의 역사는 어떠했는가?

목회자와 성도가 각자의 책임에서 벗어나서, 각자 원하는 방식대로 삶을 살아갈 때 교회는 사라지고, 예배 드릴 터전을 잃어버리게 되었다.

예배의 터전이 사라졌을 때, 개개인의 신앙은 전혀 영향 받지 않았는가?

그렇지 않다. 오히려 교회의 공동체성이 와해되었을 때, 개별적인 신앙의 연결 고리가 함께 위축되고 단절되었다. 그래서 하나님께서는 필요에 따라 지도자들을 보내셨고 하나님의 백성을 하나의 공동체로 다시 부르시고 모으셨다.

신앙에는 개인적인 영역이 분명 있지만, 개인적인 부분만 있는 것은 아니다. 아무리 개개인 안에 있는 죄성이 '신앙에 따른 헌신'을 '개인적인 차원'으로 끌어내리려고 해도, 신앙생활은 반드시 '공동체성'을 가지고 이루어져야 한다. 건강한 개인이 없이 건강한 공동체도 존재하기 힘들지만, 건강한 공동체 없이는 건강한 개인도 존재할 수 없음을 분명히 이해해야 한다.

교회의 교회론적 기초

건물의 기초가 중요하듯 교회의 기초를 규명하는 것이 중요하다. 더불어 교회의 기초는 교회의 기반이 되기도 하지만, 현재 교회가 처한 상황을 어떻게 평가할 수 있는지에 대한 기준이 되기도 한다. 나아가서 이는 교회가 나아가야 할 미래에 대한 향방의 기준이 된다.

교회의 유일무이한 기초는 예수 그리스도시다. 다른 어떤 사람이나 단체, 권력, 제도 등이 결코 대체할 수 없다. 기독론이라는 기초 위에 서 있을 때, 교회는 비로소 그 목적으로 향할 수 있다.

그러므로 "교회론은 예수 그리스도로부터 출발해야 하며, 그리스도론이 교회론의 내용을 결정한다. 교회가 무엇이며 교회가 무엇을 해야 하는가에 관한 모든 이론은 예수 그리스도가 누구이며, 그가 무엇을 하였는가로부터 연역된다. 교회의 삶과 목적은 예수 그리스도의 삶과 목적에 근간"을 둔다.[3]

예수 그리스도가 교회의 기초라는 말은 교회는 예수 그리스도로부터 시작되었음을 의미한다. 공생애 동안 예수 그리스도는 앞으로 장차 교회가 세워질 것임을 여러 번 드러내셨다. 교회는 "두세 사람이 내 이름으로 모인 곳에 나도 그들 중에 있느니라" 마 18:20는 그리스도의 말씀 위에 있다.

또한, 교회는 그리스도 안에서 거룩하여지고 성도라 부르심을 받은 자들과 또 각처에서 우리의 주, 곧 그들과 우리의 주 되신 예수 그리스도의 이름을 부르는 모든 사람고전 1:2이 모인 자리다. 그리스도께서 교회의 기초를 놓으셨고, 교회는 그의 몸이며, 그리스도는 교회의 머리다엡 1:22; 골 1:18. 그리고 교회는 예수 그리스도가 스스로 피를 흘린 값으로 세워진 것이고 교회는 그리스도가 주인이시다고전 7:22-23. 성경은 이와 같이, 그리스도 외에 다른 어떠한 것도 교회의 기초가 될 수 없음을 증거하고 있다.

그러므로 예수 그리스도의 삶과 사역, 죽으심과 부활하심이 교회의 존재 근거가 되며, 동시에 교회의 미래 방향의 기준과 척도가 되는 것이다. 그리고 교회의 구성원들은 예수 그리스도를 구원자와 주님으로 받아들이는 믿음의 공동체인 것이다.

믿음이란 단어의 헬라어 원어는 피스토스$_{\pi\iota\sigma\tau\sigma\varsigma}$다. 이 피스토스는 우리말 성경으로 번역되면서 두 가지 용어로 번역이 되었는데 하나는 믿음$_{Faith}$이고, 다른 하나는 충성$_{Faithfulness}$이다. 해당 용어들의 영문 단어를 보아서 짐작할 수 있듯이 믿음과 충성은 같은 어원을 가진다. 즉, 예수 그리스도를 '피스토스' 한다는 말은 예수 그리스도를 자신의 삶의 주님과 구세주로, 믿음으로 받아들인다는 의미. 이 믿음을 갖는 순간 신자들은 하나님의 자녀가 되는 것이다.[4]

고린도전서 4장 초반부에도 '피스토스'라는 단어가 쓰였다. 하지만, 이때의 피스토스는 앞서 살펴본 믿음의 의미와는 사뭇 다르다.[5] "맡은 자들에게 구할 것은 충성이니라"$_{고전 4:2}$에서 충성의 의미로 사용된 단어가 바로 피스토스다. 한국어로 번역되는 과정에서 피스토스가 믿음과 더불어 충성이라고 번역되었던 것을 알 수 있다.

충성은 믿음이 자라고 신앙의 깊이가 깊어진 후에 다짐하여 시작하는 개념으로 인식되고 있지만, 원어적 의미로 비추어 볼 때 믿음과 충성은 같은 개념이고, 예수에 대한 믿음이 생기는 것과 동시에 충성이 뒤따르는 것을 알 수 있다.

교회는 믿음과 행함을 분리할 수 없다. 만약 이러한 우를 범하게 되면 신학적 위기와 목회적 위기에 직면할 수밖에 없다. 심지어 믿음을 강조하였던 종교개혁 시대의 마틴 루터가 '오직 믿음'Sola Fide을 말할 때도 믿음 뒤에 수반되어야 하는 행동들이 있음 역시 역설하였다.[6]

오늘날 교회도 다르지 않을 것이다. 교회의 기초가 예수 그리스도라고 믿는다고 고백한다면, 그 믿음과 함께 그리스도의 뒤를 따르는 사랑과 공의를 실천하는 삶을 살아내야 하는 것이다. 예수님께서 주님이신 것을 깨닫고 "나를 따르라"막 1:18는 말씀에 순종하여 그물과 배를 버렸던 베드로의 모습을 통해 오늘날 교회가 회복해야 할 교회의 기초를 다시금 깨달아야 한다.

교회의 어원

침례교 신학자인 스탠리 그렌츠Stanley Grenz는 교회의 정의를 다음과 같이 서술하면서, 교회를 하나님과 계약을 맺은 사람들로 이해했다.

교회는 하나님의 통치의 표지이자 특별한 공동체를 이루는 계약 관계 속에 있는 백성이라고 우리는 주장한다. 요컨대, 교회는 종말론적 계약공동체다.[7]

16세기 청교도 가운데 한 사람인 존 필드는 교회는 '복음 전파를 통해 세상으로부터 불러냄을 받은 성도들의 회중'이라고 정의하였다.[8] 더불어 남침례교 조직신학자인 대그 J. L. Dagg는 그의 저서를 통해 교회는 '성경에 따라 하나님께 예배하고 하나님을 섬기기 위해서 한 몸으로 이루어진 그리스도 안에서의 신자들의 모임'이라고 말하였다.[9]

널리 알려졌듯이 교회라는 단어의 헬라어는 '에클레시아' $ἐκκλησία$ 다. 에클레시아는 '에크' $ἐκ$, -로부터와 '칼레오' $καλεω$, 부르다의 합성어로, '부름을 받은 사람들'이라는 뜻을 지닌다. 본디 에클레시아는 종교적 용어가 아니었다. 정치적이고 세속적인 모임이나 군중을 가리키기도 하였고, 로마 시대에는 통치자에 의해 모인 군중을 말하기도 했으며, 사회적으로 일을 토론하고 결정하기 위해 모인 시민들의 모임도 에클레시아라 불리기도 하였다 행 19:32, 39, 41. 그 이후에 점점 초대공동체 안에서 사용되기 시작하다가 후대에 기독교 신앙을 가진 공동체를 특정하여 의미하는 용어로 정착하였다.

에클레시아는 칠십인역에서 헬라어로 번역되어 기록되는데, 에클레시아의 히브리어 동의어는 '카할' קהל, 집회, 총회이다. 카할 역시 처음부터 종교적인 의미를 가지고 사용된 것은 아니다. 오히려 넓은 의미로서의 군중이나 무리에 가까웠다. 예를 들면, 창세기 49장 6절의 "내 혼아 그들의 모의에 상관하지 말지어다. 내 영광아 그들의 집회에 참여하지 말지어다"와 같이 집회를 지칭하는 단어가 카할이었고, 이는 신앙의 의미를 가지고 있지 않은 것을 볼 수 있다.

하지만, 신명기 23장 1절이나 역대상 28장 8절처럼 하나님께서 택하시고 언약을 맺은 무리라는 개념으로 카할이 사용되었다. 언약공동체를 의미하는 것이고, 하나님께 제사를 드리기 위하여 모인 공동체를 표현할 때도 카할이 쓰였다.[10] 에클레시아와 마찬가지로 카할 역시 보편적인 '군중', '모임'의 의미였지만 점차적으로 여호화의 카할이라는 개념을 통해 하나님께 부름받아 언약을 맺고 예배 드리는 공동체로서의 의미로 발전하였다.

따라서, 교회는 믿는 사람들의 공동체이긴 하지만, 하나님께로부터 부름을 받은 공동체인 것이다. 하나님께서 교회의 주체적 기원이 되시며 아들과 성령의 부르심에 응답하여 모인 성도들로 구성되는 것이다.[11]

그렇기 때문에 교회는 삼위일체 하나님 외에 세속적이거나 인본주의적인 수단과 방법으로 이끌려 하거나 주도하려는 어떤 의 지나 시도도 거부되어야 한다.

하나님은 사람들을 각자 부르시어 생명의 자리로 초대하시지만 그 부르심은 그리스도의 한 몸으로의 부르심, 즉 공동체로의 부르심이다. 교회는 신앙인들의 모임이라는 개념 속에서 본질적으로 개인적이지만, 동시에 공동체적이다.

오늘날 개인적인 신앙이 강화되는 현상 때문에 개인적으로 드리는 예배가 신앙의 전부인 것처럼 여겨지는 사례가 많다. 하지만, 분명한 것은 믿음으로 부름받아 모이고 함께 예배를 통해 하나님께 영광을 돌리는 것이 교회다.[12]

홀로 지키는 신앙생활도
물론 소중하지만,
혼자만 하려는 신앙생활은
매우 위태로울 수 있다.

교회의
성경적 표상

표상 ① 하나님의 백성

교회의 어원적인 개념과 신학적인 의미 역시 중요하지만, 현재 교회의 모습 속에서도 하나님은 교회가 무엇인지를 알려주고 계신다. 교회의 본질적 의미가 실제 교회의 어떠한 표상들Marks로 나타나 있는지를 통해, 교회가 무엇인지를 다시 깨닫게 하시는 것이다.

아서 웨인라이트Arthur Wainwright는 교회의 표상이 보여주는 교회의 구조가 함축적으로 삼위일체론을 나타내고 있다고 주장하였다. 그 이유는 그가 교회의 표상을 하나님의 백성, 그리스도의 몸, 성령의 전으로 묘사하고 있기 때문이다.[13]

이를 통해 오늘날의 신도들이 가진 교회와 신앙생활에 대한 이해가 한쪽으로 편향되어 있지는 않는가를 돌아보아야 할 것이다.

바울은 하나님께서 신자들을 하나님의 백성으로 삼으시는 결정에 대하여 기록하였다.

> 하나님께서 이르시되 내가 그들 가운데 거하며 두루 행하여 나는 그들의 하나님이 되고 그들은 나의 백성이 되리라(고후 6:16).

교회는 하나님의 백성들로 이루어져 있다. 그들은 하나님께 속하고 하나님은 그들에게 속하셨다. 하나님께서 신도들을 선택하셔서 하나님의 백성으로 삼으심으로, 하나님은 자신과 백성의 관계를 정립하셨다.

하나님께서 주도권을 가지고 계신다. 구약 시대 하나님께서는 어느 한 종족이나 나라를 선택하신 것이 아니라, 하나님의 백성을 창조하셨다. 아브라함이라는 한 인물을 선택하시어 그를 통해 이스라엘이라고 하는 하나님의 백성을 일으키셨다. 신약 시대에 들어와서는 하나님께서 그의 백성을 선택하신다는 개념이 온 유대와 사마리아와 땅 끝, 이방인까지 모두 포함하는 영역으로 확대된다. 누구든지 예수를 그리스도로 영접하면 하나님의 백성으로 인정되는 것이다. 이에 대해 바울은 데살로니가인들에게 이렇게 권면하였다.

> 주께서 사랑하시는 형제들아 우리가 항상 너희에 관하여 마땅히 하나님께 감사할 것은 하나님이 처음부터 너희를 택하사 성령의 거룩하게 하심과 진리를 믿음으로 구원을 받게 하심이니 이를 위하여 우리의 복음으로 너희를 부르사 우리 주 예수 그리스도의 영광을 얻게 하려 하심이니라 (살후 2:13-14).[14]

구약성경은 당시 하나님께서 선택하신 이스라엘 백성을 일컬어 하나님의 백성이라고 표현하였다. 출애굽 후 홍해를 건넌 이스라엘이 여호와께 노래하는 모습을 보며, 모세는 하나님께서 이스라엘을 구원하셨으며, 그들이 하나님의 백성이라고 하였다. 이스라엘이 곧 하나님께서 선택하신 하나님의 백성이라고 한 것이다.

> 주의 인자하심으로 주께서 구속하신 백성을 인도하시되 주의 힘으로 그들을 주의 거룩한 처소에 들어가게 하시나이다 … 놀람과 두려움이 그들에게 임하매 주의 팔이 크므로 그들이 돌 같이 침묵하였사오니 여호와여 주의 백성이 통과하기까지 곧 주께서 사신 백성이 통과하기까지였나이다 (출 15:13, 16).

신약성경에서 바울은 호세아의 진술을 하나님께서 유대인들뿐 아니라 이방인들을 하나님의 백성으로 받아들이시는 것으로 인용하고 있다.

> 이 그릇은 우리니 곧 유대인 중에서뿐 아니라 이방인 중에서도 부르신 자니라 호세아의 글에도 이르기를 내가 내 백성 아닌 자를 내 백성이라, 사랑하지 아니한 자를 사랑한 자라 부르리라 너희는 내 백성이 아니라 한 그 곳에서 그들이 살아계신 하나님의 아들이라 일컬음을 받으리라 함과 같으니라(롬 9:24-26).

하나님의 구속 사역이 이스라엘 백성에서 시작되어 그들을 통해 열렸지만 그 최종 목적은 이스라엘 백성을 너머에 있다는 것을 증거하였다.

바울은 이러한 하나님의 백성으로 불리는 근원을 하나님과의 계약으로 분류하였다. 구약 시대에 하나님의 백성은 이스라엘이니, 국적이 구분의 기준이었으나 신약 시대에 하나님 백성의 기준은 국가적 정체성에 있지 않았다. 하나님의 백성을 구분 짓는 것은 바로 하나님과의 계약에 포함되어 있는지에 대한 여부다. 하나님의 백성은 유대인뿐 아니라 이방인 중에서도 부르신 사람들로 이루어져 있다. 이스라엘과의 계약은 아브라함 계약이었지만, 교회에 이르러 이 계약은 그리스도에 의하여 이루어지고 확립된 계약으로서 그리스도를 구주로 믿는 모든 사람이 포함되는 새로운 계약인 것이다.고후 3:3-18.[15]

표상 ② 그리스도의 몸

일반적으로 가장 널리 알려진 교회의 표상이다. 교회의 머리가 그리스도시고, 그리스도의 몸은 교회를 의미하는 진술이나, 교회의 전부를 의미하는 표상은 아니다.

교회가 그리스도의 몸으로 불리는 까닭은, 교회가 지상사명을 감당하고 그리스도의 명령을 지상 사역 기간 동안에 육체적인 몸이 움직이듯 앞장서 그리스도의 사역을 감당한다는 의미에서 비롯된다. 이 표상은 교회와 교회를 이루는 회중 모두에게 해당된다. 에베소서 1장 22절 이하를 통해 보편적인 교회의 표상을 알 수 있다.

> 또 만물을 그의 발 아래에 복종하게 하시고 그를 만물 위에 교회의 머리로 삼으셨느니라 교회는 그의 몸이니 만물 안에서 만물을 충만하게 하시는 이의 충만함이니라(엡 1:22-23).

그리스도의 몸인 교회에서 신자들은 각 지체이며 그리스도는 이 몸의 머리시다. 만물이 그를 위해 지음받았고 골 1:16, 그는 시작이고 나중이시다. "하늘에 있는 것이나 땅에 있는 것이 다 한 분 머리이신 그리스도 아래에서 통일되게 하려 하심이라"엡 1:10는 말씀과 같이, 그리스도와 연합된 신자들은 머리이신 그리스도를 통하여 성장하게 된다골 2:19. 이러한 표상은 포도나무이신 그리스도와 가지의 관계와 평행을 이룬다. 가지가 나무를 떠나서는 살아갈 수 없듯 말이다.

동시에 성경은 나무와 가지의 관계뿐 아니라 가지와 가지의 교류, 즉 신도들 간의 상호 연결성에 관해서도 언급하고 있다. 기독교 신앙에서 핵심적인 관계가 그리스도와의 영적 교류임에는 분명하나, 오직 주님과의 관계만을 말하지 않는다.

기독교 신앙에서 고립되고 외로운 그리스도인의 삶은 건강한 신앙생활로 바라보지 않는다. 고린도전서 12장에서 바울은 특별히 성령의 은사를 통해 몸의 상호 연관성에 대해 말하였다. 바울은 "비록 한 몸 안에 지체가 많으나, 몸의 모든 지체는 결국 한 몸"이라는 것을 강조하였다. "유대인이든 헬라인이든 모두가 다 한 성령으로 세례를 받아 한 몸이 되었고 또 한 성령을 마시게 되었으며, 각각 모두가 다른 은사를 받았으며 그 은사는 개인의 만족을 위해서가 아니라 전체적인 몸을 세우기 위한 것"이라고전 12:14-25고 하였다.

각 사람이 가진 은사가 서로 달라 어느 한 은사가 더 두드러지는 경우도 있지만 그렇다고 해서 더 중요하다는 의미는 아니다. 모든 가지가 한 나무 안에서 제 역할을 하듯 각기 다른 은사를 가진 신도들이 하나의 교회로 연결되어 있는 것이다.

때문에 공동체를 떠나 홀로 고독한 신앙생활을 지속하고 있는 그리스도인들은 교회공동체와 연합하여야 한다. 이는 현장 예배로의 복귀를 촉구하는 의미가 아니라, 어느 공동체로부터 도움과 지원을 받지 못하고 고립된 신앙생활을 하는 그리스도인은 없어야 한다는 의미다. 어떤 신앙의 자리에 있든 교회는 그리스도의 몸이며, 그 지체를 이루는 각 신도는 서로 교제하고 연합되어 있어야 한다.

최근 유행하는 신앙적 유목민들이나 SBNR과 같이 홀로 신앙생활을 유지하는 그리스도인들의 신앙은 공동체의 연결성이 부족하므로, 신앙의 권태기와 같은 내리막이 올 때 신앙 전체가 흔들리는 위기가 올 수 있다. 이러한 위기를 함께 극복할 수 있는 것이 신도들 간의 연결과 연합이다.

이런 과정이 있을 때 교회가 비로소 그리스도의 몸으로서의 표상을 이룰 수 있을 것이다.

표상 ③ 성령의 전

하나님께서 당신께서 사랑하시는 사람들을 불러 모아 하나님의 백성으로 삼으시고, 그 백성이 머리이신 그리스도를 통해 연합되었을 때 비로소 그들은 그리스도의 몸, 즉 교회가 되었다.

그리고 그들이 교회로서 존재할 수 있게 하시는 이는 바로 성령 하나님이시다.

성령 하나님의 사역 가운데 가장 극적인 순간은 오순절에 일어났는데, 바로 이 날에 성령께서는 그의 제자들로 하여금 침례를 베풀고 삼천여 명을 회심시키어 교회가 일어나게 하셨다.

> 우리가 유대인이나 헬라인이나 종이나 자유인이나 다 한 성령으로 세례를 받아 한 몸이 되었고 또 다 한 성령을 마시게 하셨느니라(고전 12:13).

성령은 교회를 시작하게 하시었고 교회를 하나의 공동체로 공동의 목적을 가지고 사역할 수 있게 능력을 주시는 분이시다. 사도행전 1장 8절을 통해서 예수님께서는 말씀하셨다. "오직 성령이 너희에게 임하시면 너희가 권능을 받고 예루살렘과 온 유대와 사마리아와 땅 끝까지 이르러 내 증인이 되리라 하시니라."

그리스도의 사역은 그리스도께서 승천하심으로 종결되는 것이 아니라, 그의 사역이 그의 몸인 교회가 계속 수행할 수 있도록 도우시고 그 사역의 열매를 맺게 하시는 분이 성령 하나님이시다.

성령 하나님은 신도 개개인을 하나님의 사역으로 초대하여 그들이 그리스도의 사역을 감당함으로써 하나님의 백성으로 살아가고, 그에 따른 모습으로 살아갈 수 있도록 돕고 이끄시지만,

그들을 그리스도의 몸 된 교회로 초대하시어 신도들이 공통된 사명과 비전을 공유하여 공동의 목적을 가지고 사역하게 하신다. 각기 다른 은사를 받은 이들이 성령 하나님을 통하여 연합할 때, 하나의 신앙공동체로서 깊이 교류하고 사역할 때, 사역의 혜택을 받는 이들보다 더 깊은 은혜를 경험하게 된다.

이와 같이 교회의 표상은 크게 세 가지로, 삼위일체 하나님의 형상과 같은 구조로 이루어져 있음을 알 수 있다. 그리고 그 표상의 주체는 하나님이시지만 하나님께서 세우신 교회는 그 교회를 구성하는 신자들의 신앙적 교류와 협력을 통한 그리스도 사역의 연합체인 것이다. 어느 누구도 소외되거나 도태되지 않고 그리스도 안에서 함께 연결될 때, 그리스도의 몸 된 모든 지체가 더욱 깊은 영적 교제를 나눌 수 있는 것이다.

신자는 교회에서의 신앙공동체적인 활동을 하지 않고 신앙생활을 잠시 유지할 수는 있으나, 어떤 형태로든 신앙공동체에 속하여 함께 신앙생활을 지속해야 하는 이유가 여기에 있다.

단순히 현장 교회로 나가느냐 아니냐의 문제가 아니다. 영적 공동체를 이루는 구성원으로의 초대인 것이다.

교회는
공동체 안에
영적 외톨이가 없는지
끊임없이 살피고 돌봐야 한다.

교회의 5가지 기능

교회 사역의 목적은 세상에 있는 모든 피조물과 마찬가지로 하나님을 영화롭게 하고 그리스도의 복음을 전파하는 데 있다.

교단과 교파를 초월하여 모든 형태의 교회는 궁극적으로 삼위일체 하나님의 영광을 위해 존재하고 그 목적을 이루기 위해 그리스도께로 위임 받아 감당해야 하는 고유한 사역들이 있다.[16]

이 사역들은 크게 두 가지로 구분 지을 수 있는데, 교회 내적 사역과 교회 외적 사역이다. 교회에 위임된 내적 사역은 교회의 공동체 안에서 어떻게 하나님을 영화롭게 할 수 있는지에 대한 것이고, 외적 사역은 교회가 세상과 어떤 관계를 설정하고 행동해야 하는지에 대한 대답이다.

† 교회의 내적 사역

교회의 내적 사역은 세 가지로 분류된다. 예배, 교제 그리고 교육이다. 이것은 헬라어로 케리그마$_{κῆρυγμα}$, 선포, 코이노니아$_{κοινωνία}$, 친교, 디다케$_{διδαχή}$, 교육로 표현되기도 하는데, 세 표현 모두 하나님께 영광을 돌리는 데 목적이 있다.

† 교회의 기능 ① 예배

먼저 하나님을 향한 사역인 '예배'다.

하나님과의 관계에 있어서 교회의 지상목적은 하나님을 예배하여 그의 이름을 높이는 것이다. 헤밋Hammet은 교회는 "성령의 전으로서 성전이 세워진 목적, 즉 하나님을 예배하는 일을 해야 한다"라고 말하였다.[17] 예배는 "하나님의 피조물이 가장 높은 가치를 바쳐 하나님을 영화롭게 하는 극적인 송축"이다.[18] 그러므로 예배의 집중은 오로지 드리는 자가 아닌 예배를 받으시는 하나님께 있어야 한다.

이런 차원에서 예배는 철저히 개인적인 감정이나 복을 기원하는 것에서 벗어나 온전히 하나님께 집중하고 하나님께 영광을 돌리는 것이 일차적인 목적이며, 하나님이 어떠한 분이신가를 올바르게 예배 안에서 표현하는 것이 필요하다.[19] 시편 기자는 "여호와가 우리 하나님이신 줄 너희는 알지어다. 그는 우리를 지으신 이요 우리는 그의 것이니 그의 백성이요 그의 기르시는 양이로다"시 100:3라고 노래하면서, 하나님이 찬송과 영광을 받으실 분임을 고백하였다. 신도가 하나님께 예배를 드리는 것은 그분이 우리의 창조주시기 때문이다.[20]

하나님께 예배를 드릴 때는 영과 진리로 드려야 한다.[21] 예전 개역개정 성경이 '영과 진리'라는 단어를 '신령과 진정'으로 번역함으로 오역이 발생하여 신령스럽고 진정한 마음으로 예배를 드려야 한다고 이해하였다. 하지만, 원어를 보면 이는 프뉴마 πνεῦμα, Spirit와 알레이아ἀλήθεια, Truth로써 '하나님은 영이시기 때문에 영으로 예배 중에 임하신다'로 읽어야 한다.

영으로 예배를 드린다는 말은 비록 육신이 예배당에 있음에도 불구하고 그 영이 성령 하나님과의 교제를 이루지 못한다면 아무 소용이 없다는 의미로 해석이 가능하다. 그리고 진리로 예배드린다는 말의 의미는 크게 세 가지로 분류된다.

첫째, 예배를 통해 영 가운데 임하시는 예수 그리스도의 임재를 경험하고, 진실한 마음으로 예배를 드린다는 의미다.

둘째, 전심, 즉 양분되지 않는 전심으로 하나님께 나아가는 것을 의미한다.[22]

셋째, 예배를 드릴 때 죄를 자백함으로 죄에서 떠난 상태에서 예배를 드려야 한다.[23] 죄를 품은 채 드리는 예배는 하나님께서 받지 않으시며,[24] 예배는 자복과 통회의 자리이기 때문이다.

때문에 하나님께 드리는 예배는 성령 하나님과의 교제가 있으며, 전심으로, 참회와 용서가 있는 전심으로 드려져야 한다.

† 교회의 기능 ② 교제(친교)

교회 내적 사역의 두 번째 요소는 교제친교다.

교제라는 말을 접할 때 떠오르는 모습은 식당이나 친교실에서 다과를 나누는 친밀한 담소 정도인데, 이 역시 중요한 부분임에는 틀림없다. 하지만, 성경이 말하는 교제는 흔히 말하는 애찬보다는 더 깊은 의미를 가지고 있다.

참된 의미의 교제 역시 예배와 마찬가지로 성령 하나님과의 교제를 바탕으로 두고 있다. 사도행전에서 처음 등장하는 교제에 해당하는 용어는 코이노니아 κοινωνια 다.[25] 당시 사도행전의 배경을 비추어 볼 때 오순절 성령 강림 사건 이후로 보인다.[26] 이를 토대로 성경적인 교제의 주체는 사람이 아니라, 성령 하나님이심을 알 수 있다. 축도할 때 '성령의 교통하심'이라는 표현을 통해 신도 사이에 일어나는 교제에 성령 하나님께서 관여하고 계심을 알 수 있다.[27] 성도의 교제는 단순히 인간적이고 사회적인 차원에서의 친교가 아니라, 성령 하나님께서 주관하시는 거룩한 성령의 교제인 것이다.

하나님의 백성으로서의 교제는 '즐거운 선택적 사치가 아니라 우리가 힘과 생명력을 얻도록 하나님께서 우리에게 공급하신 본질적 특성의 일부다. 교제는 교회에 건강과 생기를 주는 교회의 핏줄을 따라 흐르는 피'다.[28] 성령 안에서 모두가 그리스도의 피와 살을 나눈 형제요 자매임을 확인하는 것이며, 이를 통해 교회의 구성원들은 삼위일체 하나님을 닮아가는 것이다.

따라서, 교회는 갈라질 수 없는 그리스도의 한 몸이고 그 구성원들은 그리스도의 각 지체임을 알아야 한다. 성령 하나님 안에서의 거룩한 교제는 교회가 그리스도의 몸임을 고백하며 완성해 가는 과정이다.

✝ 교회의 기능 ③ 교육

교회 내적의 마지막 요소는 교육이다.

교회는 믿는 신자들을 양육하고 훈련하는 의무가 있다. 교육의 헬라어 용어인 디다케$_{διδαχή}$는 전도의 의미로도 사용되지만 넓은 의미로 복음을 가르치고 선포하는 행위를 말한다. 교육은 미래를 향한 교회의 가장 장기적인 섬김의 형태이며, 배우고 가르치고 전승하는 것은 신앙의 유산과 전승을 위해 교회를 이루는 신도들에게 주어진 사명이기도 하다.

복음서에 나타난 무형 교회에서 디다케는 교회의 중요한 본질에 속한다. 복음서는 예수를 가르치는 분으로 묘사하는데, 회당에서 가르치신 몇 가지 예를 들면 다음과 같다.

"고향으로 돌아가사 저희 회당에서 가르치시니 저희가 놀라 가로되 이 사람의 이 지혜와 이런 능력이 어디서 났느뇨"마 13:54. "저희가 가버나움에 들어가니라. 예수께서 곧 안식일에 회당에 들어가 가르치시매"막 1:21. "또 다른 안식일에 예수께서 회당에 들어가사 가르치실새 거기 오른손 마른 사람이 있는지라"눅 6:6. "이 말씀은 예수께서 가버나움 회당에서 가르치실 때에 하셨느니라"요 6:59.

그런 이유로 예수를 최초로 따랐던 두 제자가 그를 랍비, 곧 선생이라 불렀다.

> 예수께서 돌이켜 그 좇는 것을 보시고 물어 가라사대 무엇을 구하느냐 가로되 랍비여 어디 계시오니이까 하니(요 1:38).

이처럼 예수님은 선생으로 인식되었다. 밤에 예수를 찾아온 니고데모 역시 예수님을 랍비로 인정했다.[29]

교회는 그리스도의 가르치는 사역을 계승하고 전승해야 한다. 목회자와 교회의 리더들은 끊임없는 가르침과 훈련으로 그리스도께서 교회의 머리이시고 주인이시며, 그를 기억하고 계승하는 것이 교회의 사역임을 잊지 않도록 해야 한다.

† 교회의 외적 사역

교회의 외적 사역은 전도와 선교, 봉사다.

전도, 선교 그리고 봉사는 상호 밀접한 연관이 있으며, 그 개념 또한 중첩되는 부분이 있다. 흔히 전도는 지역 사회 안에서 복음을 전할 때 사용되며, 선교는 다른 나라나 타 문화권에 가서 복음을 전할 때 주로 사용된다. 그리고 그리스도의 사랑을 몸소 행동으로 실천한다는 의미에서 봉사의 개념이 성립된다.

교회 외적 사역의 목적 역시 교회 사역의 목적과 동일하게, 하나님을 영화롭게 하며 하나님과 타자를 위한 섬기는 데 있다.

본회퍼Bonhoeffer는 교회란 '타자를 위해 존재하는 공동체'라고 말했으며 "교회는 일상적인 인간의 삶의 세속적인 문제들을 공유하고, 지배하지 않고, 돕고 섬겨야 한다"라고 하였다.[30] 이것이 교회의 중요한 덕목이 되는 이유는, 섬기는 공동체가 되었을 때 교회는 비로소 하나님과 세상으로부터 인정을 받기 때문이다. 존중과 권위는 구걸하고 홍보하여 얻어내는 것이 아니다. 교회는 그리스도의 보혈을 통해 하나님과 세상을 화해시키는 전도와 선교를 감당하고, 그리스도의 사랑이 실천될 수 있도록 봉사하여 구원의 역사를 완성하고 하나님 나라를 이 땅에 이루기 위해 존재한다.

† 교회의 기능 ④ 전도와 선교

전도와 선교라는 교회의 사역은 그리스도의 부활과 승천 과정에서 주어진 최후의 명령들과 직접적인 연관이 있다. 대위임령으로도 알려져 있는 마태복음 28장 19-20절에서 "그러므로 너희는 가서 모든 족속으로 제자를 삼으라"는 말씀과 사도행전 8장 1절에서 "오직 성령이 너희에게 임하시면 너희가 권능을 받고 예루살렘과 온 유대와 사마리아와 땅 끝까지 이르러 내 증인이 되리라"고 하신 말씀이 그것이다.

　이 말씀은 그리스도의 부활과 승천을 목격한 제자들에게 부여된 명령인 동시에, 이후 그리스도를 믿는 모든 신자에게 동일하게 내려진 명령인 것이다. 그렇기 때문에 전도와 선교는 하나님의 영광을 위해서 교회가 이 땅에서 감당해야 하는 목적인 동시에 사명이 되는 것이다.

　그렇다면 누구에게, 어디로 전해야 하는 것인가? 사도행전 1장이 말하는 땅 끝까지의 복음 전파 여정이 예루살렘에서 시작된 것에 주목하여야 한다. 예루살렘은 제자들이 모였고 성령이 강림한 곳이기 때문에 비교적 쉬운 전도 현장이 아니었을까 생각할 수 있지만, 예루살렘은 그리스도가 고난 받고 죽으신 자리이며, 아직도 예수의 반대 여론이 강하게 남아 있는 곳이었다. 때문에 예루살렘은 그 어느 곳보다 복음을 전하기 힘든 지역이었다.[31]

　그리고 복음은 예루살렘과 유대 땅을 넘어 사마리아 지역과 만난다. 사마리아와 유대의 불화는 요한복음 4장 등에서 나타난다. 유대인들에게 사마리아인들은 이방 민족과의 결혼으로 믿음을 저버린 배교자들이었다. 결국, 유대인들이 가장 마주하고 싶지 않은 사람들인 것이다. 그러나 예수는 "너희가 사마리아에서 내 증인이 되리라"고 말씀하셨다.[32]

당시 유대인들에게 이 명령은 무겁게 다가왔을 테지만, 복음은 전도자 개인의 이해 관계에 따라 전파되어서는 안 될 뿐만 아니라, 모든 사람 가운에 있는 막힌 담을 허물어뜨리는 능력이 되고 모든 갈등과 분쟁을 넘어서는 화해의 능력으로 선포되어야 한다.

† 교회의 기능 ⑤ 봉사

교회 외적 사역의 마지막 요소는 봉사다.

봉사의 헬라어 용어로는 디아코니아$_{διακονια}$로, 그리스도의 몸을 이루기 위해 교회가 행하는 모든 섬김 사역을 일컫는 말이다.

봉사는 교회를 구성하는 모든 이에게 주어지는 사역이며, 성령은 각자에게 각기 다른 은사를 주시어, 각기 다른 사역을 감당하게 하셨다. 직접 봉사에 참여하는 성도나 봉사를 권장하는 목회자 모두 기억해야 하는 것은 봉사는 성령 하나님께서 성도들 개개인에게 부여하신 사역이며, 각 성도는 성령 하나님께 받은 은사대로 봉사를 감당할 수 있도록 질서 있는 사역을 기획하고 집행하여야 한다.

봉사의 목적 역시 그리스도의 몸 된 교회와 지역 사회 등을 세우고 하나님께 영광을 돌리는 데 있다. 일에 대한 봉사, 연약한 영혼에 대한 섬김, 목회자의 사역을 돕는 일 등 여러 가지 종류의 봉사가 있을 수 있지만, 봉사 자체나 봉사를 받는 사람들이나 기관의 인정 등이 아니라, 하나님께 영광이 되는지에 대한 확신이 선행되어야 한다.

그렇지 않으면 하나님께서는 봉사의 모든 과정 속에서 영광 받지 아니하신다. 하나님을 대신해 영광을 가로채려던 헤롯왕은 벌레에게 먹혔다.[33] 자신을 드러내려는 봉사는 하나님께서 받지 아니하시고 그 봉사자 역시 영광을 잃게 되는 것이며, 오로지 하나님께만 영광을 돌려야 하는 것이다.

교회가 세상에서 그리스도의 사랑을 실천하고 봉사해야 한다는 것에 이견을 제시하는 사람은 없을 것이다. 시대적 위기가 있을 때 교회는 늘 약한 자들과 연대했고, 병든 자를 돌보고, 굶주린 자에게 먹을 것을 주었으며, 고난 당하는 자들을 변호하였다.

바빙크Bavinck는 교회는 자선 단체가 아니며 복음을 전파하는 사역이 가장 우선에 있지만 복음을 효과적으로 전파하기 위해서는 사회적인 봉사가 필요하다고 주장하였다. 그는 "배고픈 사람들은 설교에 귀를 기울일 수가 없기 때문에 봉사는 복음을 전달하기 위한 수단으로 병행되어야 한다"라고 하였다.[34]

한국 교회는 팬데믹을 지나오면서 위와 같은 교회의 사역에 대해 다시 고찰해 보아야 한다. 세상 사람들은 교회가 사회적 책무를 제대로 이행하고 있지 않다고 비판함과 동시에 교회가 전하는 복음과는 점점 거리가 생기고 있기 때문이다. 교회가 비판을 받는 이유는 전하는 복음의 문제가 아니라, 교회가 강조하는 믿음이 생활에서 드러나지 않기 때문에 발생하는 이질감이 존재하기 때문이다. 다시 말해, 실천하지 않는 믿음에 대한 실망인 것이다.

이런 교회의 모습은 교회의 사역에 중대한 장애가 된다. 니체 Nietzsche는 삶과 신앙이 분리된 신자들을 향해 "내가 그들의 구원자를 믿도록 하려면 그들은 좀 더 그럴듯한 노래를 불러야 할 것이다. 예수의 제자들은 조금 더 구원받은 자처럼 보여야 한다"라고 비판하였다.[35]

교회는 영혼의 구조선이기도 하고, 세상에 등장하는 다양한 문제에 대한 복음주의적이고 실천적인 행동을 보여줄 책임이 있다. 이것이 하나님을 영화롭게 하는 것이며 하나님 나라의 확장을 위한 교회의 사명이다. 하나님 나라는 이 땅의 사람들이 죽음 이후에 거할 영원한 나라이기도 하지만, 이 땅에서 하나님의 말씀과 법도에 의해 통치되는 모든 곳이기도 하기 때문이다.[36]

한국 교회가 세상 가운데서 빛과 소금의 역할을 감당하면서도 다시 존중과 인정을 받기 위해서는 어떻게 해야 할까?

교회의 공공성을 통해 사회적 역할을 충실히 감당함으로써 시대와 소통하는 과정이 필요하다. 하지만, 공공성이 복음 전파라는 대전제보다 선행되거나 우선시된다면, 본래의 취지에서 벗어나 공공성은 홍보나 광고성 선전을 위한 수단으로 변질될 우려가 있다. 교회의 봉사를 통해 드러나는 사회성과 공공성은 복음

하나님은
그의 백성들을
공동체로 부르셔서
그리스도의 한 몸이 되게 하셨다.

전파가 그 목적임을 항상 인지해야 한다. 왜냐하면, 봉사가 목적이 아니라, 봉사를 통해 복음이 전달되고 그것을 통한 복음으로의 돌아섬이 목적이기 때문이다.

교회는 끊임없이 일어나는 사건과 사고 속에서 세상을 위해 봉사하고 헌신해야 하지만, 그로 인해 파생되는 세상적 인기와 인지도를 경계하며, 복음보다 더 큰 의미를 세상 사람들이 부여할지라도 기꺼이 이를 거부하고 거리를 둘 수 있어야 한다.[37]

교회는 하나님 나라 혹은 하나님의 통치의 나타남이다. 오늘날 하나님께서 주권적으로 통치하시는 형태다. 구약 시대에는 하나님 나라라 하면 이스라엘이었으나, 오늘날 하나님의 나라는 하나님께서 신도의 마음을 다스리심으로 나타난다. 그리고 그리스도를 믿는 하나님의 백성들의 모임인 교회가 하나님 나라를 드러내야 한다. 때문에 '교회에 다닌다'라는 말은 그리스도의 몸인 교회의 한 지체가 되는 동시에 신도 스스로 그리스도의 몸 된 교회가 되어 하나님의 인도와 통치를 받아들이고 깨닫는다는 의미다.

주님이
세우신 교회

하나님의 백성이라는 의미

교회는 어디까지나 하나님의 것이고, 하나님께서 교회를 세우신다.[38] 그러므로 교회를 어떻게 생각하는지에 따라서, 교회가 어떻게 변화에 대처해야 하는지에 대한 개념도 달라질 수 있다.

> 여호와의 말씀이니라 보라 날이 이르리니 내가 이스라엘 집과 유다 집에 새 언약을 맺으리라 이 언약은 내가 그들의 조상들의 손을 잡고 애굽 땅에서 인도하여 내던 날에 맺은 것과 같지 아니할 것은 내가 그들의 남편이 되었어도 그들이 내 언약을 깨뜨렸음이라 여호와의 말씀이니라 그러나 그 날 후에 내가 이스라엘 집과 맺을 언약은 이러하니 곧 내가 나의 법을 그들의 속에 두며 그들의 마음에 기록하여 나는

그들의 하나님이 되고 그들은 내 백성이 될 것이라 여호와의 말씀이니라 그들이 다시는 각기 이웃과 형제를 가르쳐 이르기를 너는 여호와를 알라 하지 아니하리니 이는 작은 자로부터 큰 자까지 다 나를 알기 때문이라 내가 그들의 악행을 사하고 다시는 그 죄를 기억하지 아니하리라 여호와의 말씀이니라(렘 31:31-34).

하나님의 백성은 하나님의 다스리심을 받는 사람들이다.[39] 하나님의 통치하심을 기뻐하고 그분의 다스리심을 즐거워하는 사람들을 '새 언약 백성'으로 부를 수 있다.[40]

첫째, 그들은 구약 시대 하나님의 백성이라 일컬음을 받았던 이스라엘 백성이 하나님의 이끄심과 돌보심을 아주 근접하게 경험했음에도 불구하고 태초에 아담이 그러하였듯 범죄하고 하나님의 통치하심을 거부했던 무리와 다르기 때문이다.[41]

둘째, 끊임없이 하나님을 배반한 구약 시대 이스라엘 백성과는 다르게, 새롭게 일어난 하나님의 백성은 성령 하나님의 능력에 힘입어 순종하게 되는 날이 오리라고 약속하셨기 때문이다.[42]

성령님께서 오셔서 하나님의 백성을 조직하신다고 하셨는데, 이들이 바로 예수 그리스도를 주님으로 영접하고 성령을 받은 신약 시대의 백성이다. 이렇게 성령으로 인하여 그리스도의 구속하심을 믿어 죄의 용서함을 받아 하나님 나라에 들어간 하나님의 새 백성을 교회라고 말할 수 있다.[43]

그러므로 교회는 하나님의 창조물이며, 오직 하나님만이 운영하시고 다스리시고 교회를 자라게 하심을 믿는 사람들이다.[44]

새 언약 백성인 교회는 하나님의 뜻에 반하여 실패한 옛 언약 백성인 이스라엘 백성과는 다르다.[45] 그 백성을 예레미야 선지자가 벅찬 감격으로 예언하였고 그리스도를 통해 나타난 것이다. 그 예언이 교회로 성취된 것이다.

이 땅 위에 하나님 나라

> 내가 너희를 여러 나라 가운데에서 인도하여 내고 여러 민족 가운데에서 모아 데리고 고국 땅에 들어가서 맑은 물을 너희에게 뿌려서 너희로 정결하게 하되 곧 너희 모든 더러운 것에서와 모든 우상 숭배에서 너희를 정결하게 할 것이며 또 새 영을 너희 속에 두어 너희로 내 율례를 행하게 하리니 너희가 내 규례를 지켜 행할지라 내가 너희 조상들에게 준 땅에서 너희가 거주하면서 내 백성이 되고 나는 너희 하나님이 되리라(겔 36:24-28).

이러한 교회의 모습은 이 땅에 임한 하나님의 나라의 모습을 대변한다.

하나님의 다스리심을 받고 그 복을 누리는 교회, 곧 '새 언약 백성'의 시작과 부흥은 예수 그리스도를 통해서 이 땅에 참된 하나님의 나라가 임했음을 증거한다. 새로운 하나님의 백성에게 교회는 종교적 형식으로 '다니는' 곳이 아닌, 그리스도에게 순종함으로써 스스로 교회가 되는 정체성을 나타내는 것이다.[46] 성령 하나님으로 인하여 하나님의 법을 지키게 되며, 이를 통해 교회는 주님께서 통치하시는 삶의 복을 누리게 되고 비로소 하나님 나라의 임재를 경험할 수 있게 된다.[47]

교회는 하나님께서 저 멀리 계시기 때문에 사람들의 삶의 영역과 무관하시며 신도가 마음대로 살아도 될 것을 주장하지 않는다.[48] 오히려 교회는 이 세상에 이미 임재한 하나님의 나라를 증거하고 드러내야 한다. 그렇기 때문에 교회를 '하나님 나라의 현시'라고 말한다. 교회가 여전히 흠이 많고 부족한 점 투성이일 수 있으나 그럼에도 불구하고 하나님 나라의 현현顯現임을 간과해서는 안 될 것이다. 세상 사람들은 교회를 통해서 하나님 나라를 볼 수 있기 때문이다.

내 교회를 세우리니

예수께서 빌립보 가이사랴 지방에 이르러 제자들에게 물어 이르시되 사람들이 인자를 누구라 하느냐 이르되 더러는 세례 요한, 더러는 엘리야, 어떤 이는 예레미야나 선지자 중의 하나라 하나이다 이르시되 너희는 나를 누구라 하느냐 시몬 베

교회는
이 땅에 임할
하나님 나라의
'미리 보기'가 되어야 한다.

드로가 대답하여 이르되 주는 그리스도시요 살아 계신 하나님의 아들이시니이다 예수께서 대답하여 이르시되 바요나 시몬아 네가 복이 있도다 이를 네게 알게 한 이는 혈육이 아니요 하늘에 계신 내 아버지시니라 또 내가 네게 이르노니 너는 베드로라 내가 이 반석 위에 내 교회를 세우리니 음부의 권세가 이기지 못하리라 내가 천국 열쇠를 네게 주리니 네가 땅에서 무엇이든지 매면 하늘에서도 매일 것이요 네가 땅에서 무엇이든지 풀면 하늘에서도 풀리리라 하시고 이에 제자들에게 경고하사 자기가 그리스도인 것을 아무에게도 이르지 말라 하시니라(마 16:13-20).

교회는 누가 세우는가? 사람이 모이면 교회라고 말할 수 있는가? 예배 처소와 건물이 준비되었다면 교회라 말할 수 있는가?

교회는 예수 그리스도께서 교회의 머리이시며 예수께서 세우시는 것이다마 16:18. 예수님께서 받으신 형벌, 즉 대속적인 죽음은 죄인의 죄를 용서하고 깨끗하게 하시어 '그 자신과 연합하는 새 언약'을 체결하고, 새 마음으로, 본성까지 새로워진 참된 하나님의 새 언약 백성으로 삼으신다.

이는 '내 교회'로 말미암아 조성되는 새로운 하나님의 백성을 세우시겠다는 예수님의 말씀과 맥을 함께한다마 16:18-19. 교회야말로 하나님의 뜻과, 섭리 그리고 구원 역사와 성령님의 임재를 통해 세워진 예수 그리스도의 몸인 것이다.

그렇기 때문에 교회를 구성하는 모든 구성원은 사도들의 신앙고백 위에 세워진다. 예수 그리스도를 향한 사도들의 신앙고백과 동일한 신앙고백을 하는 사람들이 교회다.

참된 신앙고백을 하는 교회는 음부의 권세가 이기지 못하는 능력마 16:18을 가진다. 예수님께서는 음부의 권세로 수고한 영혼들을 회복시키시고, 그의 백성을 회복시키기 위해 교회를 다스리신다. 회복된 교회는 신앙고백에 합당한 하나의 지체로서, 교회를 이루는 한 공동체다.[49]

십자가에서 완성된 그리스도의 사랑과 은혜를 기억하며 그를 향한 신앙과 삶이 구분되지 않는 것이 주님이 세우신 교회의 모습이기 때문이다.[50]

하나님만 주인이신 교회

여러분은 자기를 위하여 또는 온 양 떼를 위하여 삼가라 성령이 그들 가운데 여러분을 감독자로 삼고 하나님이 자기 피로 사신 교회를 보살피게 하셨느니라 내가 떠난 후에 사나운 이리가 여러분에게 들어와서 그 양 떼를 아끼지 아니하며 또한 여러분 중에서도 제자들을 끌어 자기를 따르게 하려고 어그러진 말을 하는 사람들이 일어날 줄 내가 아노라 그러므로 여러분이 일깨어 내가 삼 년이나 밤낮 쉬지 않고 눈물로 각 사람을 훈계하던 것을 기억하라(행 20:28-32).

오직 주님이신 예수 그리스도께서 교회의 머리로서 교회를 다스리신다. 그리고 교회의 일원이 된 신도들은 이전에 자신이 인생의 주인이라 생각했던 시절을 떠나보내고, 삶의 주인이 바뀐 것을 받아들인다. 예수께서는 부활하시고 승천하시어 하나님의 우편에서 만물을 다스리시며 성령님을 통해 하나님의 백성을 다스리시고 계심을 믿는 것이다. 예수 그리스도께서는 다스림을 통해 교회를 세우시고 보존하시며 충만케 하신다.

그렇다면 예수님은 교회를 어떠한 방식으로 다스리시는가?

첫째, 예수 그리스도께서는 말씀으로 교회를 다스리신다. 교회는 말씀에 순종함으로 그리스도의 통치에 들어감을 고백엡 2:20-22하고 말씀을 통해 교회가 그리스도의 일하심에 동참하게 됨을 경험한다.

둘째, 교회는 성령 하나님의 인도하심으로 하나님의 통치에 들어간다. 성령 하나님은 말씀을 통해 깨닫게 하신다. 죄를 멀리하게 하시고 하나님의 백성이 말씀을 따라 주를 위하여 살아갈 방법을 깨우치게 하신다.

셋째, 그리스도께서는 지체들에게 직분을 주시어 각자의 자리에서 그리스도의 몸을 돌보게 하신다행 20:17-32. 특히, 목회자를 비롯한 교회의 지도자들을 세워, 주님께서 교회를 사랑하시고 다스리시듯 교회를 사랑하고 섬기게 하셨다.

5부

온라인교회를
교회로
볼 수 있을까?

이것은 단지 사역만의 문제가 아니다

그렇다. 이는 단순히 온라인 사역을 어떻게 교회가 바라보아야 할 것인가에 대한 문제가 아니라, 온라인 속에 존재하는 교회를 교회로 보고 받아들여야 하는지에 관한 문제다.

온라인 사역의 영역이 크게 확장되면서 이제 온라인 안에서 실제적인 목회를 위한 '교회'라고 칭하는 새로운 모습의 교회들이 나타나고 있다. 통칭하여 '온라인교회'라는 이름을 가진 이 새로운 형태의 교회들은 코로나19 팬데믹을 통해서 생겨난 것으로 오해받기 쉽지만, 사실 1980년대 중반 이후부터 영미권의 교회들을 중심으로 시작되어 발전해 왔다. 한국 교회는 현장을 중심으로 한 신앙이 중요시되어 다소 늦게 대중화되었지만, 지난 팬데믹을 기점으로 비대면 온라인 목회 방식을 넘어 온라인 교회의 등장이 크게 늘고 있는 추세다.

단순히 온라인 예배뿐만 아니라 기도, 심방, 상담, 소그룹 교제 등도 온라인 방식으로 확장되고 있다. 심지어 디지털 인터넷이라는 가상 공간에서 실제적인 목회를 하기 위해 '교회'라는 타이틀을 가진 새로운 교회의 모습을 한 온라인교회들이 한국 교회뿐만 아니라 전 세계적으로 일어나고 있다.

과연 이것이 시대적 필요에 따른 일시적인 현상에 그칠 것인지, 아니면 코로나 팬데믹 종식 이후에도 온라인교회 운동Online Church Movement과 같은 신앙 운동으로 확산될 것인지는 지켜볼 일이다.

2000년 교회 역사 속에는 없었던 온라인교회가 우후죽순처럼 등장하는 상황에서, 한국 교회는 온라인 예배를 어떻게 신학적으로 받아들이고 어떻게 목회적으로 실행해 내야 하는지에 대해 깊은 고민과 성찰의 부족을 인정해야 한다. 나아가서 온라인교회에 관하여 교회로서의 합당성에 대한 논의가 없는 것은 매우 안타까운 실정이다.[1]

온라인교회가 무엇인지에 대한 교회적 차원에서의 논의와 입장이 필요하다. 실제적으로 온라인 안에만 존재하는 신앙 모임을 실재하는 교회로 바라보아야 하는지에 대한 신학적이고 실천적인 논의 역시 병행되어야 한다. 이를 위해, 온라인교회가 발전되어 온 역사를 되짚어 보고 그 방향성을 살펴본 후, 온라인교회의 유익성과 한계점을 신학적이며 교회론적 관점에서 이해할 필요가 있다.

온라인교회는 어떻게 시작되었을까? 앞서 필자는 교회의 바른 이해를 위해 교회의 어원과 초기 교회의 모습을 다루었다.

마찬가지로 오늘날 크게 성장하고 있는 온라인교회의 바른 이해를 위해서 온라인교회가 어느 시점에서 어떻게 시작되었는지, 어떠한 흐름에 의해 오늘에 이르렀는지 살필 필요가 있다.

온라인교회의
역사적 흐름

---- **영미권에 속한 온라인교회의 사례**

교회가 새로운 미디어로서 컴퓨터를 사용하여 온라인 커뮤니케이션을 사용하기 시작한 것은 1980년대 중반 이후부터로 본다.

데이비드 로크헤드David Lochhead는 그의 저서 *Shifting Realities: Information Technology and the Church*에서 미국장로교회PCUSA는 가장 먼저 선구자적으로 목사들과 교회 지도자들 간의 설교 자료와 목회 정보를 공유하기 위해 다른 교단들과 컴퓨터 네트워크를 구축한 교단 중 하나였다.² 아직 여기서는 '교회'라는 용어를 사용하지는 않았으나, 영국성공회The Church of England가 발행한

*Cybernauts Awake!*에서는 "사람들이 뚱뚱하고, 짧고, 아름답고, 또는 못생긴 사람들에 의해 방해 받지 않고 처음으로 영과 진리로 예배하게 할 수도 있게" 하는, 이름이 밝혀지지 않은 익명의 온라인교회가 1985년에 시작되었다고 기록하였다.[3]

이렇게 '온라인교회'라는 명칭은 영국성공회의 기록에 처음 등장했다. 그러나 그 교회가 어떻게 온라인 예배를 구성하고 실행했는지는 언급하지 않고 있다. 하지만, 그 이듬해인 1986년, 미국장로교회의 네트워크인 Presbynet을 주관하는 모기업인 The Unison Service는 "교회가 온라인으로 무엇인가를 조직할 수 있는가?"에 대한 대답으로, 몇몇 교회가 지역과 교단의 한계를 넘어 컴퓨터를 매개로 "기도, 성경, 묵상 그리고 참여자들의 기도 제목을 추가할 수 있는 항목을 포함한 예배 의식을 구성한 온라인공동체들을 조직하였다"라고 밝혔다.[4] 온라인교회가 아직 찬양과 설교는 공유하지 못했지만, 기도, 말씀 묵상, 기도 제목 공유 등의 기초적인 예배의 요소 몇 가지를 갖추었다고 볼 수 있는 대목이다.

1990년대 초, WWW World Wide Web의 개발로 온라인교회들이 웹사이트를 기반으로 활성화되었다. 찰스 헨더슨 Charles Henderson 은 1994년에 인터넷 웹사이트로는 처음으로 온라인교회인 First Church of Cyberspace를 등록했다. 그는 뉴저지의 장로교 목사로, 매일 한 번씩 예배를 진행하면서 채팅방을 항상 오픈하여 온라인 참여자들은 온라인 회중으로 구성했다. 구성원들은 웹사이트를 통해 게시된 설교와 이미지, 음악, 온라인 성경에 접근할 수 있도록 하였다.[5] 지금도 헨더슨은 웹에서 하나님을 만나게 한다는 비전을 가진 Godweb.org의 편집장으로 일하고 있다.

First Church of Cyberspace와 같이 웹사이트를 기반으로 생겨난 온라인교회들이 1990년대 중후반부터 2000년 초반까지 크게 늘어났다. 특별히 온라인교회로서는 잘 알려진 그리고 반드시 주목해야 할 영국 감리교회의 후원으로 2004년에 세워진 '바보들의 교회' Church of Fools가 있다. 사실 바보들의 교회는 온라인교회로 시작된 것은 아니었다. 젠킨스 Simon Jenkins를 포함한 12명의 친구는 2003년에 온라인 3D 공간에 The Ark방주를 재현한 후, 영국에서 6명, 미국에서 4명, 캐나다에서 2명 등 각자 다른 지역에서 자신들의 컴퓨터로 접속해 자신들의 온라인 분신인 아바타로 변신해 방주에서 활동하는 사이트를 운영했다.[6]

그들은 이러한 온라인 활동은 그들과 온라인상의 아바타와의 감정적 유대를 크게 한다는 점을 인식한다. 그리고 그들은 주일마다 방주의 거실을 예배당으로 바꾸고, 3명이 설교, 성경 봉독, 기도와 같은 예배 의식을 준비하도록 임명하면서, 이런 온라인 예배 의식을 온라인교회로 만들어야겠다는 영감을 얻게 된 것이다. 그 후 2004년 5월에 3D 화면에 고딕 양식을 한 바보들의 교회를 시작했다. 바보들의 교회는 일반 교회처럼 설교단과 십자가가 걸려 있는 강단과 넓은 예배당에는 회중이 앉을 장의자가 있으며, 또한 편하게 교제하고 쉴 수 있는 꽤 넓은 지하실도 만들었다.[7] 방문자들은 온라인 분신인 아바타를 선택해, 걷기, 앉기, 기도할 때 무릎 꿇거나 손들기와 같은 열두 개의 동작을 할 수 있으며, 채팅을 통해 서로 대화도 할 수 있게 했다.[8] 폭발적인 반응을 이끌어 낸 바보들의 교회에 2,400명이 등록했으며, 하루에 최대 41,000명이 방문하기도 했다.[9]

하지만, 2004년 9월 이후, 바보들의 교회는 3D의 교회 문을 닫고 열기를 거듭하다가, 2006년 이후 현재까지 새로운 웹사이트인 StPixels.com으로 옮겨 운영되고 있다. St Pixels는 포럼과 채팅방, 구성원들에게 경험과 생각들을 쓰게 하는 온라인 저널인 블로그를 운영하고 있다.[10]

다음으로 주목할 필요가 있는 온라인교회는 미국의 라이프교회 Life.Church의 Life.Church.tv Internet Campus다. 라이프교회는 1996년 1월에 오클라호마 시내에 있는 한 차고에서 시작해 지금은 높은 수준의 찬양과 Craig Groeschel 목사의 대화 형식의 설교로 크게 성장하였다. 2001년에는 예배 처소가 다섯 군데로 늘어 담임목사가 순회하며 예배하는 멀티 사이트 교회가 되었다. 2018년에는 30개의 교회 캠퍼스에서 85,000명이 출석하는 메가처치가 되었다.[11]

라이프교회가 설립한 Life.Church.tv Internet Campus를 온라인교회의 한 모델로 주목해야 하는 이유는 두 가지다.

첫째, 라이프교회는 온라인 안에서만 운영하던 바보들의 교회와 달리 오프라인교회인 라이프교회가 인터넷이란 공간에 온라인 지교회로 세운 온라인교회라는 점이다.

둘째, LifeChurch.tv Internet Campus는 늘어나는 지교회들이 함께 주일예배를 공유하는 형식으로 온라인교회가 시작 되었다는 점이다.[12] 즉, 바보들의 교회와 같은 기존의 온라인교회가 온라인 접속한 참여자들을 주요 대상으로 했다면, Life.Church.tv는 라이프교회에 속한 교회 캠퍼스들이 같은 방송을 통한 예배로 신앙생활을 하도록 의도된 것이라는 점에서 다르다. Life.Church.tv는 현장 예배를 실시간 생중계로 생생하게 방송할 수 있는 최첨단 방송 시설을 갖춘 온라인 목회에 최적화되어 성장했다.

그 외에도 Highlands Church, Saddleback Community Church, Calvary Church, Sandals Church와 같은 미국의 초대형교회들도 주일마다 2-3만 명씩 예배하는 온라인교회를 운영하고 있다.

당시 온라인교회들의
설립 목적은
교회의 확장이 아니라,
더 많은 신앙인 간의 연결이었다.

한국 교회의 온라인교회의 상황

한국 교회에서 온라인교회와 사역에 가장 선구적인 교회는 경기도 분당에 소재한 만나교회가 2018년 4월에 개설한 '미디어교회'다.

한국 교회는 한국의 눈부신 인터넷 발전을 바탕으로 교회마다 홈페이지를 개설하여 운영해 왔다. 각 교회들이 운영하는 홈페이지는 교회의 연혁뿐 아니라 담임목사와 교역자들 소개, 교회학교를 알리고 설교 영상을 공유하는 등 교회 광고의 용도로 이용되어 왔다.[13]

그런데 만나교회는 이미 2009년부터 녹화된 주일 설교를 업로드하는 방식이 아닌, 설교를 포함한 예배 전체를 홈페이지를 통해 실시간으로 시청할 수 있는 라이브 스트리밍Live Streaming을 시작하였다.[14] 만나교회의 예배국장 이종현 목사는 예배 라이브 스트리밍의 목적을 "유학, 이민, 질병, 출산 등으로 인해 현장 예배에 참여할 수 없는 만나교회 성도들을 위한 배려이자, 아직 기독교에 친숙하지 않은 이들이 조금 더 쉽게 복음을 듣게 하기 위해 온라인 예배를 통해 교회의 문턱을 낮추려는 목적도 있었다"라고 하였다.[15]

이렇게 만나교회는 팬데믹이 출현하기 10년 전부터 실시간 온라인 예배를 시행해, 현장 예배에 나올 수 없는 사람들을 위해 온라인을 적극적으로 활용하였다. 그리고 코로나19가 발생하기 한 해 전인 2018년 4월에 '미디어교회'라는 이름의 온라인교회를 독립적으로 설립해 운영하게 되었다.

만나교회가 설립한 미디어교회에서 주목할 사항은 다음과 같다.

첫째, 미디어교회의 대상이 기존 등록 교인들이 아닌 교회 밖에서 신앙의 방황을 하며 교회에 나가지 않는, 소위 '가나안 성도'와 일정 기간 동안 교회에 출석할 수 없는 해외에 있는 성도들이라는 점이다.

둘째, 미디어교회는 온라인교회에 등록한 자들이 단순한 온라인 예배뿐만 온라인 소그룹으로 묵상과 기도 제목을 공유하는 목양 시스템을 운영하는 교회로 설립되었고, 일반적인 교회 생활처럼 함께 교제하고 헌금하고 선교를 한다는 점이다.

셋째, 만나교회의 온라인 사역을 위한 예배 미디어 팀과는 별개로, 미디어교회를 위한 목회자와 영상 전문가를 포함한 미디어교회팀을 신설하여, 미디어교회를 교회 홈페이지뿐 아니라 유튜브나 페이스북과 같은 소셜 플랫폼에 개설한 점이다. 이는 가나안 성도들이 인터넷 서핑 중에 온라인교회를 발견하여 목양받게 하도록 인터넷의 여러 플랫폼에 최대한 노출하여 운영하기 위한 것으로 보인다.[16]

김병삼 목사는 만나교회 안에서도 예배와 소그룹에 참여하지 못해 가나안 성도와 다를 바 없는 소외된 성도들이 있다는 것을 발견하고, 2019년에는 그들을 위한 온라인 교구인 '미디어 동산'을 만들었다. 이를 통해 목양하는 '미디어 교구팀'을 두어 관리하도록, 만나교회와 미디어교회가 협력하는 '만나-미디어교회'로 합쳤다.[17] 미디어교회를 교회 밖의 소외된 성도들뿐 아니라 교회 안에서도 목회의 사각 지대에 있는 소외된 기존 성도도 참여하는 온라인 목양 시스템으로 확장한 것이다. 다시 말하면, 오프라인교회인 만나교회가 인터넷상에 개설한 만나미디어교회는 이제 가나안 성도만이 아닌 만나교회의 모든 교인이 교회 현장의 오프라인으로 신앙생활할 뿐만 아니라 온라인으로 참여하는 올라인All Line교회로 운영되고 있다.

  경기도 양주시에 소재한 신광두레교회의 김진홍 목사는 '건물 없는 교회'를 모토로 '두레온라인교회'를 2020년에 설립하였다. 김진홍 목사는 두레온라인교회를 일컬어 "울타리가 없고 국경이 없고 장벽이 없다. 누구든 차별 없이 교인이 될 수 있다. 단 한 가지 제한이 있는데 이미 교회를 섬기고 있는 교인들은 등록 교인이 될 수 없다"라며[18] 현재 교회에 안 나가는 가나안 성도를 등록 교인으로 받아, 그들이 온라인상에서 기존 교회에서처럼 예배와 교제 그리고 봉사를 하게 한다는 목표로 온라인교회를 개척하여 운영하고 있다.

경기도 성남에 위치한 유기성 목사가 담임하는 선한목자교회도 2020년에 재정과 운영을 전면 독립해 '선한목자온라인교회'를 설립했다.[19] 또 경기도 안양에 소재한 새중앙교회가 세운 '새중앙온라인교회', 경기도 안산에 소재한 꿈의교회가 세운 '미디어꿈의교회' 등 기존의 지역 교회들이 가나안 성도들과 코로나 팬데믹으로 교회에 출석하기 어려운 성도들을 위한 온라인교회를 설립했으며 지금도 생겨나고 있다.

그런데 이러한 온라인교회를 운영하는 오프라인교회들은 대부분 대형교회로, 대형교회들이 교세의 영향력으로 온라인상에서도 지교회를 세우고 교세를 확장한다는 비판을 받을 우려가 있다. 재정과 앞선 기술을 보유한 교회가 온라인교회를 선점하는 것은 온라인상에서도 그렇지 못하는 중소형교회들에 상대적 박탈감을 주고 교회 규모의 격차가 더욱 심해질 수 있다는 지적은 피할 수 없을 것이다.

이와 달리, 기존 교회가 운영하는 지교회 형식이 아닌 독립된 온라인교회의 사례들도 있다.

첫째, 실시간 화상 회의 방식의 플랫폼인 줌Zoom을 통해 세워진 온라인교회다. 대표적인 사례로는 '아둘람온라인공동체'가 있다. 펜데믹이 고조되던 2020년에 설립된 온라인교회로 건물도 없이 줌을 통한 실시간 쌍방 소통 방식으로 예배를 진행하고 있다.[20] 설립자 지성수 목사는 "망하지 않고 안전하게 가려면 원가를 최대한 낮춰야 한다. 그래서 원가가 전혀 들지 않는 교회를 개업한다. 오프라인에서는 건물이 필요하지만, 온라인에서는 커뮤니케이션만 필요하다"라며,[21] 온라인교회는 건물 중심의 교회를 넘어 온라인에서 목회할 수 있는 새로운 교회의 대안이라고 주장한다.

둘째, 유튜브에 세워진 온라인교회도 있다. '죽기 전에 알아야 할 성경'의 약자로 이름 지어진 '죽알성교회'는 2019년 1월 인터넷 웹사이트가 아닌 유튜브에 설립한 온라인교회로, 2022년 3월 현재 1만 명의 구독자를 가지고 있다.[22] 죽알성교회의 유형욱 목사는 유튜브 '죽알성'에 설교와 및 성경 공부 내용을 제공하는 '성경 가이드' 동영상 강의를 꾸준히 올리면서 온라인교회를 운영하고 있다고 말했다.[23]

이 외에 인터넷 웹사이트와 유튜브를 통해 활동하는 온라인교회들도 있다. 대표적으로 '케이바이블온라인교회'는 설교와 신앙 콘텐츠들을 다양한 플랫폼을 통해 제공하며 온라인교회를 운영하고 있다.[24]

정리하자면, 1980년대부터 컴퓨터를 매개로 목사와 교회 지도자 사이에서 설교 자료와 목회 정보를 공유하기 위한 온라인 사역이 시작된 이래, 온라인교회가 영미권 교회를 중심으로 1985년부터 점진적으로 발전되어, 한국 교회에도 영향을 미치게 되었다. 약 35년이 조금 넘는 온라인교회의 역사 속에서, 2018년부터 시작된 한국의 온라인교회는 비교적 최근 그리고 짧은 기간에 세워지고 있다.

영미권이나 한국에 세워진 온라인교회는 두 가지 형태로 정리할 수 있다.

첫째, '오프라인의 기반 없는 온라인은 허상에 불과하다'라는 김병삼 목사의 주장처럼,[25] 오프라인의 기존 교회가 온라인상에 지교회 형식으로 세운 온라인교회다.

둘째, 기존 교회와 관계없이, 독립적으로 건물과 인적, 재정적 지원이 없이 순수하게 온라인교회로 개척된 신앙공동체의 형태로 나타나고 있다.

온라인교회의
양면성

온라인교회의 유익성

온라인교회에 관한 평가는 찬성과 반대로 혼재되어 있다. 먼저, 온라인교회를 지지하는 입장에서 그 필요성과 장점을 살펴보면, 온라인교회는 혁신적인 디지털 기술의 발전과 코로나 팬데믹 이후 뉴노멀 시대에 새로운 대안적 교회로 제시될 수 있다.

제4차 산업혁명 이후 디지털 기술은 현대인의 생활에 없어서는 안 되는 필수적인 영역이 되었다. 이제 인터넷은 이제 시간과 공간의 제한이 없이 소통할 수 있는 수단임에 분명하다.

2019년 2월, 미국의 여론조사기관 퓨리서치Pew Research Center의 보고에 따르면, 2019년을 기준으로 세계 인터넷 이용자는 43

억 8,800만 명이고, 한국은 5,178만 명 중 스마트폰 이용자 수가 4,800만 명으로, 대한민국의 스마트폰 보급률은 95퍼센트로 세계 1위이다.[26]

온라인은 현대인들의 삶의 공간이며 일상이다. 젊은 세대와 기성세대가 사용하는 플랫폼의 차이가 있을 뿐 거의 모든 세대가 온라인을 통하여 연결되어 있다.

따라서, 교회의 성도들과 교회가 전도해야 할 대상이 매일 온라인에서 많은 시간을 보내고 있으므로, 온라인을 매개로 한 말씀 묵상, 기도, 찬양과 같은 온라인 예배를 넘어서, 믿지 않는 자들을 위한 전도와 선교적 모색으로 온라인교회와 같은 온라인 목회의 필요성은 아무리 강조하여도 부족함이 없을 것이다.

무엇보다 코로나 팬데믹은 온라인교회라는 새로운 교회의 가능성을 보여주는 계기가 되었다. 코로나 팬데믹의 전염병 상황에서 교회들은 온라인 비대면 목회 방식을 채택했는데, 예배당에 회집하여 예배할 수 없게 된 교회가 모임의 장소를 '기존의 예배 장소Place에서 디지털 장비가 제공하는 공간Space으로 전환' 하는 계기가 된 것이다.[27] 어디에도 없는 곳Nowhere이자 동시에 모든 것이 있는 곳Everywhere이 되는 디지털 사이버 공간에서,[28] 교회가 예배를 시작한 것인데, 곧 온라인 예배다.

이를 통해, 교회는 전통적으로 수용한 거룩한 공간인 예배당의 교회 활동과 사이버 공간의 경계를 허물었고, 하나님의 임재와 일하시는 영역을 사이버 온라인 공간으로 확장하게 되었다.

돌이켜 보면, 불과 몇 년 전인 2020년 코로나19의 공포로 교회들이 함께 모여 드리는 대면 예배를 온라인 비대면 예배로 전환한 일은 혁명적인 사건으로 여겨졌지만, 이제는 온라인 예배를 당연하게 받아들이는 상황이 되었다. 이렇게 전염병 상황에서 대면 예배의 대안으로 선택한 비대면 온라인 예배가 확장되어 온라인교회의 가능성까지 제기되었고, 이제는 온라인교회가 우후죽순처럼 등장하고 있다.

코로나19가 종식된 이 때, 교회는 다시 예전처럼 돌아갈 것인가? 이 질문에 대해 톰 레이너Thom S. Rainer는 『코로나 이후 목회』에서 "코로나 이전으로 돌아갈 수 없다"라고 단호하게 대답한다.[29] 다시 말하면, 코로나19로 인한 비정상Abnormal 상태가 새로운 정상New Normal이 되는 시대에 적합한, 새로운 교회가 요구되는 상황이다.

김병삼은 목회데이터연구소의 통계 자료를 인용하면서, 코로나19 이후 교회가 강화해야 할 사항으로 온라인 시스템 구축과 콘텐츠 개발을 꼽았다.[30] 또한, 제2의 코로나 팬데믹, 제3의 코로나 팬데믹이 일어날 수 있는 상황에서 온라인교회의 필요성이 더 커진다고 할 수 있을 것이다.

둘째, 온라인교회는 교회에 안 나가는 가나안 교인과 투병 중이거나 해외에 체류해 교회 출석이 장기간 어려운 교인에게 유익한 온라인 목회 시스템이다. 언제, 어디서나, 누구든지 인터넷만 되면 동시적으로 참여할 수 있기에, 온라인교회는 영적인 거리와 지리적 거리 그리고 장애나 질병으로 오프라인교회에 참석할 수 없는 사람들의 신앙생활에 유익한 것은 분명하다. 김병삼 목사는 '미디어교회'의 설립 이유가 가나안 성도에 대한 필요에 대한 교회의 대처임을 밝히고 있다.

> 가나안 성도, 즉 크리스천이지만 개인적인 사정이나 교회에 대한 상처로 예배 드리기를 멈춘 이들을 위해서다. 비록 교회 건물에서는 떠나 있으나 하나님을 떠난 것이 아니기에 그들을 위한 예배를 마련해야 했다. 만나교회 성도들도 중요하지만, 예배조차 드리지 못하고 있는 많은 가나안 성도 역시 하나님이 사랑하시는 영혼이기에 우리는 한국 교회의 익숙한 개교회주의라는 선을 넘었다.[31]

셋째, 온라인교회는 개척이 쉽다. 일반적인 교회 개척에 필수적인 두 가지 요소는 건물 임대에 대한 임대료를 감당할 재정적 능력과 헌신적인 개척 멤버다. 먼저 온라인교회는 건물이 있는 일반적인 교회의 개척과 비교할 때 초기 설립 비용이 적게 든다는 이점이 있다.

일반적인 교회를 개척하는 데는 상당한 개척 자금이 필요하다. 예배 공간인 예배당과 주일학교 교육관, 식당 같은 건물에 대한 임대료와 그 건물에 대한 유지비가 필요하기 때문이다. 하지만, 온라인교회는 사이버상에 개설되기 때문에 온라인 계정이 필요할 뿐 건물이 불필요하기에 경제적으로 자유로울 수 있다. 온라인교회는 설립 비용에 부담이 적다.

온라인교회는 개척 멤버 없이 시작할 수 있는 장점도 있다. 일반적인 교회 개척에는 개척 멤버를 구성하는 일이 중요하다. 예배를 드리고, 전도하고 선교하며, 교회 건물과 유지에 대한 물질적 헌신을 감당해야 교회가 유지되기 때문이다. 하지만, 온라인교회는 해당 온라인교회 사이트에 접속한 참여자들을 교인으로 구성하기에, 개척 멤버가 없이도 시작할 수 있다. 오히려 가나안 교인과 같은 인터넷 이용자들이 온라인교회에 참여할 이유가 분명한 차별화된 예배와 성경 공부 등의 신앙적 유익을 주는 온라인 콘텐츠를 제공하면, 공간의 제약 없이 동시적으로 접속할 수 있는 인터넷의 특성을 통해 비교적 빠른 속도로 교인들을 확보할 수 있을 것이다.

윤영훈은 "온라인은 젊은 목회자들에겐 새로운 개척지이며 선교지가 될 수 있다. 오히려 이들은 온라인 생태계에 익숙하며 온라인 언어와 온라인 사람들과의 접촉이 쉽다. 그러므로 기존의 교회가 아닌 온라인을 통한 새로운 교회 개척이 가능하다"[32]라고 주장한다.

따라서, 교회 개척에 있어서, 온라인 환경에 익숙한 디지털 세대의 목회자들이 건물과 임대료 그리고 개척 멤버 등에 부담 없이 온라인 방송을 할 수 있는 컴퓨터와 카메라 한 대, 온라인 언어로 복음을 소통할 수 있는 열정만 가지고도 온라인교회로 개척할 수 있는 문이 열렸다.

이렇게 온라인교회를 지지하는 입장은 교회의 본질과 원리에 입각한 필요성이 아니라, 실천면에서 유익하다는 것으로 온라인교회의 합당성을 주장하고 있다.

앞서 살폈듯이, 온라인교회는 제4차 산업혁명에 의한 혁신적인 디지털의 발전과 코로나19와 그 이후의 뉴노멀 시대에 따른 시대적 요구에 필요한 새로운 대안적 교회가 될 수 있다는 점, 교회에 참석하지 않는 가나안 성도들과 투병 중이거나 해외에 거주로 인해 교회에 참석하지 못하는 성도들을 위한 교회도 필요하다는 점, 건물 임대에 대한 재정과 헌신적인 개척 멤버에 대한 부담이 없어 교회 개척이 용이하다는 점 모두 교회의 신학적인 원리가 아닌 실천적 필요와 유익을 근거로 설립되고 운영되고 있다.

온라인교회의 문제점과 한계성

이렇게 실천적인 입장에서 온라인교회의 몇 가지 실용적 장점이 있지만, 온라인교회가 단순한 온라인상에서의 목회 사역이 아닌 '교회'로서 정체성을 갖기 위해서는 성경적, 신학적 그리고 교회론적인 문제와 한계가 제기된다.

첫째, 온라인교회는 성경이 말하는 교회의 표상에 적합한가?
하나님과의 관계에서 교회는 에클레시아로, 하나님께 부르심을 받은 백성들의 모임인 동시에, 예수 그리스도와 관계에서 교회는 그리스도를 머리로 한 그리스도의 몸이다골 1:18. 그리고 성도들은 몸 된 교회의 지체로서 연합되어 하나의 몸인 교회를 이루고 있다고전 12:27. 즉, 교회는 성도들이 전인격적으로 만나고 교제하는 유기체다.
그런 면에서 김광열은 온라인교회의 문제와 한계를 지적한다.

> 전인격적인 성도의 교제가 온라인 예배와 온라인교회에서 이루어질까? 온라인교회에서 그런 교제를 추구는 하겠지만 현실적으로 부족하다. 또 온라인 예배와 온라인교회는 가현설적 교제에 머물 수 있다. 영육 간의 전인적인 만남이 있어야 성도의 교제라고 할 수 있다.[33]

온라인교회나 사역이
충분한 신학적 고민과 성찰 없이
확장만을 반복한다면
교회 전체의 어려움으로 나타날 수 있다.

왜냐하면, 비록 디지털에 친화적인 성도들이 온라인상에서 만나고, 예배하고, 적극적으로 소통한다고 하더라도, 한 몸을 이룬 성도들의 공적인 교회라고 하기에는 부적절하기 때문이다.

물론, 오프라인교회에서 예배에 참여하는 사람이 누구인지도 모른 채, 같은 시간과 같은 장소에서 만나 예배하고 교제한다고 해서 자동적으로 그리스도 안에서 한 몸이 되는 것은 아니지만, 온라인상에서의 비대면 예배나 비대면 만남은 이를 더욱 심화시킬 것이다.

성도들이 몸의 지체로 연합하여 한 몸인 교회가 되기 위해서는 서로 대면하여 몸과 마음과 영혼을 함께하는 깊은 관계로 발전해야 할 것이다. 그러므로 온라인교회의 성도가 공적 교회인 그리스도의 몸으로서 유기적으로 연합하기에는 그 관계가 제한적이고 취약하다.

나아가 교회는 성령의 전이다. 고린도전서 3장 16절에서는 고린도 교회를 대상으로 "너희는 너희가 하나님의 성전인 것과 하나님의 성령이 너희 안에 계시는 것을 알지 못하느냐"라며 고린도 교회 전체가 공동체로서 성령이 거하시는 하나님의 성전이라고 말한다. 다시 말하면, 성도 개개인이 성령이 거하시는 하나님의 성전이지만, 두세 사람이 주의 이름으로 모인 교회공동체도 성령이 거하시는 하나님의 성전인 것이다.

그런데 '온라인 스크린에도 성령의 기름 부으심이 임하며, 온라인 영상을 보며 예배하는 사이버 공간을 성령이 임하는 성령의 전이라고 할 수 있을까?'라는 질문들은 온라인교회를 성령이 거하시는 하나님의 전으로서의 교회라고 규정하기에는 여전한 의구심을 가지게 한다.

둘째, 온라인교회는 신학적으로 합당한가?

온라인교회가 신학적으로 참된 교회의 모습에 합당하기 위해서는 교회의 3대 표지인 말씀의 참된 선포, 성례의 합당한 집행, 교회 권징의 신실한 실행이 있어야 한다.[34] 종교개혁자들은 이 땅의 교회가 유형 교회로서 "오류에 빠질 수 있으며 진리에서 떠날 수 있을 뿐만 아니라 온전히 타락할 수도 있다는 사실을 깊이 인식하고,"[35] 참된 교회를 인식할 수 있는 표지로 말씀의 참된 선포, 성례의 합당한 집행, 교회의 권징의 신실한 실행을 교회의 표준으로 삼은 것이다.

그렇다면 온라인교회가 참된 교회가 되기 위해서 교회의 세 가지 표지를 지녀야 한다. 먼저 온라인교회에서도 온라인 설교를 통해 말씀이 성경적으로 선포된다고 하자.

하지만, 온라인교회에서 성례를 합당하게 집행할 수 있을까?

성례는 "말씀의 합법적인 사역자들에 의해 하나님이 세우신 제도에 따라 다만 자격을 갖춘 교인들, 곧 신자들과 그의 자녀들에게만 시행되어야 한다."[36]

그런데 온라인교회를 지지하는 최덕성은 온라인교회의 교인을 '비대면, 간접 대면 방식으로 함께 예배 드리는 시청자들, 곧 팔로워를 교회의 구성원'으로 본다.[37] 다시 말하면, 온라인교회는 그 구성원인 온라인에서 등록을 한 사람이거나 동영상 시청자, 채널 구독자 등 믿음을 검증할 수 없을 뿐만 아니라,[38] 온라인 특성상 성례를 받을 수 있는 자격을 갖춘 자들만을 위한 성찬식보다는 누구나 성찬에 참여할 수 있는 오픈 성찬식이 될 우려가 있다.

더욱이 온라인 스크린에서 집례되는 성찬을 보면서 참여자들이 각자 처한 곳에서 예수 그리스도의 살과 피를 기념하는 빵과 잔을 각자 준비해 먹고 마시는 성찬이 합당한 성례인가 하는 신학적인 문제를 초래한다.

실례로, 만나교회는 2020년 4월 성금요일 기도회 시간에 성도들이 가정에서 각자가 준비해 온라인 성찬을 진행했다고 공개적으로 밝혔다.[39]

온라인 셀프 성찬의 문제는 무엇일까?

> 온라인 성찬의 가장 큰 문제는 하나 되는 공동체성을 이루지 못한다는 것이다. 성찬을 'Communion'이라고 표현한 것은, 한 장소에 함께 모인 많은 성도가 한 떡과 한 잔을 마심으로 한 공동체, 한 교회로 하나 됨을 오감으로 경험할 수 있기 때문이다.

그래서 고전 11장에서 '모여서'를 다섯 번이나 반복해 강조하고 있다. 마치 '세례'는 한 성도를 많은 성도의 모임인 교회에 묶는 것이라면, '성찬'은 많은 성도를 하나 되게 묶는 것이다. 그런데 공간적으로 흩어진 성도들이 각자가 준비한 빵과 포도주로 참여하는 온라인 성찬식으로 한 공동체성을 인식한다는 것은 불가능한 일로, 온라인 성찬은 교회를 하나 되게 하는 일에 한계가 있다.[40]

이렇게 온라인 성찬식이 여러 신학적 문제를 내포하고 있음을 알기 때문이었는지, 영국의 온라인교회인 바보들의 교회는 온라인 성례를 시행하지 않아, 성례가 없는 교회로 운영했다.[41]

그러므로 온라인교회는 성찬이 실재하지 않기에 이를 해결하지 않는 한, 참된 교회로 인정받기 어렵고, 또한 성례가 있어도 개인별로 준비해 참여하는 셀프 성찬식을 진행하는 것과 성례를 받을 만한 자격에 대한 검증이 없이 성찬에 참여하기를 원하는 모든 이가 참여할 수 있는 온라인교회의 오픈 성찬식을 성례의 합당한 집행으로 보는 데는 문제의 소지가 있다고 본다.

게다가 버크호프Berkhof는 "권징을 등한히 하는 교회는 불원간에 진리의 빛이 어두워지게 될 뿐만 아니라 거룩한 것을 남용하게 된다"[42]라고 했는데, 과연 온라인교회는 교회의 순결을 지키기 위해 어떻게 권징을 온라인으로 시행할 수 있을까?

구속력이 없이 언제든지 마음만 먹으면 가입하거나 탈퇴할 수 있는 온라인교회의 특성을 고려할 때, 교회가 권징을 신실하게 시행하는 것은 불가능할 것이다. 따라서, 참된 교회의 3대 표지의 관점에서 살필 때, 온라인교회를 참된 교회로 인정하기에는 문제와 한계가 있다.

셋째, 온라인교회는 목회적으로 합당한가에 대한 의문이 있다.

① 온라인교회는 교회의 공동체성이 매우 약하거나 약화시킬 우려가 크다. 클러프David Clough가 *Unweaving the Web*을 통해 인터넷의 익명성이 인간의 책임을 훼손할 수 있다고 지적한 것처럼,[43] 온라인 플랫폼의 특성상 온라인교회의 멤버십은 언제든지 가입하거나 탈퇴할 수 있는 자율성을 기반으로 하기 때문에, 온라인 등록 교인에게 교회의 구성원으로서 서로를 돌보고 헌신하며 교회를 세워 나가는 책임감을 요구하는 것은 어려움이 있다.

또한, 오프라인교회는 공동체로서 함께 모여 함께 예배하고 함께 성찬에 참여하고 함께 봉사하며 공동체성을 강화하지만, 온라인교회는 스크린을 통한 참여로 제한될 뿐만 아니라, 공동체 전체의 경험이 아니라 개인적인 참여 방식으로 전환된다.[44]

따라서, 온라인교회는 온라인으로 연결되어 있지만, 공동체 안에서의 신앙 형성과 책임감을 강화하기에 한계가 있다.

② 온라인교회는 직분자와 민주적인 회의 제도를 세우는 데 문제와 한계를 가진다. 성경적인 교회법에 따라, 교회는 직원과 치리회를 두어 복음을 전파하고 교회가 진리와 본분을 준수하도록 관리해야 한다.

그런데 온라인교회가 어떻게 장로, 집사, 권사를 선출하고 임직할 것인가? 두레온라인교회의 김진홍 목사는 "장로, 권사, 집사 등의 직분자들의 선출, 임명 같은 교회 고유의 제도도 온라인 선거를 통하여 그대로 진행될 것입니다"라고 밝혔다.[45] 하지만, 이런 의문이 제기될 수밖에 없다. 온라인으로만 연결된 등록 교인들이 임직자가 되는 일과 임직자를 세우는 일에 관심을 가질까? 세워질 임직자의 신앙과 인격을 어떻게 검증할 수 있을까? 행정과 재정이 투명하고 민주적으로 운영되기 위한 당회와 제직회, 공동의회와 같은 치리회가 가능하며, 제대로 기능할 수 있을까?

이러한 문제와 관련하여, 온라인교회는 교회법에 맞지 않는 문제와 한계를 가진다.

③ 온라인교회는 평신도 중심이 아닌 목회자 중심의 교회가 될 우려가 있다. 왜냐하면, 온라인 예배를 비롯한 온라인 사역은 목회자가 영상을 제공하고 교인들은 몸으로 예배하고 봉사

하는 것이 아니라, 그저 시청하고 채팅에 의견을 나누는 정도의 수준의 교제에 머물 수 있기 때문이다.

차별화된 설교와 찬양과 성경 강좌를 담당 목회자가 제공할 때, 그 해당 온라인교회의 신앙 프로그램에 참여하는 교인은 많아질 수 있지만, 영상에서만 만날 수 있는 담당 목회자가 얼굴도 모르는 구독자와 같은 교인들을 "온전케 하며 봉사의 일을 하게 하며 그리스도의 몸을 세워" 온전한 신앙인으로 양육하는 일은 불가능할 것이다 엡 4:12. 따라서, 온라인교회는 중세 교회처럼 새로운 형태의 성직자 중심의 교회로 발전할 가능성이 있다.

따라서, 온라인 예배를 비롯한 온라인 사역은 코로나19와 같은 전염병과 같이 대면할 수 없는 불가피한 상황에서는 임시적으로 유익한 수단이 되지만, 그것이 장기화할수록 전인격적인 신앙의 약화가 나타나는 것은 당연하다.

온라인교회는 신앙의 방황을 하는 가나안 성도나 질병으로 인한 신체적 장애와 해외 거주하는 성도들을 교회와 연결한다는 의미는 있지만, 장기적으로는 전인격적이고 신실한 제자도의 신앙 형성에는 어려움이 있다.

결국, 목회 실천적으로 볼 때, 온라인교회는 공동체성의 약화, 직분자와 민주적인 치리회 구성 문제, 성직자 중심의 교회로 전락할 우려, 전인격적인 신앙 형성에 한계 등을 내포하고 있다.

결론적으로, 온라인교회는 성경적으로, 신학적으로, 목회 실천적으로 문제와 한계를 가진다. 예배설교학자인 최진봉은 "예배는 본질상 실용적이기보다 신학적이어야 한다"라고 했는데,[46] 교회가 교회 되기 위해서는 실천의 유용성과 편리성만이 아닌 성경적, 신학적인 토대 위에서 실용성을 추구해야 한다.

그런데 온라인교회를 성경적인 교회, 신학적으로 건강한 교회, 실천적으로 유용한 교회로 수용하기에는 근거가 취약하다.

── 디지털 친화적이어야 하나 디지털 위주는 경계해야

온라인교회가 교회로 인정되기 위해서는 성경적으로, 신학적으로 그리고 목회 실천적으로도 여러 문제와 한계를 갖는다. 그 이유를 다시 살펴보면 다음과 같다.

첫째, 온라인교회는 성경이 말하는 하나님의 에클레시아, 그리스도의 몸, 성령의 전으로서 성경적인 교회와 차이가 있다.

둘째, 온라인교회는 참된 교회의 3대 표지인 말씀과 성례와 권징을 합당하게 집행하지 못하는 신학적인 한계를 가진다.

셋째, 온라인교회는 온라인으로 연결되기는 하지만, 공동체 안에서 전인적인 신앙 형성과 책임감을 강화하는 데 부족하며,

직분자와 교회의 회의 제도를 세우는 일에도 한계가 있어, 중세 교회처럼 성직자 중심의 교회로 치우칠 우려가 있다.

따라서, 실용적인 관점에서 온라인교회가 유익성을 부인할 수 없으나, 가상 공간에서 시행되는 온라인 목회를 '교회'로 수용하기에는 신학적이며 목회 실천적인 문제가 있다.

비록 인터넷이 디지털 세대와 전염병의 비대면 상황에서 예배와 전도, 성경 공부, 상담 등에 유용한 매체가 될 수 있지만, 온라인교회가 오프라인교회를 대신할 수는 없다.

다만 코로나19 전염병이 종식되었다고 하더라도, 다시 오프라인교회만의 목회로 돌아가는 시대는 불가능할 것이기 때문에, 교회는 디지털 친화적인 온라인 목회를 개발하고 수행하되, 반드시 오프라인 사역을 병행하는 방식으로 진행해야 한다.

6부

한국 교회,

다시

교회를 교회답게

교회가
교회를 교회되게

한국 교회의 사명은 아직 끝나지 않았다

사도 바울은 사랑하는 빌립보 교회와 신도들에게 이렇게 도전하였다.

> 그러므로 나의 사랑하는 자들아 너희가 나 있을 때 뿐 아니라 더욱 지금 나 없을 때에도 항상 복종하여 두렵고 떨림으로 너희 구원을 이루라(빌 2:12).

바울은 하나님께 선물로 받은 구원을 두려움과 떨림으로 이루기를 소원하며 권면하였다. '이루다'라는 말은 문자 그대로 두렵고 떨리는 마음으로 기다리라는 의미가 아니다. '이루다'의 헬라어 카테르가제스데$_{κατεργάζεσθε}$를 영어로 번역하면 '건강을 위해 운동하다', '목적을 위해 무언가를 활용하여 이루어 내다'와 같은 Work Out의 의미다. 다시 말해, 구원받은 백성이 하나님께로 선물로 받은 구원을 통하여 사명자로, 사역자로 살 것을 명령하는 용어다.¹

한국 교회는 평양 대부흥 운동을 통해 민족이 하나님 앞으로 나아오는 데 앞장섰으며 일제 강점기, 한국 전쟁 같은 민족적 암흑기에도 민족의 지도자를 양성하여 혼란의 시대를 극복하는 데 헌신하였다. 대한민국 건국의 주역들 가운데 기독교인들이 있었고, 군사 독재 시절에는 자유와 인권을 외치며 소외되고 외면 당하는 이들의 곁을 지켰다. 세계에서도 유례 없는 성장을 이뤄냈으며 인구 대비 가장 많은 선교사를 파송하는 나라로 헌신하였다. 이와 같이 한국 교회는 역사의 크고 작은 사건들에 관여되어 그리스도인와 교회에 주어진 영적, 사회적 역할을 수행하였다. 때문에 기독교는 가장 늦게 전파되었음에도 불구하고 가장 사랑받는 종교로, 한국인들의 삶에 깊이 스며들었다.

코로나19는 끔찍한 역병이고 커다란 상처를 남긴 대혼동이었지만, 한국 교회는 이것을 교회의 목적을 회복하고 교회의 기능을 온전히 수행하여 빛과 소금 같은 헌신을 실천할 계기로 삼아야 한다.

그리스도인들의 양극화를 해소해야 한다

2019년 코로나 바이러스로 인한 팬데믹은 그야말로 혼란이었다. 사회 모든 분야, 모든 세대가 지금까지 경험하지 못한 충격을 견뎌내야 했다.

교회는 사회적 거리두기 정책으로 인해 모여서 예배를 드릴 수 없게 되었다. 이는 실증적 데이터로도 확인할 수 있는데, 2020년 4월부터 2023년 5월까지의 결과를 비교 분석한 목회데이터연구소가 실시한 '2024 한국 교회 트렌드 조사'에 의하면, 팬데믹 선포 직후 2020년 4월에 집계된 인원 가운데 출석하는 교회의 현장 예배에 참석했다는 인원은 13.6퍼센트인데 반해 출석하는 교회의 온라인 예배를 드렸다고 응답한 인원은 52.2퍼센트로 과반이 넘었다.

'다른 교회의 온라인 예배를 드렸다' 3.3%와 '기독교 방송 예배를 드렸다' 4.0% 등 미디어를 통해 예배를 드린 인원은 2020년 4월에만 60퍼센트에 육박하였다. 현장 교회에서 예배를 드린 인원의 4배가 넘는 수치였다.[2]

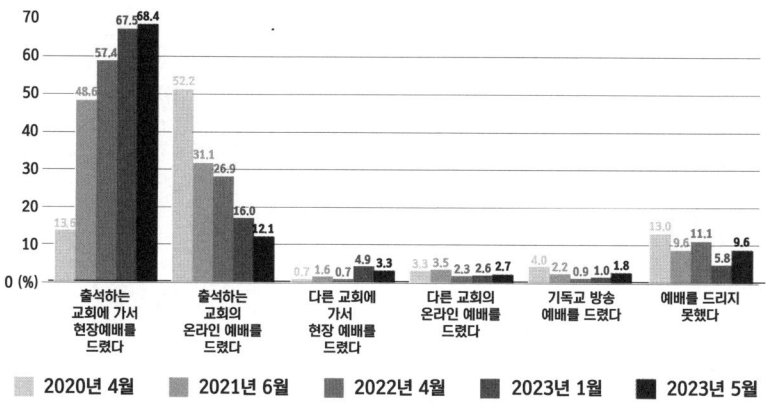

〈도표 13〉 지난주 주일예배를 어떻게 드렸는지에 대한 설문(2020년-2023년)

*통계출처: 한국목회자협의회 '한국기독교 분석 리포트' 대한기독교서회, 121p (서울: 대한기독교서회, 2023.06.20)
목회데이터연구소 '2024 한국 교회 트렌드 조사' 전국 19세 이상 개신교인 2000명, 온라인조사 2023.05.12-05.31

하지만, 2023년 5월까지 총 5번의 설문 조사 결과, 출석하는 교회에 가서 현장 예배를 드렸다는 응답은 13.6퍼센트에서 68.4퍼센트로 58.8퍼센트나 증가했으며, 출석하는 교회의 온라인 예배를 드렸다는 응답은 52.2퍼센트에서 12.1퍼센트로 감소하였다. 현장 예배로 돌아오는 인원의 증가는 분명 희망적이나 현장 예배 출석률이 70퍼센트를 간신히 넘긴 것으로 나타났다.

2023년 5월 팬데믹이 종식되고, 완전한 현장 예배가 오픈되었음에도 불구하고, 2023년 1월에 비해 증가폭이 크게 개선되지 않은 것이다.

현장 예배 참석률과 온라인 예배의 참석률이 고착화되는 것으로 읽을 수 있다.

예배는 교회가 계승해야 할
유산임은 분명하지만,
더 중요한 것은
교회 그 자체다.

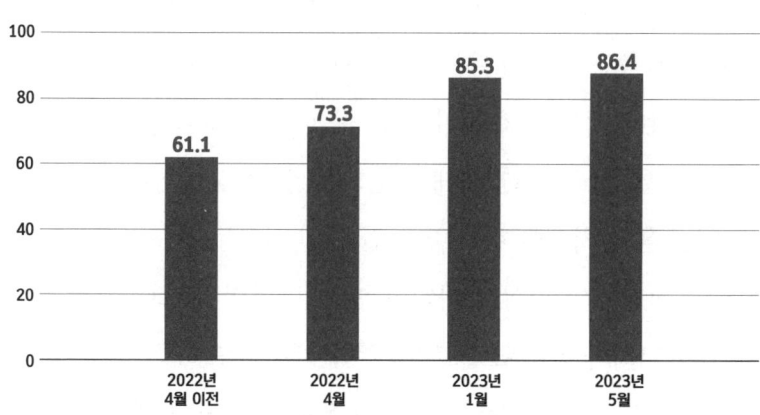

〈도표-14〉 청장년층의 팬데믹 이전 대비 현장 예배 (2022년-2023년)

현장 예배에 참석하는 신도들 가운데 청장년층을 대상으로 한 설문에 의하면 2023년 1월 현장 예배에 참석한 인원은 85.3퍼센트였는데, 4개월이 지난 후 1.1퍼센트 성장하는 데 그쳤다.[3]

2022년 4월 정부의 사회적 거리두기 해제 이후, 꾸준히 10퍼센트 이상씩 증가하던 현장 예배 회복률이 2023년 1월 이후 둔화된 모습이다. 추후 현장 예배 참석률이 지금보다 훨씬 더 높아지기보다 현 상황에서 고착화될 것으로 보인다.[4]

한국 교회 성도들에게 나타나는 온오프라인 양극화는 이제 어느 정도 고착화되는 것 같다. 현장 예배 제한이 완전히 사라진 시점이 1년이 지났음에도, 현장 예배로의 회복과 온라인 공간으로부터의 독립이 주춤하다는 점은 한국 교회 기독교인들의 재배열이 어느 정도 마무리되고 있는 것으로 볼 수 있다. 게다가 각 교회와 기독교 기업의 온라인 사역과 기독교 미디어 개발과 강화로 현장 예배의 회복을 기대하기는 어려울 것이라 예측된다.

한국 교회는 이러한 시대적 변화를 읽고 하나님께서 주시는 사인Signal을 감지해야 한다. 온라인 안에 머무는 신도가 늘어나는 현상은 한국만의 현상이 아니라, 전 지구적인 현상이며 전 세계의 모든 교회가 공통으로 고민하는 문제이기도 하다.

그러므로 한국 교회는 오늘날의 현상을 탓하지 말고, 온라인 공간의 신도들을 위한 목회와 사역들을 전략[5]적으로 기획하고 실행할 방안을 함께 모색하여야 한다. 그 때 비로소 한국 교회는 트렌드를 인지하고 교회의 사역의 새로운 방향성을 향한 첫걸음을 내디딜 수 있을 것이다.

교회를 위한 비전과 리빌딩

코로나19 팬데믹 이후 목회자를 포함한 교회 지도자들의 가장 큰 고민거리는 온라인 사역의 사용 범위일 것이다. 도대체 어디까지 사역의 영역을 넓혀야 하는지, 혹시 너무 많은 사역으로 확대하면 신도들이 영영 현장으로 돌아오지 않을지 모른다는 걱정은 교회의 존립에 대한 염려로 이어진다. 게다가 온라인 사역은 멀티미디어 장비를 반드시 사용해야 하기 때문에, 예산과 인력이 넉넉지 못한 중소형교회는 쉽게 확대할 수도 없다.

그렇다고 해서 전혀 교회가 온라인으로 진출을 전혀 하지 않는다면 새로운 선교의 장을 스스로 포기한다는 의미로 받아들여질 수도 있고, 다른 교회와 비교해서 뒤처질지도 모른다는 위기감 때문에 외면할 수도 없는 노릇이다.

〈도표-15〉 현재 시무하는 교회의 주일예배 방식 현황

구분	2020년 5월	2021년 6월	2022년 4월	2023년 5월
현장 예배와 온라인 생방송 중계를 동시에 한다	25.4	52.0	54.1	62.1
현장예배만 드리고 온라인을 전혀 활용하지 않는다	60.6	36.2	35.8	27.2
온라인 중계는 하지 않고 현장예배 후 설교영상만 제공한다	13.9	10.7	8.6	10.2
현장예배는 드리지 않고 온라인 예배만 드리고 있다	0.0	1.1	1.4	1.5

*통계출처: 한국목회자협회회 '한국기독교 분석 리포트' 대한기독교서회, 121p (서울: 대한기독교서회, 2023.06.20)
목회데이터연구소 '2024 한국 교회 트렌드 조사' 전국 19세 이상 개신교인 2000명, 온라인조사 2023.05.12-05.31

예장통합교단과 목회데이터연구소에서 조사한 수치를 비교하면 현장 예배와 온라인 생방송을 동시에 진행하는 교회는 계속적으로 증가하여 2020년 5월 25.4퍼센트에서 2023년 5월에는 62.1퍼센트로 2.4배 이상 증가하였다. 반면, 온라인을 전혀 사용하지 않는다고 응답한 교회는 60.6퍼센트에서 27.2퍼센트로 온라인과 현장 예배를 동시에 진행한다고 대답한 비율의 상승폭만큼 하락하였다.

  대부분의 교회가 현장 예배를 개시했지만, 온라인 사용을 크게 줄이지는 않은 것으로 나타났다. 교회 기능의 가장 핵심 중 하나인 예배를 드리는 데, 10개 교회 중 6-7개의 교회가 온라인을 이용하고 있다. 목회적 고민과 필요에 따라 온라인 기술을 이용한다기보다 팬데믹이라는 특수한 사건이 명분이 되어 거의 모든 교회가 경쟁적으로 진출한 종교적 영역으로 인식되는 상황이다.

  그러므로 교회는 경쟁적인 온라인 사역의 확산과 과도한 의존을 경계하고, 신학적이고 구체적인 방식으로 온라인 안에서의 목회를 기획해야 한다. 교회 개척을 준비하는 마음으로 해야 한다. 왜냐하면, 온라인 사역은 교회의 사명과 비전과 그 맥을 함께하기 때문이다. 단지 수요에 부응하기 위한 목적으로 시작한다면, 교회의 목적과 기능에도 부합하지 않을 뿐 아니라, 각 교회가 가진 독특한 사명의 수행에도 도움이 되지 않을 수 있다.

결국, 온라인 사역의 시작은 교회가 가지고 있는 사명과 비전의 답습과 리빌딩에서 시작한다. 교회는 모세가 들어 올린 놋뱀 Brazen Serpent과 같이, 전 교인이 공통적으로 바라보는 교회의 지향점을 선정하고 모든 신도와 공유해야 한다.

목회자들이 관심을 갖는 사역들을 열거하다 보면, 몇 가지 키워드가 나온다. 소그룹, 부모 교육, 교회 학교, 교구, 청년 목회, 노인 목회, 3040 목회, 하이브리드 교회 등이 있다.

이 모든 사역을 잘 감당하면 좋겠지만, 인력과 재정 등의 이유로 모두 다 잘 할 수는 없다. 때문에 각 교회는 하나님께로부터 받은 사명과 비전을 통해 선택과 집중 영역을 선정할 필요가 있다. 각 교회의 위치, 주변 커뮤니티, 담임목사의 성향과 신도들의 성향, 연령별 신도 비율 등에 따라서 교회의 비전과 목표를 재점검하여 차별화된 사역을 설정하는 것이다.

이와 같이, 모든 신도가 함께 바라볼 수 있는 놋뱀을 만들어 온 교회를 하나로 만드는 것이 교회 리빌딩의 첫걸음이라 볼 수 있다.

코로나19,
한국 교회에 주어진 마지막 기회

변화에 앞서 본질을 지키는 교회

스페인 독감Spanish Flu Pandemic Disaster은 영적 패러다임이 미국에서 한국으로 전환되는 사건이었다. 이는 한국 교회가 희생과 사랑, 복음 정신을 바탕으로 교회의 기능과 사회적 공공성 모두를 충실히 감당해 내었기 때문이다.

그런데 100여 년이 지난 후, 전염병을 대하는 한국 교회의 모습은 사뭇 다른 것 같다.

오히려 한국 교회는 페스트 당시 우왕좌왕하며 온갖 무능력과 무책임을 드러냈던 중세 교회, 스페인 독감으로 영적 침체기에 들어섰던 미국교회의 모습을 가진 것은 아닌가?

어쩌면 한국 교회의 영적 패러다임은 무너지고, 영적인 침체가 깊어지는 것은 아닌가 염려스럽다. 때문에 한국 교회는 시대를 읽는 영적 분별력을 가지고 팬데믹을 판단할 수 있어야 한다.

코로나19, 한국 교회에 주시는 마지막 기회일 수 있다.

한국 교회가 속히 영적 침체기에서 벗어나 역동적인 신앙의 나라로 돌이키려면 어떻게 해야 할까? 성경과 기독교 역사는 동일한 답을 전하고 있다. 교회가 선포하는 복음의 본질로 돌아가는 것이다.

그렇다면 복음의 본질은 무엇인가? 간단하다. 당시 교계의 부패와 무능함을 지적하고 복음의 본질로 돌아갈 것을 외친 칼빈과 종교개혁자들의 입을 통해 선포하신 '오직 은혜'와 '오직 믿음'이다. 교회는 오직 하나님의 은혜만 구하고, 회개하며, 오직 믿음으로 주께서 주신 사명을 수행해야 한다.

1903년 8월 24일 원산에서 로버트 하디Robert Hardy 선교사는 자신의 선교 사역이 실패한 것은 약한 믿음과 교만, 성령 하나님의 임재 체험이 없었기 때문이라며 통회하고 회개하였다. 그때 성령의 역사가 일어났고, 그의 사역이 다시 결실을 맺게 되어 역사에 기록되어 전승될 수 있었다.

한국 교회도 다시 시작해야 한다. 회개하고 교회의 본질, 교회의 기능 회복이 일어나야 한다.

원산과 더불어 평양에서 일어난 회개 운동 이후 한국 교회는 예수님의 제자들과 사도 바울이 '오직 믿음'으로 사랑하고 헌신하고 희생하여 '세상에 물들지 않았지만, 세상을 복음으로 물들인' 거룩한 사역을 감당하였다. 이러한 기초 위에 한국 교회는 크게 부흥 성장하여 전국을 덮었다.[6]

뒤바뀌는 시대와 세대 가운데서 교회가 지켜야 할 것은 변화를 극복할 수단과 방법이 아니라, 교회의 본질에 관한 회개와 회복이 우선이다. 일부 목회자는 현재 교회의 상황을 극복하는 집회에서 지금의 '다음' 세대를 '다른' 세대로, 복음을 떠난 세대로 말하고 있다. 그 의미를 모르는 바 아니나 매우 적절하지 않은 표현이다.

한국 교회의 위기가 어디에서 비롯되었는지에 대한 이해와 반성이 전혀 결여된 발상에서 비롯된 사고다. 필자는 지금 젊은 세대의 신앙적 행보에 잘못이 없다고 말하는 것이 결코 아니다. 현재 MZ 세대와 온라인에서 그들이 신앙을 잘 지키고 있다는 사람들은 기성세대가 가졌던 신앙의 열정과 헌신을 배워야 마땅하다. 그들의 신앙이 오늘의 신앙 유산이 되어 전승된 것을 기억해야 한다.

하지만, 권위적이고 일방적이었던 기성세대의 신앙 방식이 새로운 세대를 미전도 세대로 만들어 버린 것에 대한 책임을 피할 수는 없다. '다음' 세대를 '다른' 세대로 표현하는 것을 통해 기성세대가 젊은 세대를 어떻게 바라보고 있는지를 엿볼 수 있다. 한국 교회가 참복하고 회개해야 하는 부분 가운데 하나가 바로 겸손하지 못하고 권위주의적이고 일방적인 신앙의 형태임을 고백해야 한다. 그렇지 않으면 다음 세대뿐 아니라 교회의 다음도 잃어버릴 수 있다.

그의 율법을 주야로 묵상하는 교회

시장에 유통되는 위조지폐를 감별하는 전문가들은 새로 등장하는 위폐들을 종류별로 수거하여 위폐들의 특징을 일일이 조사하지 않는다. 대신 원본 지폐를 항시 지니고 그 특징을 몸에 익히고 눈으로 익혀서 간직하다가 원본과 다른 특징을 가진 지폐가 감지되면 여지없이 감별해 낸다. 다양한 것을 모두 배움으로서 원본과의 차이점을 알아내 진짜를 구분해 내는 것이 아니라 원본 자체가 기준이 되어 그와 다른 것을 구별해 내는 것이다.

교회가 보수해야 할 교회다움도 이와 같다. 역사 속에서 교회로 유입된 시대와 세대의 여러 가지 특징이 교회를 다양하게 발전시켜 왔고 사역 영역을 다채롭게 하였다.

하지만, 그에 따라 교회가 받은 도전도 많았다. 성경적이지 않은 이해들이 인권과 평등이라는 개념으로 교회의 인정을 요구하는 등의 강요도 있었다.[7] 인종, 지역, 언어, 문화, 성 정체성 등의 다양성이 교회 안에 있다 보니 각기 주장하는 바도 다양하다.

이러한 수많은 요구를 교회는 어떻게 이해할 수 있겠는가? 교회가 무엇인가에 대한 성경적이고 복음주의적인 답변을 교회는 항상 가지고 있어야 한다. 시편 1편은 이렇게 시작한다.

> 복 있는 사람은 악인들의 꾀를 따르지 아니하며 죄인들의 길에 서지 아니하며 오만한 자들의 자리에 앉지 아니하고 오직 여호와의 율법을 즐거워하여 그의 율법을 주야로 묵상하는도다(시 1:1-2).

여기서 '묵상하다'의 단어로 사용된 하가(הגה)는 '중얼거린다, 사색하다, 암송하다' 등의 의미를 가지고 있다.[8] 시편 기자는 여호와의 율법을 즐거워하고 주야로 묵상하는 것으로 죄악과 오만한 것들을 극복해 낸 것이다.

교회의 본질에 대한 이해가 절대적으로 필요하다. 일부 그리스도인은 법과 사회 부조리 퇴치 운동과 종교 자유 수호 등 사회 운동에 참여한다. 물론, 가치 있는 일이다. 그러나 이 모든 일은 교회가 '하나님의 백성으로서 교회는 과연 무엇인가'라는 질

문에 대한 답이 준비되어 있지 않다면 반드시 실패할 수밖에 없다.[9]

끊임없이 바른 대답을 구하는 교회

2020년 세계를 혼란에 빠뜨린 코로나19 팬데믹으로 세상은 급진적이면서도 크게 바뀌었다. 언택트Untact의 일상화로 많은 분야의 모임과 활동이 온라인으로 대체되었다. 교회도 모임과 활동에 대한 제한이 걸리니 대응책으로 온라인 예배와 온라인에서 모이는 성경 공부와 기도 모임과 같은 온라인 활동을 개시하였다. 자칫 예배를 통한 교회와 성도의 연결이 끊어질 뻔하였으나 기술의 적절한 사용으로 극복한 셈이다.

하지만, 팬데믹이 해제되고 모든 것을 팬데믹 이전으로 되돌리려는 교회의 시도들이 무색하게 팬데믹 동안의 생활 패턴을 유지하려는 사람들도 생겨났다. 특히, 대면 예배로 돌아오지 않고 온라인 공간에 머무르는 성도들이 바로 그들이다. 예측하지 못한 시점에 도래한 특별한 상황에 임시 대응책으로 마련한 온라인 예배와 사역이 새로운 신앙의 형태가 되었고, 이러한 온라인 사역의 기조는 시대와 기술이 발달할수록 더욱 짙어질 것이다.

그런데 온라인에서 신앙생활을 하는 그리스도인들을 바라보는 교회의 시각은 마냥 편하지는 않다. 왜냐하면, 교회는 모든 것을 팬데믹 이전으로 되돌리기를 원하기 때문이다. 때문에 현장 예배를 강조하고 온라인 예배에 대해 점차 의미 부여를 줄여 나가기 시작했다. 하지만, 온라인 공간의 사역을 축소하기에는 쉽지 않을 것으로 보인다. 왜냐하면, 그곳에 아직도 많은 성도가 머무르고 있는 것이 파악되고 있기 때문이다.

교회가 온라인과 오프라인 예배와 사역을 놓고 고민하는 동안 성도들, 곧 교회가 무엇인지에 대한 분명한 이해와 확신이 없던 성도들은 교회 자체에 회의를 가지기 시작했다. 신앙생활에 과연 교회가 꼭 필요한지에 대한 근본적 회의를 가지게 된 것이다. 그 증거가 신앙적 유목민들과 SBNR, 곧 신앙은 가졌지만 종교적이기를 거부하는 사람들의 등장이다. 개인적으로 신앙을 지키겠지만, 교회 생활은 따로 하지 않겠다는 그리스도인들이 나타나면서 교회로 돌아오는 성도들이 더욱 줄어드는 양상이다.

그렇다고 해서 교회는 이들을 탓할 수도 없다. 왜냐하면, 교회는 그동안 '하나님은 어디에서나 함께하시고, 그리스도인은 어디서든 하나님을 예배하는 삶을 살아야 한다'고 가르쳐 왔기 때문이다. 팬데믹 기간 동안 온라인 예배를 통해서 어디서든 예배하며 신앙을 지키고 살 수 있는 시대가 실제로 도래했다고 굳게 생각하는 사람들에게 이제 와서 현장에 모여서 드리는 것만이 참된 예배이므로 온라인 예배는 잘못된 것이라고 말하며 팬데믹 동안의 온라인 예배와 사역을 스스로 부정해 버릴 수가 없기 때문이다.

그렇다고 방치할 수도 없다. 실제로 공간을 공유하고 인격 교류에 더욱 특화된 대면 모임을 하지 않게 되면, 같은 교회의 일원이라는 공동체 의식조차 결여되어 예배를 포함한 신앙생활이 더욱 개인주의화되는 것을 막을 수 없고, 결국 교회는 교회 됨을 상실하게 될 것이기 때문이다.

그렇다면 교회는 어떻게 이러한 새로운 도전들을 극복할 수 있을까? 그리고 어떻게 교회가 교회다움을 유지하면서 온라인 공간에 머물고 있는 그리스도인들이 온라인 공간에 있으면서도 한 교회의 일원으로서의 공동체 의식을 가질 수 있게 할 수 있을까?

서두에도 언급했듯이 교회가 무엇인가에 대한 바른 대답을 구하려는 노력이 바로 교회를 다시 바로 세우는 길의 시작이 될 것이다. 따라서, 교회는 교회가 무엇인가에 대해 성경적이고 복음주의적인 교회론을 가지고 있어야 한다. 시대가 지남에 따라 문화, 사회, 세대 등이 바뀌지만 그리스도께서 피로 값 주고 사신 교회의 본질은 변하지 않기 때문이다.

본질은 지키며, 사역은 유연히 적용하는 교회

바른 성경적 교회론을 먼저 세운 후에 그 교회론을 통하여 지금의 온라인 예배와 사역을 바라보아야 한다.

온라인 사역은 교회가 신학적이고 성서적인 판단을 미처 내리기도 전에 팬데믹이라는 특정한 상황을 바탕으로 교회 안에 뿌리 깊이 정착해 버렸다. 무분별하지만, 근본 없이 사용되는 온라인 사역의 영역을 교회론의 관점으로 재평가하고 재정비해야 한다. 더 나아가서 앞으로 더욱 넓은 영역에서 온라인 사역이 활용될 것에 대비하여 교회의 정체성에 적합한 이론적 준비를 해야 한다. 우선은 팬데믹 기간에 온라인에서 정착 중인 성도들이 다시 현장으로 돌아올 수 있도록 온라인 사역의 사용 방안이 모색되어야 할 것이다.

이 일들을 실행하기 위해서 먼저 본질적으로 교회란 무엇인가에 관한 성경적이고 복음주의적인 연구가 선행되어야 한다. 교회의 본질은 크게 세 가지로 구분할 수 있다. 신자들의 모임과 그리스도의 몸 그리고 성령으로 하나 된 공동체다.[10] 마가복음에서 주님이 공생애를 시작하시는 시점에 하신 말씀은 믿음으로의 초대였다.

> 예수께서 갈릴리에 오셔서 하나님의 복음을 전파하여 이르시되 때가 찼고 하나님의 나라가 가까이 왔으니 회개하고 복음을 믿으라(막 1:14-15).

주님의 사역은 좋은 소식과 회개 그리고 복음을 믿으라는 메시지였다.[11] 그리스도께서 선포하신 복음과 그리스도를 주님으로 고백하는 믿음을 가진 이들이 신자라 불리게 되고, 신자의 모임을 주님의 몸 된 교회라 한다. 그리고 유대인이 아닌 이방인들에게도 하나님의 생명을 얻는 기회를 주셨으며, 하나님을 그들의 아버지로 영접할 수 있음을 분명히 하심과 동시에 증인된 신자들이 세상의 모든 민족을 향해 복음을 들고 선교의 사명을 공유하는 영적 공동체다.[12]

다음으로 앞으로 사용 범위가 계속 늘어나게 될 온라인 사역의 당위성 부여가 필요하다. 단순히 교회 사역에 필요한 도구로서 수동적인 개념을 벗어나 온라인 사역을 교회의 필수적 역할인 예배, 교육, 교제, 봉사, 선교를 바탕으로 복음 전파를 위한 하나의 전략으로 바라보는 교회의 입장이 재정립되어야 한다. 앞으로 온라인 공간에서 펼쳐질 사역과 선교의 영역은 빠르게 확산될 것으로 예상된다.

교회는 온라인 사역의 확장성에 앞서 온라인 사역의 영성을 이끌어 교회의 핵심 역할들을 앞장서서 수행하는 사역으로 거듭나는 기회로 삼아야 한다.

마지막으로 온라인 사역의 궁극적인 목적의 구체화가 동반되어야 한다. 온라인의 특징은 '온라인 공간 안에서의 자유로운 연결'이다. 하지만, 온라인 공간으로 영역을 제한하는 것이 아니라, 이를 확대하여 오프라인 공간까지, 즉 교회 현장 사역과 연결을 목표로 방법을 모색하여 가능한 많은 사역이 함께 연결되는 올라인 사역All-line Ministry의 영역까지 성장해야 한다.

이를 통해 온라인 공간에 머물고 있는 신자들이 현장 교회와의 영적 단절을 예방하고 상호 교류를 위한 사역을 바탕으로 현장 교회가 중심이 된 사역의 시스템 구축을 추구해야 한다. 왜냐하면, 복음은 온라인과 오프라인을 구분하지 않고 전파할 수 있지만, 교회는 그리스도를 주님으로 고백하는 신도들의 상호 교류와 영적 교제 등이 물리적으로 이루어지는 것이 필요하기 때문이다.

현장 교회는 교회의 모든 사역이 이루어지는 곳은 아니지만 교회 사역의 컨트롤 타워이자 한 교회의 정체성을 가진 신도들이 모일 수 있는 센터이고 교회의 다섯 가지 필수 역할이 항시 수행되는 곳이다. 온라인 사역의 목적은 아직 복음을 받아들이지 못한 이들에게 복음을 전하고, 온라인 공간에 머물고 있는 신도들이 신앙을 지킬 수 있는 목회적 환경을 제공하여 궁극적으로 신도들이 다시 현장 교회로 돌아올 수 있는 끈을 유지하는 것이라 할 수 있겠다.

코로나가 창궐한 지 다섯 해가 되었다. 더 이상 코로나로 인한 신세한탄은 그 어느 곳에서도 통하지 않고 공감을 얻기 힘들다.

이제 새로운 상황을 직시하고 빠르게 적응해야 한다. 시간은 교회를 기다려주지 않는다. 주저하거나 머뭇거리면 더 쉽지 않은 상황을 계속 마주하게 될 수 있다. 변화하는 상황은 단순히 예배의 변화뿐 아니라 전반적인 목회 영역에서 일어나고 있기 때문이다. 팬데믹이 종식된 지 1년이 다 되어 가고 있지만 사회적 시스템뿐 아니라 신앙적인 환경은 팬데믹 이전으로 돌아가지 않았고, 앞으로도 그럴 것이 분명하다.[13]

앞으로 교회는 개교회 중심적인 교회에서 선교 중심적인 교회를 추구해야 한다. 예수님께서 장막을 찢어 지성소의 경계를 허무셨듯, 교회도 건물에 한정된 교회를 넘어서야 한다. 각 교회는 하나님께로부터 독특한 사명과 달란트를 받아 각기 다양한 모습으로 존재하지만, 모든 교회는 동일하게 하나님의 백성이고 그리스도의 몸이다. 때문에 모든 교회가 로컬 처치 Local Church 인 동시에 우주적인 교회 Universal Church 이고, 한 분 그리스도 안에서 한 공동체이기도 하다. 그리스도의 복음을 전파하고 그의 말씀대로 살아갈 수 있도록 돕는 선교적 역할을 게을리하지 않는 교회가 되어야 한다.

그렇기 때문에 교회의 미디어와 온라인 사역의 경쟁적인 확장을 자제하고 모든 교회가 발전된 미디어와 온라인 사역으로 복음 전파와 신앙생활의 유지를 위해 함께 더욱 힘써야 한다.

이 시대에 교회가 존재하는 이유가 무엇인가에 대한 질문을 스스로 해야 한다. 개교회의 부흥과 성장이 아니라 교회가 바로 서기 위함이다.

오늘날 교회들이 논쟁으로 삼던 '온라인 예배'는 선교적인 관점에서 본다면 가장 효율적이고 획기적인 선교 방편일 것이다. 모일 수 없을 때 함께 모여 예배를 드릴 수 있도록 교회와 신도들을 연결하는 신앙의 연결선이 되었다. 마찬가지로 교회와 선교지를 연결하는 매체로서 한 생명이라도 더 얻기를 원했던 바울의 마음이라면 온라인 사역은 복음을 전하는 데 사용하지 않을 이유가 없는 매력적인 선교의 도구일 것이다. 그러므로 미디어 영역을 선교의 도구로 적극 활용하지 않는다면 커다란 손실이 아닐 수 없고, 이러한 미디어의 사용을 자제하는 이유가 교회의 교세 축소에 대한 염려 때문이라면 이것은 교회의 직무 유기가 아닐 수 없다. 그러므로 온라인 도구들을 적극 활용해야 할 것인데, 교세와 연관지어서는 결코 안 될 것이다.

교회의 성경적인 토대가 그리스도의 몸이고, 교회의 머리가 그리스도시며, 하나님께서 스스로 제물이 되셔서 그 값으로 사신 것에 있을 때, 교회는 그리스도의 삶을 본받아 그의 복음을 전하고 말씀대로 살아가려는 사람들의 선교적인 모임이라 할 수 있을 것이다. 그러므로 교회의 사역은 선교적이어야 하고 그리스도의 구속 사건과 부활을 기억하고 재림하실 그리스도를 전하는 선교적인 목적을 가지고 끊임없이 움직여야 한다.

온라인을 통안 예배는 '선교적 교회'를 바탕으로 접근해야 한다. 전통적인 교회는 '찾아오는 신도'들을 대상으로 목회하였다. 하지만, 온라인 예배는 예배를 드리기 어렵거나 드리지 않는 신도들을 찾아가는 것이다. 그리고 그들이 스스로 다시 예배의 자리에 올 수 있도록 끊임없이 영적으로 접촉하고 복음을 노출시켜 신앙의 끈과 같은 교회공동체라는 의식을 놓지 않도록 해야 한다.

때문에 온라인 예배 때문에 교회 출석률이 떨어진다거나 교세가 줄어들었다는 교회는 시대적 변화를 전혀 감지하지 못하고 있다는 방증이며, 교회가 가지고 있는 문제를 온라인 예배의 등장 때문이라고 탓을 돌리는 것이다. 명분은 간단하다. 코로나는 교회를 어렵게 만드는 사탄의 계략이며, 이런 상황에서도 반드시 모여서 예배를 드려야 한다는 사고思考가 생기는 계기가 되는 것이다. 하지만, 이와 같은 생각들 때문에 청년 세대들은 떠나는 것이고, 교회를 떠나 신앙생활을 하는 것이 낫다는 생각에 도달하게 되는 것이다.

이제는 교회가 찾아가야 한다. 예수님께서 치유와 회복이 필요한 사람들을 찾아가셔서 사역을 베푸셨던 것처럼, 교회도 말씀과 사랑 그리고 보살핌이 필요한 이들을 찾아가야 한다.

교회의 성장과 교세의 확장을 위해서 미디어를 개발하고 온라인 사역을 확장시키는 것이 아니라 더 많은 영혼에게 찾아가서 그들을 다시 교회로, 혹은 교회로 한 번도 향해 본 적이 없는 사람들을 교회로 초대하는 선교적인 교회가 되어야 한다. 교회가 선교하기 위해 온라인이라는 도구를 사용한다고 생각하면 이 사역 분야를 더욱 발달시키지 않을 이유가 없는 것이다.

　교회의 본질은 변하지 않는다. 하나님의 백성이고, 그리스도의 몸이고, 성령의 전이라는 삼위일체 하나님의 속성을 닮은 교회의 표상은 앞으로도 변하지 않을 것이다. 하지만, 교회의 사역은 시대와 세대가 변함에 따라서, 얼마든지 유동적으로 변할 수 있다는 여지를 항상 가지고 있어야 한다. 복음은 변하지 않지만 복음을 전하는 방법은 변할 수 있음을 교회 지도자들과 목회자들은 인정해야 한다.

　거듭 강조하지만, 한국 교회가 회개해야 할 부분 중 하나는 시대와 세대 앞에서의 교만이다.

교회가
세상에서도 교회되게

　교회는 세상의 소금과 빛이다. 소금에 비유된 것은 소금 창고에 보관 중인 값어치 나가는 상품으로서의 소금이 아니라, 부패되기 쉬운 모든 곳에 뿌려져야 하는 존재이기 때문이다. 동시에 빛으로 불리는 이유는 교회가 빛 자체가 되거나 빛을 받는 위치에 있어서가 아니라, 등대나 산상의 횃불처럼 때로 길잡이로서 인생의 방향성을 밝히는 역할을 감당해야 함을 의미한다.
　역사 속에서 교회가 세상과 시대의 공동체를 위해 빛과 소금의 역할을 발휘하여 공공성을 보여준 사례들이 있다. 초대 교회와 종교개혁 시대에 나타난 사례를 통하여 교회가 시대 속에서도 어떻게 살아 움직였는가를 살펴보고 오늘날 교회가 갖추어야 할 공공성을 살펴보겠다.[14]

교회는
하나님 나라에 속함과 동시에
세상과 사회의
일원이기도하다.

초대 교회에 나타난 공공성

역사적으로 전염병의 창궐은 기득권의 몰락과 신흥 세력 등장의 기회가 되었다. 지금으로부터 먼 시대일수록, 인력이 곧 국력이었기 때문에 전염병으로 인한 인구의 감소와 생활 환경의 악화는 기득권에 대한 저항 의식이 행동으로 드러나게 되었고, 이를 바탕으로 신흥 세력은 대중의 지지를 받을 수 있었다. 작게는 사회의 권력이 이동하는 정도였고, 크게는 국가가 전복되는 경우도 많았다.

이처럼 전염병으로 인한 파괴적인 실상은 초대 교회 시대에도 있었다. 주후 165년에 당시 황제인 아우렐리우스Marcus Aurelius를 포함, 로마 전 시민의 4분의 1 혹은 3분의 1이 사망한 안토니우스 역병Antonine Plague과 주후 251년에 발병한 키프리아누스 역병Plague of Cyprian이라 불리는 질병이 발생한 것이다.

질병이 발생할 당시 로마제국의 전체 인구는 약 6천만 명으로 추산한다. 이 즈음 초대 교회를 바탕으로 존재하던 기독교인들은 이 중 0.07퍼센트에 해당하는 약 3만 9560명이었는데, 이처럼 미약한 기독교 인구는 약 2세기 후 350년에 이르러서는 52.9퍼센트에 해당하는 3172만이 넘는 큰 부흥을 이루었다.[15]

이렇게 로마 내에서 눈부신 발전을 한 초대 교회의 성장에는 선교적 전략이 아니라, 당시 교회의 사회적 역할이 주도적인 역할을 하였다.

단지 전염병에 대한 신학적 답을 제공하려는 노력들이 있었다. 기본적으로 전염병을 하나님의 진노로 바라보는 시각은 동일하지만, 병자를 정죄하지 않았다. 하나님은 역병을 다스리시고 병든 이들을 돌보시고 회복시키시는 하나님이시기 때문에, 초대 교회의 구성원들은 병자들을 분리시키는 것이 아니라 돌봄과 보살핌으로 그들을 향한 사랑을 의무로 삼았다. 게다가 그 영역을 교회공동체 안으로 제한하지 않고, 공동체에 속하지 않은 불신자와 같은 이들을 차별하지 않았다. 사역의 영역이 교회 내로 국한되지 않으며, 세상 속에서 공적 역할을 실행한 것이다.[16]

이러한 전염병에 대한 교회의 대응은 단순한 복지 차원의 선행과 도움의 정도를 넘어, 질병을 극복한 사람들과 그 주변 사람들에게 치유의 희망과 소망을 가지게 하였을 것이다. 이러한 심리는 기독교로의 개종을 망설이지 않게 하였을 것이다.

세상은 선교의 대상이며 더 나아가 공동체라는 의식을 가진 기독교인들의 모습은 아직 신앙을 받아들이지 않은 사람들을 깨우치는 계기가 되었다.[17] 초대 교회가 공공성에 있어서 모범을 보인 사례다.

종교개혁 운동가들의 교회 공공성 의식

종교개혁 당시 유럽은 흑사병을 앓고 있었다. 흑사병은 동서양을 막론하고 거침없이 퍼졌으며, 1346년에서 1353년까지 이 질병으로 유럽 인구의 30-60퍼센트에 해당하는 최대 2억 명의 희생자가 발생했다.[18] 이러한 인구 감소는 중세 시대의 붕괴를 야기하게 되었다. 그리고 그 전염병이 활개를 치는 데 한몫을 한 것은 무능한 당시 종교도 예외가 아니었다.

이전과 달리 교회와 사제들은 질병을 죄악에 의한 심판으로 규정, 이를 해결하기 위한 헌금과 헌신을 강요하기에 이르렀다. 하지만, 사망자가 속출하면서 교세는 약해지고 사제들의 숫자마저 줄어들자 신부가 되는 기준도 낮추어 버렸고, 이는 종교의 양적 하락뿐 아니라 질적 하락까지 가져왔고, 교회의 권위도 추락하게 되었다. 기득권은 스스로 권위를 잃어버리게 되었고 종교개혁을 통해 새로운 세력이 서서히 그 모습을 드러내기 시작하였다.

흑사병이 창궐한 시대를 살아간 종교개혁자들은 무엇보다 먼저 교회의 공적 책임의 부재에 비통함을 감추지 못하였다. 종교개혁의 주역 중 하나인 마틴 루터는 『치명적인 전염병으로부터 도망쳐야 하는가』라는 소책자를 통해 전염병을 바라보는 기독교 윤리를 주장하였다. 그는 환난의 시간에 질병이 믿음 약함의 결과나 심판 혹은 징벌이라고 할 수 없으며, 사람이 죽음을 피하려는 것이 자연적인 현상이지만, 자신을 필요로 하는 인원이나 대중이 있다면 두렴 없이 달려가서 그들을 돕겠다고 하였다. 실제로 흑사병이 비텐베르그Wittenberg에 퍼졌을 때, 그는 이웃을 대피시켰고, 동료 사역자들과 함께 도시에 머무르며 성도들을 돌보았다.[19] 교회의 공공성, 즉 우주적 교회의 성도들을 돌보는 공동체성을 실천한 것이다.

루터의 동료였던 칼빈은 제네바교회의 목회자와 성도들이 조직적으로 흑사병에 대항하여 공적 역할을 하는 데 기여하였다. 제네바교회는 병자와 가난한 자들을 거두었고, 시민들과 연대하여 인력과 재정이 공의롭게 사용하도록 노력하였다. 특별히 교회는 흑사병 환자들이 있는 병원에 목회적인 돌봄을 위해 병원으로 교역자들을 파견하였다. 친구이자 동료인 비레Pierre Viret에게 보낸 편지에 칼빈의 심경이 담겨 있다.[20] 그는 전염병의 상황에서도 환자와 사회적 약자들을 돌보는 사역을 조직적으로 이루어 내기 위해서 노력했다. 그리고 그 사역을 평신도 중심 사역으로 정착되게 하였다.

이렇듯 종교개혁 운동을 내세우는 신흥 종교개혁 운동가들은 당시 교회가 잃어버린 교회의 공공성을 다시 보여줌으로써 그들이 주장하는 교회 개혁 운동의 정당성을 부각시켰고, 그들을 통해 등장한 개혁교회가 오늘날까지 이어지게 되었다.

군소 집단에 불과했던 초대 교회와 개혁교회가 성장하고 사람들 마음속에 각인이 된 것은 새로운 포교 전략이나 새로운 신학의 발표 때문 등이 아니었다. 교회의 공익성과 공공성을 회복하고자 노력했을 때 사회와 그 구성원들이 교회와 성도를 인정한 것이다. 전염병을 징벌과 심판의 현상이라고 정죄하는 것이 아니라, 고난 당하는 자들과 함께 극복하면서 신앙과 선교의 힘이 함께 드러났던 것이다.

팬데믹 이후 한국 교회의 공공성

2020년부터 전 세계를 휩쓴 코로나 바이러스는 많은 것을 바꾸어 놓은 것 같지만, 사실은 바꾸었다기보다는 다방면에서 결여를 만들어 냈다. 모임의 결여, 만남의 결여, 접촉의 결여 등 기존에 가능했던 것들이 제한되면서 사회 구성원들이 무언가 새로운 것으로 결여된 시간과 공간을 채우는 노력을 해야만 했다.

교회에 나타난 대표적인 결여는 바로 현장 예배의 실종이었다. 갑작스럽게 들이닥친 비대면 예배는 변화에 대비하지 못한 교회들에게는 커다란 도전이었다. 소셜 네트워크가 익숙한 세대는 비교적 잘 적응했지만, 장년들에게는 이러한 시대적 변화가 강제되었다. 예배 인도자는 예배당이 아니라 흩어진 성도들을 믿음으로 대면하고 있다고 여기고 예배를 집례한다. 전통적인 모임이 이루어지지 않으니 교회 내에 존재하던 위계 질서가 약화되고, 모든 인원이 동등한 입장에서 네트워킹이 이루어지기 시작했다. 언택트와 초연결이 공존하는 시대가 되었다.

이와 같은 새로운 환경 속에서 교회의 공공성이 매우 중요하다. 시대가 교회에 요구하는 공공성, 공동체성은 교회다움이다. 온라인의 발전으로 인해 지역과 국경을 넘어 세계와 소통하는 공개된 교회로의 공동체성이 부각되지만 한꺼번에 너무 많은 수의 교회가 공개되어 있는 상황이다. 이런 상황에서 발전된 기술을 바탕으로 개교회들이 더욱 돋보이게 하는 것이 아니라, 오히려 교회다운 모습을 회복하여야 한다. 세상을 향하여 활짝 열린 공개성을 지닌 공공성, 즉 글로컬 교회Glocal Church가 되는 과정도 하나님의 영광을 드러내기 위함이고, 세상에 복음을 전파하기 위함이다. 교회는 사회 봉사 단체가 아니지만, 공공성을 잃어버린다면 교회는 그저 교인만을 위한 공동체로 남게 될 것이다.

공공성과 사회 봉사를 통해 복음 전파의 활로를 열어야 한다. 교회가 사회로부터 외면받고 교회 내부에서만 복음을 누린다면, 교회의 사명을 외면하는 것과 마찬가지다. 게다가 교회를 떠난 이유가 가운데 하나가 소통의 부재였고 강권적인 복음의 전달 방식이었음을 간과해서는 안 된다.

또한, 비기독교인들 역시 교회가 공공성의 역할과 사회적 약자를 돌보는 성숙한 종교로서의 모습을 보여주기를 원하고 있다. 이는 교회가 그러한 역할을 수행하지 못했다는 방증이기도 하다. 교회는 이런 요청에 귀기울여야 한다. 이러한 교회에 대한 기대와 바람은 여러 사회적 지표에도 드러난다.

〈도표-16〉 비개신교인과 개신교인이 생각하는 교회의 주요 사역

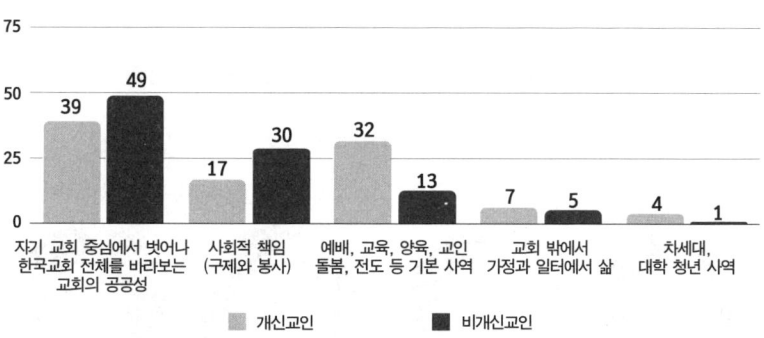

*통계출처: 목회데이터연구소

*자료 출처: 목회데이터연구소, '코로나19 정부방역조치에 대한 일반국민 평가 조사'
(온라인 설문, 국민 1,000명 2021.01.12~15)

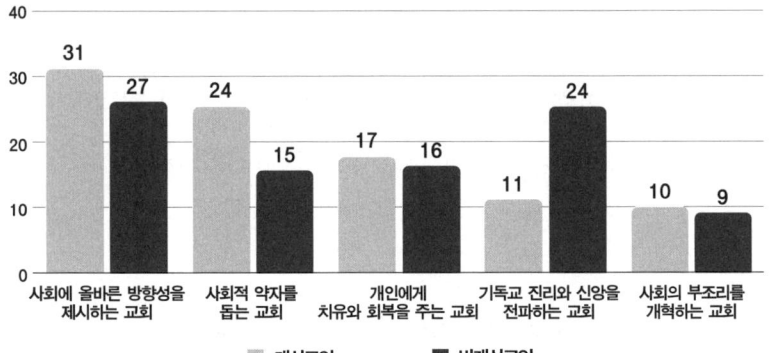

〈도표-17〉 비개신교인과 개신교인이 생각하는 참 교회의 모습

*자료출처: 목회데이터연구소. 비개신교인이 바라보는 한국 교회'
(온라인 설문, 개신교인 2,000명, 비개신교인 1,000명, 2023년 1월 9일~16일)

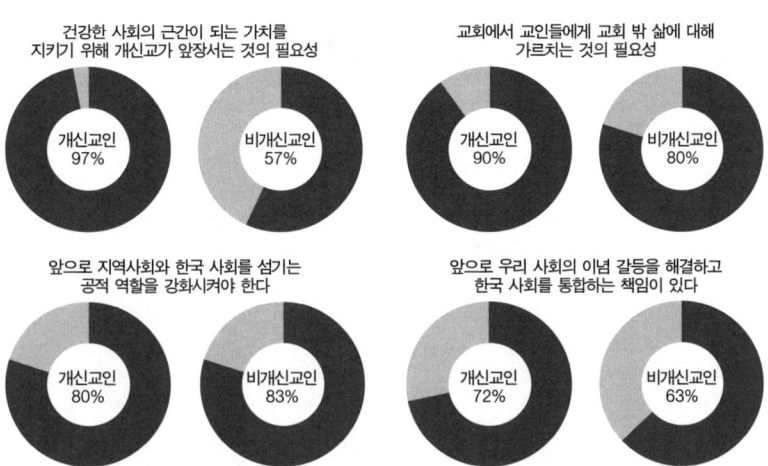

〈도표-18〉 개신교인과 비개신교인이 생각하는 교회의 공적 역할

*자료 출처: 목회데이터연구소, '공교회 및 한국 교회의 공적 역할에 대한 여론조사'
(개신교인과 비개신교인 비교 / 온라인 설문 개신교인 1,000명, 비개신교인 1,000명)

위의 자료들을 종합하면, 교회의 공공성은 교회 구성원 이외 사회 구성원들도 요구하고 있다는 점을 발견할 수 있다. 그중 특별히 비개신교인들이 원하는 교회의 모습 가운데 가장 높게 나타난 부분이 개교회 중심주의 타파와 공공성 확대다. 한국 교회를 향한 사회 구성원들의 요청은 한국 교회가 오늘날 회복해야 하는 모습과 동일한 것을 발견할 수 있다. 실제적인 삶의 영역에서 교회의 공공성이 요구되는 것이다.

안타깝게도 한국 교회는 지난 30-40년간 공공성 수행에 실패하였다. 교회에 만연한 성속成俗 이분법적 신앙, 내세주의, 기복주의, 성장주의, 신앙의 사사화私事化, 개교회주의, 교파주의, 교권주의, 교회 세습, 교회 분쟁, 교회 양극화, 세상의 불의에 대한 침묵, 사회적 책임 수행의 부재, 사회적 연대의 부재, 사회와 소통의 부재 등으로 인하여 교회의 공공성 수행에서 완전 낙제 점수를 받았다. 한국 교회는 이기적이고 폐쇄적인 이미지로 비치게 되었고, 신뢰를 상실했으며, 자연스럽게 쇠퇴의 길을 걷게 된 것이다.

교회는 반드시 공공성을 창출하고 신뢰를 회복해야 한다. 왜냐하면, 한 국가의 경제 발전이 기간산업에 달려있는 것처럼 교회의 공공성은 한국 교회 회복을 위한 기간산업과 같기 때문이다. 공공성을 회복하기 위한 몇 가지 핵심을 제시한다.

첫째, 공공성에 관한 인식을 새롭게 해야 한다. 기독교인은 사회에서 기독교 시민으로서 삶을 살고, 교회는 하나의 조직으로서 공공의 역할을 해야 한다는 인식을 가져야 한다. 교회 공공성을 성경에서 얼마나 중요하게 여기는지, 신학에서 얼마나 요긴한 주제인지, 정통 교회에서 얼마나 성실하게 수행해 왔는지, 전도와 선교에서 얼마나 큰 영향을 미치는지를 연구하고 공유하는 것은 인식 전환에 큰 도움이 될 것이다.

설교에서 공공 영역에 속한 주제들을 다루어야 하고, 교회와 성도는 예배나 전도만큼 교회의 '사회적 책임'이 절대적으로 필요하다는 것을 인식해야 한다.

둘째, 교회는 지역 사회에 실제적으로 참여하고 소통하고 기여해야 한다. 자기 이익만 챙기는 집단은 일반인의 공감을 얻을 수가 없다. 교회가 교세를 증가시키거나 자신들의 이익을 위해서가 아니라, 기독교의 핵심 가치를 실현하여 더 나은 사회를 이루는 데 기여해야 한다. 이런 일들이 의례적 혹은 일회적으로 끝나지 않도록 공공성을 고려한 교회 재정 구조 수립이 필요하다. 또 교회 스스로 공공의 장소나 공간이 되는 것도 효과적이다. 그리고 다른 교회들과 협력하여 대사회적인 선행에 집중해야 한다. 더 나아가 지역 사회의 행정 기관이나 건강한 유관 단체들과 소통하고 연대하는 것이 바람직하다.

셋째, 교회 공공성 연구 및 개발과 실행을 위한 전문 기관을 세워야 한다. 연구만 위한 기관이 아니라 실행까지 하는 '전문 기관'이 세워져야 한다. 개교회뿐 아니라 노회와 총회가 여기에 앞장서야 하는데, 연구와 개발 그리고 실행할 수 있는 재정 및 인력의 네트워크를 준비하여 실행해야 한다.

최근 교회의 마이너스 성장 원인은 여러 가지가 있었지만 교회의 공공성 부재가 가장 큰 원인이다. 그런데 일부 한국 교회는 그 탓을 변화된 시대와 세대에 돌리고 있다. 이러한 대처가 계속된다면 한국 교회는 그저 기성세대의 저물어 가는 문화로 남게 될 것이다.

하지만, 한국 교회가 지표에서도 드러나듯 공공성에 대한 회복과 사회적 책임에 대한 요청을 무겁게 받아들이고 다시 성숙한 종교인으로서의 모습을 회복한다면, 분명 한국 교회는 지금과는 다른 국면을 맞이할 것이라고 예상된다.

7부

세상으로 내딛는 빅스텝

교회를 교회다움으로
회복하기

새로운 시대가 열리면서 한국 교회가 마주한 도전들의 진원은 '교회다움'의 상실에서 비롯되었다고 볼 수 있다. 때문에 문제의 해결 역시 교회다움을 해결하는 데서 찾아야 한다. 교회다움을 회복한다는 것은 본질로 돌아가는 것이고, 시대가 변하여도 변하지 않는 가치다. 교회가 세상에 물들지 말아야 한다고 말할 때 의미하는 부분이 바로 이것이다. 갱신을 말할 때나 "십자가를 붙들어야 한다"라는 말도 바로 이 부분을 시사한다.

변화하는 상황을 이해하고 새로운 시대를 향하여 시대적 소명을 바라보아야 한다. '다움'¹은 영어로 'be like', 혹은 'be worthy of'-을 받을 만한 자격이 있다의 명사형이다. '남자다움'과 같이 특정 단어 뒤에 접미사로 붙어, 가치나 자격 같은 성질이나 특성을 머릿속에 떠올리게 한다.

"내 자식답다"라는 부모의 말을 상상해 보라. 다른 것들이 변하고 사라지거나 새로 생겼다 해도 자식에게는 변치 않을 가치와 자격을 부여하는 것, 바로 '다움'이다.

'하나님의 백성다움', 이것이 바로 교회다움이다. 교회가 잃어버리면 안 되는 것이 바로 하나님의 백성이라는 정체성이고, 그 백성다움이 곧 교회다움인 것이다. 교회가 존재할 이유가 무엇인가를 의미하는 것이다.

업의 본질을 회복하는 교회

업業의 본질이 무엇인가를 깨닫는 것을 통해서 '다움'이 시작된다. 업의 본질을 깨달아야 사업에서도 성공할 수 있는 법이다.

회사 내 직원들을 살펴보면 두 부류로 구분할 수있다. 한 부류는 시킨 일을 열심히 하는 사람이다. 이런 사람들은 찾기 쉽다. 다른 부류는 지금 자신이 왜 이 일을 하고 있는지, 이 일을 통해 쟁취하고 얻어내고 이루어야 할 가치가 무엇인지를 알고 그 사명감으로 일하는 사람들이다. 주어진 일을 잘 하고 못하고에 매달리는 것이 아니라, '업의 본질'을 알고 일하는 사람들로 이해할 수 있다.

삼성그룹을 창업한 이병철 회장은 어떤 일이든 그 일의 핵심이 되는 중요한 요소가 있는데 그것은 업의 본질을 아는 것이라고 가르쳤다. 외적으로 중요하게 보이는 일을 처리하는 것이 아니라, 업의 핵심을 알고 투자하는 것에 성패가 달렸다고 가르쳤다. 회사를 대표하는 책임자는 업의 핵심에 해당하는 중요한 일을 해야 하며 그 일을 소홀히 하거나 외면하였을 때에는 일시적으로 돈을 벌 수는 있어도 훌륭한 기업가는 되지 못한다고 강조하였다.[2]

업의 본질이란 그 업이 존재하게 하는 기본이다. 그 업이 존재하게 하는 핵심 가치이며 본질이다.

그렇다면 교회의 본질은 무엇일까? 무엇이 교회가 교회다움으로 회복되게 하는 것일까? 분명한 것은 사람을 많이 끌어모으는 것이 교회의 본질은 아니라는 점이다. 헌금이 많이 모이게 하는 것도, 사역을 많이 하는 것도, 높고 고급스러운 건물을 소유하는 것도 아니다. 업의 본질은 시대가 변해도 변하지 않는다. 시대가 변해도 본질의 가치가 희미해지지 않는다. 핵심 가치는 사물에 부여된 목적이며 중요한 '쓸모'다. 겉으로 드러나는 현상이 아니라 내재된 사명이다.

교회의 핵심 가치인 교회의 본질이 변하면 교회의 존재 의미 자체를 잃어버리는 것과 같다. 맛을 잃어 길바닥에 깔려서 사람들에게 밟히고 마는 것이다.

지금 한국 교회가 이와 무관하다고 힘있게 말하기는 어려운 입장일 것이다. 화려한 솔로몬의 성전은 많지만 다윗의 장막은 찾기 어렵다. 짠 맛이 없어진 소금과 같이 한국 교회가 그 본질과 핵심 가치인 업을 잃어버린 탓이다.

그렇기 때문에 교회는 교회의 회복을 이와 같은 업, 교회다움을 통하여 회복할 수 있다. 다른 어떠한 기술과 수단으로가 아니라, 본질을 회복함으로써 교회는 부흥하게 되는 것이다.

믿음의 역사를 회복하는 교회

한국 교회가 교회의 본질을 회복하기 위해서는 믿음의 역사를 회복하는 것이 중요하다.

'믿음의 역사'를 영어성경에서는 'Your Work Produced by Faith'로 번역하였다. 믿음의 역사는 초자연적으로 일어나는 기적이 아니라, 당신의 일Your Work이다. 단, 믿음에 의해서 생산되는 당신의 일이다.

믿음이란 무엇인가? 성경은 "믿음을 들음에서 나고 들음은 그리스도의 말씀으로 말미암았느니라"롬 10:17고 증거한다.

하나님께서 기뻐하시는 일을 이루기 위해서는 믿음이 반드시 필요하다. 믿음이 없는 일은 믿음의 역사라는 칭찬을 받을 수 없다. 믿음이 없이 교회가 하는 일은 믿음의 역사라는 칭찬을 받을 수 없는 것이다.

시작점이 반드시 믿음이 되어야 한다. 세상의 소리를 듣는 것이 아니라 예수 그리스도의 말씀을 들어야 하는 것이다. 세상의 소리, 사람의 소리 등을 들음으로 생기는 것을 믿음이라 하지 않는다. 그것은 지식이라 한다. 지식은 영원하지 않으며 새로운 지식으로 언제든 대체될 수 있다. 하지만, 풀은 마르고 꽃은 시드나 주의 말씀은 영원하다. 그의 말씀을 듣는 것이 '믿음의 역사'가 시작되는 지점인 것이다.

믿음의 역사를 교회가 회복하기 위해서는 두 가지가 필요하다. 먼저 목회자들이 바르게 예수 그리스도의 말씀을 선포해야 한다. 한국 교회는 언제부턴가 타협하는 메시지를 선포하였다. 타협은 왜곡이 아니다. 가짜를 주는 것이 아니고 사기를 말하는 것도 아니다. 타협은 회중이 듣고 싶은 것을 인위적으로 골라주는 것이다. 기준이 회중이 되는 것이다. 상대가 원하는 것을 주고 내 유익을 보상으로 얻으려고 하는 심리가 반영된 것이 타협이다.

교회의 지도자들인 목회자들은 교회의 머리이신 예수 그리스도의 말씀을 가감 없이 온전하게 전해야 한다. 그것이 선포자의 사명이다. 회중이 선포를 듣고 분노하거나 돌아서더라도 정확하게 전해야 한다. 감동적인 영상이 무너진 교회의 강단을 재건하지 않는다. 화려한 조명이 한국 교회의 영광을 재현하지 않는다. 멋진 스타일과 학력, 놀라운 지식과 언변이 강단의 권위를 되찾아 주지 않는다. 온전한 선포만이 한국 교회의 강단을 다시 살릴 수 있다. 비록 설교자는 인기를 잃어버릴 수 있으나 말씀을 선포하는 이의 본분은 시대를 향해 말씀하시는 하나님의 말씀을 대언하는 것이다.

믿음의 역사를 회복하는 또 다른 하나는 바로 회중들, 신자들이 하나님의 말씀을 '들어야' 한다. 온전한 말씀 선포와 온전한 들음이 만나는 곳에 믿음이 자라난다. 하지만, 한국 교회의 신도들은 '자기 소견에 옳은 대로' 믿기에 익숙해 있다. 자기 소견대로 믿는 것은 하나님을 믿는 것이라 말할 수 없다. 이스라엘 백성은 한 번도 하나님을 버린 적이 없다. 그럼에도 불구하고 책망받고, 채찍에 맞고, 나라를 잃었다.

왜 그렇게 되었는가? 하나님을 버린다고 한 적은 없지만 하나님을 자기 소견에 옳은 대로 믿은 탓이다. 하나님을 믿는다고 하면서도 그들 소견대로 하나님을 믿음으로 하나님의 책망과 징계를 받은 것이다.

이스라엘 백성이 광야에 머물렀을 당시 모세는 하나님께 십계명을 받으러 시내산에 올랐다. 장장 40일이나 되는 기간 동안 자리를 비운 것이다. 시내산의 환경이 매우 척박한 탓도 있었지만 백성들은 40일 동안이나 자취를 감춘 모세가 이미 죽었다고 생

내가 믿기 편한 방식으로
나를 위한 예수님을 만들어 내니
십자가에 못 박히신 예수님은 없네.
- <맛 잃은 소금> 가사 중

각했다. 어쩌면 누가 봐도 죽었다고 판단하는 것이 합리적으로 받아들여졌을 수도 있다. 그 와중에 아론이 꾀를 내었다. 각자 금을 모아서 송아지 형상의 신을 만드는 것이었다출 32:2. 아론은 금송아지를 향해서 "이는 너희를 애굽 땅에서 인도하여 낸 너희의 신이로다"출 32:4라며 번제하고 예배를 드리기까지 하였다.

하나님께서 모세를 통해 하신 말씀을 믿지 못하고, 그들을 위한 신을 스스로 지은 것이다. 자기 소견에 옳은 대로 믿은 것이다. 하나님도 그들의 모습을 이렇게 평가하셨다. 송아지를 만들었는데 '자기를 위하여' 하나님의 형상을 마음대로 만들어서, 자기 마음대로, 자기를 위해 예배를 드렸다고 하셨다. 그리고 냉정하게 말씀하셨다. "내가 이 백성을 보니 목이 뻣뻣한 백성이로다"출 32:9, "큰 죄에 빠졌다"출 32:21, 30, "백성이 악하고 방자하다" 출 32:22, 25.

현대 신자들은 이스라엘 백성처럼 대놓고 황금송아지를 만들지는 않는다. 하지만, 당시 이스라엘 백성이 자기 소견대로 믿는 모습은 오늘날 신도의 모습에도 고스란히 드러난다.

타협하지 않는 말씀이 선포되는 교회

오늘날 타협하는 말씀이 선포되고, 회중은 자기 소견에 옳은 대로 하나님을 조립한다. 메시지를 조립하고 복음을 재해석한다. 이 두 가지 죄악이 만나는 지점에서 한국 교회의 퇴보가 시작되었다.

금송아지와 같은 조립된 하나님을 버리고 온전한 하나님의 모습으로 돌아가야 한다. 이러한 죄악을 멈추어야 한국 교회는 회복의 시작을 경험하게 될 것이다. 그렇지 못하면 교회를 회복하려는 한국 교회의 모든 노력이 성공하지 못할 것이다.

신앙의 패러다임이 이미 지나간 유럽 교회와 미국교회에도 타협하지 않는 말씀을 선포하는 교회는 성장하고 있다. 지금도 초대형교회가 등장하고 일어나고 있다. 앞으로 예측에 있어서도 마찬가지다.

미래에는 어떤 교회가 성장하고 교회의 역할을 이어갈 것인가? 타협하지 않는 복음이 선포되고 그 말씀을 온전히 듣는 회중이 있는 교회가 성장한다. 풍요롭고 성장하는 시대에 사람들은 신을 필요로 하지 않는다. 신이 없어도 개개인이 가지고 있는 재력, 권력, 명예, 힘, 인력 자원 등을 가지고 언제든지 얼마든지 문제들을 해결할 수 있다고 생각하기 쉽다. 그렇기 때문에 이들의 호응과 인기를 얻기 위한 설교자와 설교들이 등장하겠지만,

의지했던 힘이 무너지고 물질의 어려움이 찾아오고, 개인의 능력의 한계에 맞닥뜨리고 위험해지면, 그동안 선포되었던 타협된 설교와 설교자들은 철저히 외면받을 것이다.

교회는 안전한 복음이 아니라 신앙적 찔림을 줄 수 있어야 하며 그것을 통한 그리스도의 위로를 경험하게 할 수 있어야 한다.

한국 교회가 착각하는 것이 하나 있는데 그것은 긍정의 힘, 위로, 지지, 감정 이입 등을 아주 잘하고 있다고 생각하는 것이다. 이런 것은 세상이 더 잘한다. 세상에는 교회보다 더 훌륭하고 유능한 전문가들이 넘친다. 사람들은 이런 말을 들으러 교회에 나오는 것이 아니다. 그들이 교회에서 듣고자 하는 말은 "당신은 죄인입니다"와 "그렇다면 어떻게 해야 구원을 얻을 수 있습니까?"에 대한 성경적 대답이다.

타협하는 메시지는 자기 소견에 옳은 대로 믿는 믿음을 양산하지만, 타협 없는 메시지는 영혼의 회개를 이끌어 낸다. 타협 없는 메시지는 빛 되신 하나님을 선포하는 것이기 때문에, 그 빛 앞에서 모든 죄의 더러움을 드러낸다. 변명하기보다 회개하게 하며 죄를 자복하게 한다. "죄가 깊을수록 은혜가 깊다"라는 말씀이 깨달아진다. 타협 없는 복음이 선포되는 교회가 교회다운 교회인 것이다.

다시
선교적 교회

위기와 기회 사이

세상 모두가 위기를 논하는 오늘날, 교회는 이러한 위기의 날들에 어떻게 맞서야 할 것인가?

문제에 집중하면 답을 찾을 수 없다. 성경은 위기에 맞선 인물들에 대한 이야기를 전한다. 본질적으로 기독교의 이야기는 끊이지 않는 위기에 관한 이야기들이다. 이런 위기의 순간들에 하나님의 선교가 싹텄고 그 안에는 하나님의 완벽한 의도가 숨겨져 있음을 성경은 증거하고 있다.

구약의 파노라마 속에서 유대인의 첫 주자로 등장하는 아브라함을 부르시는 장면을 통해서 하나님은 그를 위험과 불안정으로 안내하셨다. "너는 본토 친척 아비 집을 떠나 내가 네게 지시할 땅으로 가라"창 12:1. 이는 그가 그동안 누려온 안정감과 보호로부터의 이별을 요구하는 것이며 불확실함과 두려움으로의 여정을 의미하는 것이었다. 그뿐만 아니라, 그의 믿음의 후손 역시 비슷한 요구를 받아야 했다. 요셉, 다니엘, 다윗, 예레미야, 이사야 등 민족 지도자들은 위기를 만나고 극복하는 과정에서 하나님을 만나고 선교의 도구가 되었다.

그러나 이 모든 이야기의 하이라이트는 하나님 자신에게서 드러났다. 죽음의 권세를 이기시고 부활하신 예수께서는 제자들에게 말씀하셨다.

아버지께서 나를 보내신 것 같이 나도 너희를 보내노라(요 20:21).

'보낸다'라는 말의 의미는 역사 속에서 하나님께서 그분의 백성을 이끌 지도자들을 부르실 때 광야와 같은 위험과 불안정한 상황과 여건으로 내모셨던 것처럼, 예수님께서도 이제 그들을 선교와 사역의 현장으로 보내심을 의미한다고 볼 수 있다. 하지만, 하나님께서 광야로 백성들을 내모실 때 만나와 메추라기로 먹이시고 보호하셨던 것처럼, 제자들을 보내실 때 성령을 받을 것을 당부하시고 성령 하나님께서 그들과 임마누엘하셨다.

이와 같이 하나님의 선교 사역의 역사는 부활하신 예수를 목격하고 그를 만남으로 변화된 그들에 의해 펼쳐졌다. 하나님은 위기를 통해 그의 백성들이 믿음을 다시 발견하게 하시고, 일으켜 세우셔서 다시 움직이게 하신다.

흔히 사람들이 그들의 인생에 아무런 어려움과 난관이 없기를 위해서 기도하지만, 이는 철저한 기복에 의존한 신앙이며 자의적 해석으로 오염된 신앙의 산물이다. 예수께서는 풍랑이 이는 바다에서 제자들을 부르실 때 먼저 바람과 바다를 잠재우지 않으셨다. 베드로를 부르실 때도 마찬가지였다. 위기와 어려움이 먼저 사라지고 해결된다면 믿음을 발휘할 수 있을 것이라 생각하지만, 하나님의 방식은 그렇지 않다.

하나님은 위기를 통해 교회공동체를 새롭게 하시며 그들에게 주어진 사명을 자각하게 하고 그 소명대로 살아갈 수 있게 하신다. 역사 속에서 핍박받던 기독교는 그 명맥을 간신히 유지하는 것이 아니라 오히려 더 강한 유대와 연대로 성장해 왔다. 앗수르, 페르시아, 바빌론, 로마제국에 이어 오늘날에는 중국과 같이 고립된 사회주의 국가에서도 기독교는 신앙의 유산을 잃지 않고 있다. 이와 관련하여 알렌 허쉬는 다음과 같이 기술하였다.

> 돌아보면 초대 교회와 다를 바 없다. 이들도 성경을 가진 자가 매우 드물고 전문 성직자도 없고 공적인 지도 시스템도 없으며 중앙 조직

도 없고 대형 집회도 없는데, 그럼에도 거의 미친 듯이 숫자가 증가한다. 어떻게 이런 일이 가능한가. 그들은 그것을 어떻게 이루었는가. 그것에서 우리가 배울 점은 무엇인가.³

성경은 예루살렘 교회가 핍박을 받아 모든 성도가 사방으로 흩어지게 된 사건이 복음 확산의 기회가 되었다고 고백한다. 본질적으로 이 사건은 하나님의 섭리지만 성경은 당시 상황에 처한 이들이 위기를 바라보는 시선의 다름을 가르친다.

교회에 닥친 위기는 역사적으로 그 위기를 극복하는 과정에서 복음의 증거가 되었고, 그 증거들과 증인들을 통해 교회는 새롭게 변화되고 견고해질 수 있었다.

교회의 선교적 본질

삼위일체 하나님의 본성이 선교의 하나님이라는 사실과 예수 그리스도께서 완전한 선교사로 오셨고 성령께서 교회를 부르시고 보내시는 역동성은 교회가 가져야 할 선교의 본질을 각인시킨다.

다시 말해, 선교는 더 이상 특수한 상황과 여건에 제한되거나 소수 일부의 전유물이 아니라, 모든 성도의 삶의 공간이 선교의 현장으로 인정되는 것이다. 따라서, 교회는 더 이상 선교의 대한 이해를 해외 선교와 같은 기존의 해석에서 머물러서는 안 된다. 때문에 본질적인 선교의 이해가 필요하며 이를 통해 코로나 이후 교회의 선교 방향성을 전망할 수 있다.

첫째, 선교사는 누구인가? 앞서 언급한 것과 동일하게 이제는 모든 성도 개개인이 세상 속에서 각자가 선교적 삶과 사역을 감당함으로써 선교사라고 할 수 있다. 종교개혁을 통해 만인이 제사장이라 제시되었다면, 이제 선교적 교회는 모든 성도가 선교적 사명을 받고 보냄을 받은 자라는 '만인 선교사론'으로 발전되었다. 더 나아가 복음서들을 통하여 발견할 수 있는 것은 선교적 사명이 누구에게 위임되었는지에 대해서다. 전통적으로 선교의 근거로 활용되는 마태복음 28장 19-20절뿐 아니라 마가복음 16장 15-16절, 누가복음 24장 45-50, 요한복음 20장 21-23절에 선교의 명령이 기록되어 있다. 이를 통하여 제자오늘날의 성도들은 처음부터 선교사로 부름받았다고 해석할 수 있다.

그렇다면 언제부터 선교하는 그리스도인으로서 살아야 하는가? 제프 아이오그Jeff Iorg는 "당신이 회심한 바로 그 순간 모든 것이 시작된다"[4]라고 하였다. 그리스도의 복음을 깨닫고 받아들여 그리스도인이 된 순간 선교적 삶에 대한 책임이 주어지게 되는 것이다. 그리고 그 삶의 길은 선교적 사명을 수행할 때 더욱 명확해진다.

둘째, 선교지에 대한 재정립이 필요하다. 근대 이후 세계의 질서는 크게 달라졌다. 과학과 기술의 지속적인 발전은 다방면에서 변화를 일으켰고 삶의 자리 역시 도시화를 넘어 가상 공간으로 확장되었다. 이에 따라 국적과 인종, 언어가 다를지라도 기술의 도움을 통해 극복하고 교류 가능한 환경이 조성되었다. 전체주의나 권위주의와 같은 절대적 가치와 권위에 대한 거부를 통해 상대주의적 사고와 문화가 보편화되었다.

이에 따라 선교지가 따로 지정되어 있던 예전의 선교 지도의 의미가 달라지게 되었다. 이제 모든 곳이 선교지가 되었기 때문이다. 더 이상 과거 기독교 국가나 기독교 가정과 같이 태어남과 동시에 자동적으로 기독교 문화에 젖어 살면서 자연스레 기독교인으로 살아가는 세상도 세대도 아니다. 한 지붕 아래 가정의 구성원으로 있으면서도 신앙의 유산이 물려질지 장담할 수 없는 시대다. 더 이상 자연스럽게 신앙이 전파되지 않기 때문에 복음을 들어야 하는 사람들은 해외에만 존재하는 것이 아니게 되었다. 선교사인 모든 성도의 삶의 터전이 선교지인 셈이다.

셋째, 교회론에 대한 관점의 전환이다. 핼버슨Richard Halverson은 기독교를 인류 문명은 어떻게 바꾸어 왔는가에 대해 다음과 같은 유명한 말을 남겼다.

헬라인들은 복음을 철학으로 바꾸었고, 로마인들은 정치로, 유럽인들은 문화로, 미국인들은 기업으로 만들었다. 그리고 한국은 교회를 대기업으로 만들었다.

이를 통해 그동안의 교회가 얼마나 복음의 정수로부터 멀어져 있었는가를 엿볼 수 있다. 시대마다 유행한 형태에 따라 기독교 역시 변화Transformed된 것을 알 수 있다.

시대와 세대가 변하여도 교회의 변하지 않는 사명의 확립이 필요하다. 바로 그리스도를 믿어 회심하는 순간, 선교하는 그리스도인들로 거듭난 사람들의 공동체인 교회의 사명은 선교인 것이다. 교회는 세상으로부터 부름받은 하나님 나라 백성들의 공동체이며 동시에 세상의 구속을 위해 보내심을 받은 사명공동체다.

다시 말해, 교회는 하나님을 예배하고 그분의 임재 속에서 은혜를 입은 성도들의 모임이자, 세상으로 나아가 하나님의 통치하심을 증거하고 그 말씀대로 살아가는 모습을 보여주는 사명을 가진 사람들이다. 이를 위해, 교회는 지역 교회의 제한적 공간 개념을 넘어선 우주적 교회의 개념을 통하여 하나님 나라의 가치를 추구하는 동시에 교회 간의 불필요한 갈등을 해소하여 세상 속에서 관계를 맺고 세상의 대안이 되는 사도적 복음공동체가 되어야 한다.

이제 선교는 일부가 책임지는 소수의 사역이 아니라 모든 성도와 교회 전체의 사명이다. 성도가 있는 곳에서 나아갈 곳, 마지막까지 다다를 곳이 바로 온 예루살렘과 온 유대와 사마리아와 땅 끝인 셈이다. 이 사역이 모든 성도에 의해 동시다발적으로 이루어지면서 새로운 선교의 패러다임과 새로운 교회론의 대전환이 시작된 것이다.

포스트코로나 시대의 선교와 교회

전 인류가 알다시피 코로나19는 삶의 방식을 아주 구체적으로 그리고 일순간에 바꾸어 놓았다. 학교와 정부 조직과 같은 보수적인 기관들도 강력한 대유행 역병 앞에서는 속수무책이었다. 오랜 역사를 바탕으로 구축된 핵심 가치와 규정, 그에 따른 방식들로 견고히 다져진 교회도 마찬가지였다.

교회는 그 이름에서도 드러나듯, 모여야 그 행동력을 발휘하는데, 그 모임이 모두 제한을 받았고, 예배, 교육, 이벤트뿐 아니라 건물의 사용도까지 바뀌게 되었다.

이렇게 바뀐 것들은 팬데믹 이후 다시 되돌려지지 않을 것이다. 일시적이고 임시적인 조치가 아니라 영구적으로 변화한 것이고, 다만 다른 시대적 변화보다 다소 빨리 진행돼서 그 적응 시간이 상대적으로 적었을 뿐이다. 때문에 이전으로 회귀하려는 생각보다 모든 영역에 걸쳐서 새롭게 바뀔 것을 각오해야 한다.

교회 사역의 결실인 선교의 영역도 마찬가지다. 과거의 것을 떠나보내고 새로우면서 창의적인 방식의 선교 구상이 필요하다.

하지만, 이에 앞서서 분명하게 할 점은 하나님은 세상을 지으신 분이시며 시대에 따라 창의적인 방법으로 그분의 선교를 이루어 오셨다는 점이다. 이에 따라 교회도 여러 노력을 기울여 온 것이 사실이지만, 이제 다시금 새로운 선교의 전략을 구상하고 적용해야 할 때다.

이에 관해 중요한 사항들을 나열하면 다음과 같다.

첫째, 선교는 더 이상 해외를 떠올리지 않게 될 것이다. 해외와 같이 멀리 떨어진 곳에 직접 가서 직접 대면하여 행해지는 해외 선교는 이제 쉽지 않게 될 것이다. 과거에는 한국의 기독교 인구가 높아서 선교의 대상을 해외에서 찾는 시절이 이제는 말 그대로 시절時節이 되었다. 어찌 보면 선교의 길이 닫힌 것처럼 보이지만 먼 곳으로 떠난다는 습관적인 이해가 깔려 있는 기존 선교의 개념을 개선하는 것이다.

앞서 언급되었듯이 모든 곳은 선교지이고 그 선교지는 선교의 대상자들로 가득하다. 같은 가족 구성원 가운데에도 선교 대상자가 있으며, 도시를 벗어난 시골에는 먼 모국을 등지고 한국에 정착한 사람들이 있는 다문화 가정들을 흔히 찾아볼 수 있다. 대부분 기독교가 전파되지 않은 나라에서 이주한 사람들이 많기 때문에 이들도 복음을 필요로 하는 사람들다. 그 외에 외국인 근로자와 유학생, 이민자, 난민 등의 인원이 적지 않다.

누가 이들을 위해 강도 만난 이를 도운 사마리아인이 될 수 있는가? 바로 교회가 그 사명을 감당해야 할 것이다.

둘째, 호응을 구걸하는 종교 서비스를 멈추어야 한다. 교회에서 그동안 행해져 왔던 수많은 행사와 이벤트 중심의 목회와 선교로 회중을 끌어들이려는 방식과 이별해야 한다. 비록 그 의도가 선했다 할지라도, 이러한 사역은 수동적인 종교 서비스 소비자를 양산할 뿐이다. 소비자가 된 성도는 결국은 더 좋은 서비스를 제공하는 곳으로 이동하거나 소비를 멈출 수 있다. 현재 나타나는 신앙적 유목민들이나 SBNR은 교회의 무분별한 이벤트성 행사를 통해 호응을 구걸하는 종교 서비스의 결과다.

앞으로는 이러한 가시적 행사가 아닌 사람과 사람의 긴밀한 연결을 통한 긴밀한 인간관계로 발전하게 될 것이다. 상호 신뢰를 바탕으로 맺어지는 관계는 불필요한 이벤트나 행사를 바라지 않고, 깊은 인간관계 본연의 가치를 중요시하게 될 것이다.

중요한 것은 이러한 관계가 직접적인 관계뿐 아니라 디지털 관계에서도 나타난다는 것이다. 온오프라인을 가리지 않고 모든 인간관계를 아우르는 공적 가치가 될 것이다.

교회에서 보여줄 수 있는 상호 신뢰는 무엇이 있을까? 바로 복음이고 말씀이다. 세상의 다른 어떤 공동체들도 상호 믿음과 신뢰를 바탕으로 관계를 맺을 수 있다.

하지만, 교회가 전할 수 있는 가장 본질적이고 귀한 가치는 성경에 근거한 복음이다. 그리고 이 복음을 전하고 가르칠 때에 교회는 회중이나 불특정 다수를 향하여 반응과 호응을 요구해선 안 된다. 들에 핀 꽃은 맡는 이가 없어도 향기를 멈추지 않는다. 광야에서 외치는 소리는 듣는 이가 없어도 멈추지 않았다. 그러한 모습을 통하여 사람들은 복음을 증거하고 말씀대로 살아가려고 노력하는 성도와 교회에게 신뢰를 보낼 것이고, 그 신뢰를 바탕으로 긴밀한 관계, 나아가서는 교회의 선교가 가능케 될 것이다.

셋째, 선교사 중심의 선교에서 로컬 중심의 공동체 선교로의 이동이다. 교회가 전문 교역자가 부재하다 하여 교회가 아닌 것이 아닌 듯, 선교는 특정 능력이나 지위, 학위, 경력을 가진 소수를 위한 면허증이 아니다. 더 나아가서 선교사의 역할은 복음을 받아들인 정도가 영아와 같은 새신자에게 젖을 먹이고 걸음마를 돕는 단계라면, 그 이후에는 스스로가 복음을 깨우치고 스스로 선교의 방향성을 가지고 세상에 나아갈 수 있도록 해야 한다. 선교사가 아니라 일반 성도들이 선교 사역의 중심이 되어야 한다.

그런데 선교의 리더십 이양은 선교학에서도 오랜 연구의 대상이었다. 그럼에도 불구하고 사람을 키우고 리더십을 이양하는 것에 대해서는 끊임없이 기도하고 성령 하나님의 도우심을 구하여야 한다.

예수께서는 승천하시기 전에 제자들에게 "성령을 받으라"고 하셨다. 그리고 그들이 기도할 때에 성령을 받고 난 후에 그들의 삶이 놀랍게도 한순간에 변화하여 복음을 증거하게 되었다.

그것이 선교 현장에서 성령께서 하시는 일이다. 모든 성도가 선교사이고 모든 곳이 선교지다. 모든 교회는 우주적 교회로서, 하나의 그리스도를 모시는 하나의 몸 된 교회로서, 그를 증거하는 선교의 주관자는 성령 하나님이시다.

때문에 선교사 중심의 선교에서 현지인들로 구성된 일반 성도들의 자발적이면서도 능동적인 선교의 시스템을 구축해야 한다. 소수의 강력한 리더십이 아닌, 모두가 선교사이고 모두가 선교에 참여하고 있다는 공동체적 선교로서의 이해가 필요하다.

넷째, 온라인 사역의 선교적 도구로서의 인식과 활용이다. 팬데믹으로 언택트 문화가 이미 빠르게 정착하였다. 대부분의 기업에서는 이미 WFH(Work From Home)가 일상화되었고 빠른 디지털 트랜스포메이션(Digital Trance Formation)을 통해 새로운 기회와 이익을 창출하고 있다. 이미 온라인을 통한 비대면 시대가 올 것으로 예상했지만 팬데믹으로 인해 예상보다 전환의 시기를 빨리 앞당겨졌을 뿐이다.

교회는 이를 부정해 온 것이 사실이다. 솔직히 말해서 교회는 변하지 않을 것이라는 막연한 나태함을 가지고 있었다. 어쩔 수 없이 이제는 모든 교회가 시행하고 있는 온라인 예배와 사역도 만족스럽지 않을 것이다.

하지만, 시대의 변화들을 보면, 팬데믹 이전으로 되돌아가지 않을 것이고, 필수적인 변화라는 것을 못마땅해 하면서도 받아들이는 모습이다. 이제는 모든 사람이 인터넷 공간에 모여 살고 있고 인터넷을 통한 온라인 사역의 기회가 있다는 것을 발견하게 되는 것이다.

하나님께서 교회를 흔드셔서 온라인 사역을 정비하게 하시고 이를 통해 새로운 선교의 장이 열리게 되는 것이다. 다양한 소셜 네트워크와 온라인 채널을 통해 같은 복음이 전달될 수 있고 일대일, 소그룹 사역이 가능하다. 하나님은 온라인 공간을 선교의 현장으로 그리고 도구로 사용하고 계신다. 그렇기 때문에 교회는 온라인 공간에서의 영성을 선도할 준비가 되어있어야 하며, 중요한 미래 세대를 위한 사역의 한 분야이자 동역자로 받아들여야 한다.

빅스텝
한국 교회

먼저 발을 내딛는 교회

하나님께서 하나님의 사역을 수행하는 신도들을 '청지기'라고 부르셨다수 1:7; 왕하 21:8; 레 25:55; 사 41:8-9; 43:10.

청지기의 직무는 세상을 지배하고, 직무를 남용하고, 자원을 고갈하고, 환경을 파괴하는 것이 아니다. 하나님께서 창조하신 세상을 하나님의 뜻에 따라 돌보고, 보호하고, 경계하고, 대비하여 이끄는 것이다. 요셉이 하나님께서 세상에 가하실 변화와 그 속에 담겨진 그분의의 뜻을 깨닫고 통찰하여 애굽에 닥칠 7년을 대비한 것을 통해 성경에서 하나님의 뜻을 분간하여 변화와 위기를 대처한 역사들이 있었음을 알 수 있다.

인류 역사의 시기마다 하나님은 하나님의 뜻과 계획을 사역으로 승화시킬 교회와 사람을 찾으신다. 이런 교회와 사람이 하나님의 뜻을 깨닫고 사역을 펼칠 때, 하나님은 그들을 통해 하나님의 놀라운 사역의 능력들을 보여주시며딤후 3:17, 여러 변화를 극복하게 하시며 더 나은 미래를 통해 시대 전체가 천국 본향으로 향하게 하신다벧전 4:10; 눅 12:42. 반대로 하나님께서 원하시는 시대적 사명을 통찰하지 못하면 주인의 소유를 낭비하는 청지기로 전락한다눅 16:1.

한국 교회와 신도들이 이 시대에 하나님께서 보내주시는 시그널을 계속 놓치게 되면 하나님은 뜻을 굽히시는 것이 아니라 뜻을 이룰 수 있는 다른 교회와 사람들을 통해 계획을 성취하실 것이다. 그렇게 되면 한국 교회는 하나님의 사역뿐 아니라 그분의 은혜에서도 옮겨질 수 있다에 4:14.

지금 한국 교회는 코로나19로 인해 단순히 어려움과 불편함을 겪는 것이 아니라 이를 통해 "한국 교회! 무엇을 할 수 있는가?"에 대한 질문을 받은 것이다. 한국 교회의 답은 분명해야 한다.

> 요단이 곡식 거두는 시기에는 항상 언덕에 넘치더라 궤를 멘 자들이 요단에 이르며 궤를 멘 제사장들의 발이 물 가에 잠기자 곧 위에서부터 흘러내리던 물이 그쳐서 사르단에 가까운 매우 멀리 있는 아담 성읍 변두리에 일어나 한 곳에 쌓이고

아라바의 바다 염해로 향하여 흘러가는 물은 온전히 끊어지매 백성이 여리고 앞으로 바로 건널새 여호와의 언약궤를 멘 제사장들은 요단 가운데 마른 땅에 굳게 섰고 그 모든 백성이 요단을 건너기를 마칠 때까지 모든 이스라엘은 그 마른 땅으로 건너갔더라(수 3:15-17).

이스라엘 백성들이 가나안 땅으로 들어가는 위대한 여정에서 큰 물을 건너는 두 번의 경험이 있었다. 먼저 홍해를 건널 때에는 민족의 지도자인 모세가 하나님의 뜻과 의지에 의하여 지팡이를 바다에 대니 물이 갈라졌고, 백성들은 그 갈라진 바다를 건넜다. 하나님께서 하나님의 종을 통해서 바다를 건너기 위한 모든 여건을 다 준비하신 것이다. 이스라엘 백성들이 스스로 한 것은 없었다.

그러나 가나안 땅을 앞두고 요단강을 건널 때에는 달랐다. 이번에는 하나님께서 건널 방법을 가르쳐 주시되, 건널 상황을 먼저 허락하지 않으셨다. 언약궤를 맨 제사장들이 먼저 발을 물에 담가야 했다. 당시 요단강은 한 해 동안 강수량이 가장 높아 범람하던 때였으므로, 그들은 그 강의 파괴력을 잘 알고 있었을 것이다. 그러나 곧 이스라엘은 언약궤를 맨 제사장들이 물에 발을 담그자, 물이 완전히 끊겨 마른 땅이 드러날 정도로 땅이 굳는 것을 직접 목격하게 되었다.

한국 교회가 내놓을 대답도 이와 같아야 한다.

왜 제사장들이라고
두렵지 않았겠나.
하지만, 그들이 먼저 움직였을 때
온 이스라엘이 따랐다.

물론, 물이 얼마나 많고 깊은가를 연구하고 대처하는 것도 유익할 것이다. 하지만, 성경은 이스라엘 백성이 강을 건너게 된 배경을 하나님께서 말씀하셨고, 제사장들이 언약궤를 매었고, 그들이 물에 발을 대었을 때 물길이 끊기고 땅이 말랐다고 전하고 있다.

교회가 무엇에 더 주안점을 두어야 하는지 알 수 있는 부분이다. 여기서 한국 교회가 회복해야 하는 것은 세 가지로 볼 수 있다.

첫째, 하나님께서 뜻하시는 바를 통찰하고 깨달아야 한다. 여기서 하나님께서 뜻하시는 바는 '이스라엘 백성이 강을 건널 것'이라는 것이다.

둘째, 제사장들은 언약궤를 준비하되 이스라엘 백성으로부터 신뢰를 얻고 있어야 한다. 한국 교회는 한국의 대표적인 종교로서 그 영향력을 상징하는 언약궤를 준비하는 데 크게 치중해 왔지만, 결과적으로 비기독교인들과 사회로부터 크게 존경받지 못하고 있다. 하지만, 사회 공공성을 다하는 성숙한 종교인으로 헌신할 때 기독교를 바라보는 인식 또한 개선될 것으로 기대한다.

셋째, 강력한 물살에 휩쓸릴 것을 알더라도 발을 내디딜 수 있는 용기다. 여기서 말하는 용기는 설령 교회가 와해되서 모두 흩어질지 모른다는 두려움이 있더라도 먼저 내디딜 수 있는 믿음을 의미한다. 교회를 유지하는 것이 교회의 목적이 아니며, 교세를 확장하는 것 또한 교회의 존재 의미가 아니기 때문이다.

하지만, 이 세 가지가 모두 충족되어 있을 때 하나님께서는 하나님의 사역을 감당하고 있는 교회와 신도들에게 그들이 가진 것 이상의 능력을 주셔서 더 놀라운 하나님의 계획을 실현하게 하신다.

이제 한국 교회는 코로나19 팬데믹 이후 온라인 사역의 확대가 빚어낸 교회 사역의 양극화 문제를 해소하고 온라인 사역의 궁극적인 종착지인 현장 사역의 회복을 위해 힘을 모아야 한다. 새로운 환경이고 파악되지 않은 영역이지만, 한국 교회는 언약궤를 맨 시대적 제사장의 사명을 수행하기 위해 큰 걸음을 내디뎌야 한다.

디지털 공간의 영성을 선도하는 교회

이미 대규모 디지털 비대면으로의 전환이 일어났다. 강제적으로 일어났지만 대체로 적응해 나가고 있으며 교회도 이에 발맞추고 있다. 교회 내 성경 공부와 소그룹 모임 등 비대면 원격, 가상 활동 등이 활발하게 진행되고 있다. 그뿐만 아니라, 기독교 예식인 비대면 성찬식을 하고 있고, 디지털 영상 편집 기술을 이용해서 찬양대의 찬양이 만들어지고 있다. 화상 회의 프로그램을 통해서 국내 혹은 해외 선교지에 있는 선교사들과의 리모트 Remote 선교 모임과 선교지 방문도 가능하다.

비대면이지만 공간적인 한계가 상당 부분 개선된 것이 아닐 수 없으며 각 신도들 개인과 가정, 직장 등 개인 처소들이 동시간대에 연결되어 사역의 영역이 다방면으로 확대되고 있다.

이러한 추세는 이미 팬데믹이 종식되었음에도 여전히 널리 사용되고 있다. 초개인화 사회로 진입하면서 각자의 공간과 시간이 존중 받기를 원하는 시대에 공간의 제약으로 모이기 어려운 상황을 일정 부분 해결하게 되니 사역의 효과는 크다고 볼 수 있다.

그뿐만 아니라, 교회가 온라인 공간 안에서 확보해야 할 영적인 부분이 존재한다. 어린아이들이나 학생들이 삶의 지혜를 얻을 때에는 먼저 인생을 경험한 선배들이나 어른들의 조언을 통해 배우게 된다. 그리고 어른들을 통해 순간을 대처하는 기술적 조언들뿐 아니라 인생에서 필요한 여러 가지 지혜를 배우게 되어 삶을 더 넓은 시야로 주어진 문제와 상황을 이해하는 데 도움을 얻기도 한다.

그러나 안타깝게도 온라인 공간은 거의 모든 사회 구성원이 비슷한 시기에 시작하다 보니, 어른에 해당하는 선구자적인 사회적 모범 사례가 아직은 많지 않다. 게다가 새로운 기술들은 계속적으로 등장하고 있다. 대표적으로 교회가 10년 내외로 겪게 될 가장 큰 변화는 상용화되는 메타버스Metaverse의 상용화다.

2023년 6월, 미국의 IT업체 애플Apple은 애플비전프로Apple Vision Pro라는 최초의 공간 컴퓨터 디바이스를 발표하였다. ARAugmented Reality과 VRVirtual Reality 기능[5]을 결합한 새로운 AR 기기로, 무안경 3D 디스플레이와 두 가지 보기 방식 등의 추가 기능을 통해 사용자가 디스플레이를 통해 주변 세계를 보는 동시에 가상 현실을 경험할 수 있는 제품을 소개하였고, 2024년 2월 시판을 시작하였다.

이러한 제품의 등장으로 AR 기술은 빠르게 상용화될 것이다. 이제까지는 단순히 영상을 통한 온라인 예배를 시청하는 선에서 멈추었지만 앞으로는 인터넷과 기초 장비들이 있다면 사용자가 온라인에 구축된 온라인 성전 안에 직접 들어가서 실제 성전에서처럼 예배를 드리고, 온라인을 통해 접속해 들어온 다른 신도들과 만나서 교제하고 교류하는 날이 곧 올 것이다.

이러한 가상 공간이 더 익숙한 세대들이 등장한다면 현장을 고수하는 기성세대들은 어떠한 논리로 현장 예배만 고수하고 주장할 수 있겠는가? 만약 증강 현실의 환경이 모일 수 없는 사람들의 필요와 수요에 더 잘 대처한다면 교회는 무작정 이 기술들을 사용하지 않을까? 신도들의 집과 교회들이 서로 많이 떨어진 시골의 몸이 불편한 신도의 예배 참여를 효과적으로 도울 수 있다면 교회는 어떠한 입장을 내어놓을 수 있을까?

반면, AR 기술에 대한 염려도 깊은 것이 사실이다. 미국 플로리다주 오렌지카운티 공립 학교들이 학생들의 휴대 전화 사용을 금지하면서 학생과 학부모, 교사 사이에 엇갈린 반응을 보였다. <올란도센티넬> 등 현지 지역 매체 보도를 보면 오렌지카운티교육위원회는 지난 8월 관내 모든 공립 학교에서 학생들의 휴대 전화 사용을 전면 금지하는 내용의 "학생 행동 강령 개정안"을 승인했다. 이에 따라 지난 9월부터 학생들은 등교 후에는 휴대 전화를 무음 모드로 설정해 가방이나 주머니에 넣어 보관해야 한다. 수업 시간뿐 아니라 쉬는 시간이나 점심시간에도 휴대 전화 사용이 금지됐다. 급하게 전화를 걸어야 하는 경우 교내 행정실에서 먼저 허락을 받아야 한다. 이를 어기고 몰래 휴대 전화를 사용하다가 걸리면 휴대 전화는 압수됐다가 하교할 때나 돌려받을 수 있다.[6] 이러한 조치가 있자 일부 학부모가 크게 항의하고 학생들이 시위하는 일이 있었다.

과연 AR기술이 집약된 가상 현실이 생활의 모든 분야에 깊이 적용되면 어떤 일들이 일어날까? 휴대 전화의 제한으로도 크게 저항이 일어나는데 증강 현실에서는 어떤 일들이 일어날까? 가상 공간으로 접속하고 끊어내는 것이 휴대폰을 빼앗기는 학생들의 심리를 덧입으면 어떻게 되겠는가? 접속을 끊지 않으려 애쓰지는 않을까? 만약에 스스로 로그아웃을 하지 못하는 상황이 생긴다면 어떻게 되겠는가?

잘못하면 인간은 계속 가상 현실 공간에 머물러 평생 로그아웃을 하지 못한 채 컴퓨터 프로그램 같이 살아갈 수도 있다.

부산장신대학교 교수이며 「현대종교」 이사장인 탁지일 목사는 앞으로 예상되는 이단의 트렌드 가운데 첫 번째로 '온라인 공간에서의 영성'을 꼽았다. 다음은 탁지일 목사의 이야기다.[7]

> 코로나19 이후, 이단들은 전통적 유형들을 빠르게 극복하고 있다. 인터넷을 통해 시간, 장소, 연령을 초월해 미혹하는 한편, 유튜브 등 다양한 소셜 미디어 곳곳에 그들의 비틀린 신앙의 덫을 치고 방문자들을 기다린다. 더욱이 대중은 이제 스스로 손품을 팔아 이단 사이비 콘텐츠들을 경계심 없이 접하고 기웃거리기 시작했다. 오늘날 그 어느 때보다 온라인 환경을 적극 활용하는 이단들의 포교와 교육, 통제가 더 광폭 행보를 보일 전망이다.

팬데믹이 종식된 후 시간이 흐를수록 기성세대는 비대면 환경과 온라인 메타버스를 떠날 것으로 예측된다. 하지만, 기성세대와 교회가 떠나가면 이단들은 그 공간을 새로운 공간, 포교의 공간으로 점령해 나갈 것이다. 대면 환경으로 대부분 돌아갔지만 온라인 비대면은 여전히 존해하고 더욱 확대될 것이다.

현실 세계에서 5G 네트워크로 그리고 가상 세계로 무게 중심이 이동하는 것이 이미 정해진 미래이고 피할 수 없는 미래라면, 한국 교회는 메타버스와 같은 온라인 공간에서의 영성을 선도해야 한다. 온라인 공간을 새로운 선교의 영역으로 삼아 이곳에서 청지기의 역할을 기꺼이 수행해야 한다.

세계적인 선교학자인 랄프 윈터 Ralph D. Winter 는 세계 선교를 3기로 구분하여 설명하였다. 제1기는 유럽 문화와 인접한 해변 지역 선교 시대, 제 2기는 내륙으로의 확장이었다. 제3기는 미전도 종족 선교로 방향이 설정되었다.

필자는 코로나19 팬데믹이 종식된 이후, 제4기 선교 시대가 열릴 것으로 생각한다. 물리적 장벽이 허물어지고, 언어와 인종의 구분이 사라지며, 이전에는 없던 새로운 공간을 바탕으로 한 새로운 문화가 세워질 것이며, 이 문화를 통한 선교 사역의 지평이 확장될 것이다. 이런 선교의 시대를 '메타버스 선교' Metaverse Mission 라고 통칭한다.

한국 교회는 메타버스 사역에 대비해야 한다. 이를 위해 교회가 사용하고 있는 온라인 공간에서의 영성을 선도해야 한다. 코로나19로 팬데믹은 한국 교회에 모의 시험과 같은 테스트였다. 앞으로 계속 새로운 기술과 새로운 세대들이 계속적으로 일어날 것이다. 머지않아 MZ세대가 장년이 되고 그다음 세대인 A알파세대가 청년이 되는 시점이 오면 메타버스는 이미 온 생활에 접목되어 상용화될 것이다. 어쩌면 또 다른 팬데믹이 일어나 또 다시 비대면 시대가 올 수 있다. 실제로 그럴 가능성이 높다.

한국 교회가 이전과 같은 대응으로 일관하면 어떻게 되겠는가? 매우 어려운 상황에 처하게 될 것이다. 새로운 세대와 교류하지 못하고 그들이 모이는 공간인 메타버스는 이단 세력들에게 빼앗기고 말 것이다.

하나님은 교회가 교회다움을 회복할 때 교회에 더 큰 은혜와 능력을 허락하신다. 교회가 바로 설 때 메타버스 공간을 하나님의 말씀과 사역으로 가득한 선교의 공간으로 삼을 수 있을 것이다.

에필로그

사명을 위해 변화에 대처하는 교회

2000년 초 인터넷에서는 웨스트민스터사원 바닥에 세워져 있는 어느 묘비의 문구가 떠돌아다녔다. 주후 약 1100년경에 사망한 이름 없는 성공회 주교의 묘비에 적힌 내용인데, 묘의 주인이 누구인지 정확히 밝혀지지는 않았다.[1] 일부는 유대교 랍비 이스라엘 살란터Rabbi Israel Salanter, 1810-1883의 가르침이라고 주장하기도 하는데 정확히는 알 수 없다.[2]

하지만, 누구의 글이었든지 글의 내용은 읽는 이에게 교훈과 영감을 주기에 충분하다. 다음은 그 내용이다.

When I was young and free and my imagination had no limits, I dreamed of changing the world. As I grew older and wiser, I discovered the world would not change, so I shortened my sights somewhat and decided to change only my country. But, it too, seemed immovable. As I grew into my twilight years, in one last desperate attempt, I settled for changing only my family, those closest to me, but alas, they would have none of it. And now as I lie on my deathbed, I suddenly realize: If I had only changed my self first, then by example I would have changed my family. From their inspiration and encouragement, I would then have been able to better my country and, who knows, I may have even changed the world.

젊고 자유롭고 상상력의 한계가 없었을 때 나는 세상을 바꿔보겠다는 꿈을 꾼 적이 있다. 내가 점차 나이가 들고 머리가 커짐에 따라 세상이 변하지 않을 것이라는 것을 깨달았고, 그래서 나는 내 시야를 다소 나의 조국으로 줄여 바꾸기로 결심하였다. 하지만, 그것 역시 쉽지 않았다. 황혼기에 접어들면서, 마지막 필사적인 각오로 나와 나의 가장 가까운 가족들만이라도 바꿔보기로 결심했건만, 안타깝게도 그중 누구도 나는 성공하지 못했다. 그리고 지금에 와서 내가 임종의 자리에 누워 있을 때 나는 비로소 깨달았다. 내가 먼저 내 자신을 바꾸었더라면 나는 내 가족을 바꿨을지 모른다. 그들의 격려와 영감으로 나는 나의 조국을 변화시킬 수 있었을 텐데 말이다. 그리고 혹시 누가 알겠나,

내가 세상을 바꾸었을지.

한국 교회와 한국 기독교인들의 변화는 한 사람의 결단과 용기를 내어 내딛는 한 걸음에서 시작된다. 한 사람이, 한 교회가 하나님의 뜻과 계획에 합하여 기존에 바꾸고 싶지 않은 모든 것을 내려놓고 요단강에 발을 먼저 담근 제사장들처럼 용기내어 결단한다면, 한국 교회는 분명 희망이 있다.

믿음의 먼저 된 세대인 아담도, 아브라함도, 다윗도 실패했다. 예수님의 제자들도 실패했고 그 이후에 나타난 수많은 그리스도인이 실패했다.

하지만, 이 모든 것을 다시 리빌딩하실 수 있는 분 역시 성령 하나님이시고, 성령 하나님께서 역사하셔서 내가 함께 결단하면 성령께서 일하실 것이다.

구약에서는 기도하고 예배를 드려 어떻게든 여호와 하나님께서 오시게 해야 했다. 그러나 신약 시대에 와서는 약속하신 성령께서 이미 우리 안에 와 계신다. 그러므로 구원받은 성도는 "성령이여 내게로 오시옵소서!" 하고 기도하는 것이 아니라, 이미 와 계신 성령께 기도해야 한다.

그래서 한국 교회는 오늘날 교회의 부흥과 성장과 안위를 위해서 기도하는 것이 아니라 성령의 사로잡힘을 위해서 기도하고 간구해야 하는 것이다. 눅 11:13.

성령에 사로잡혔을 때 나타나는 행동 중 하나가 사명을 기꺼이 감당하게 되는 것이다. 성령께 사로잡히면 나도 바울처럼 내가 달려갈 길과 주 예수께 받은 사명행 20:24을 발견하게 된다.

> 보라 이제 나는 성령에 매여 예루살렘으로 가는데 … 내가 달려갈 길과 주 예수께 받은 사명 곧 하나님의 은혜의 복음을 증언하는 일을 마치려 함에는 나의 생명조차 조금도 귀한 것으로 여기지 아니하노라(행 20:22-24).

필자는 한국 교회와 온 신도들이 주 예수께서 주시는 사명을 깨우쳐 다시 교회가 교회다움을 회복하기를 간절히 소원한다. 교회가 교회다움을 다시 회복하는 것이 모든 변화와 도전을 극복할 수 있는 가장 기본적인 요소이자 가장 강력한 교회의 무장이기 때문이다.

그 어느 때보다 온 교회가 개교회와 개교단의 성장과 안정에 힘을 쓸 것이 아니라 변화하는 세상 속에서 하나님의 의도하심을 깨달아야 한다. 시간이 지날수록 새로운 것들은 더욱 진보하여 밀려오고 있고, 새로운 세대들은 계속해서 일어나고 있다. 주님께서 한국 교회를 향해서 계속 외치고 계신다.

> 세월을 아끼라. 때가 악하니라! 그러므로 어리석은 자가 되지 말고 오직 주의 뜻이 무엇인가 이해하라(엡 5:16-17).

교회다움으로 본질을 지키는 교회

한국 교회는 빠르게 변화하는 시대 속에서 주인의 뜻이 무엇인지 분별하고 소명을 감당하기 위해 부지런해야 한다. 그리스도께서는 이런 사람을 선한 청지기라고 부르셨으며, 오늘을 살고 있는 그리스도인들에게도 청지기의 삶을 살 것을 말씀하고 계시다.

한국 교회는 그 어느 때보다 성숙하고 모범적인 모습으로 회복될 것을 요구받는 시대를 지나고 있다. 이는 교회가 사명을 잘 지키고 있지 못하다는 의미도 방증하지만, 세상의 목소리를 통해서 교회에 말씀하고 계시는 것이기도 하다. 단순히 온라인의 사용이 늘어나서 교회의 교세가 위협 받는 것에 교회가 자극받아서는 결코 안 되는 것이다.

오히려 교회가 더욱 선교적인 모습으로 세상에 그리스도께서 헌신하셨던 삶을 현실로 실천할 수 있는 기회인 것을 깨달아야 한다. 그러한 대전환의 계기를 만들지 않으면 교회가 그토록 회복하고자 하는 현장 예배나 현실 교회의 재부흥은 이번 세대에서는 일어나지 않을지도 모른다.

한국 교회와 온 교우들이여! 다 함께 우리의 교회를 다시 성령께 사로잡힌 선한 청지기로 회복시켜야 한다. 교회든 신도든 무조건 끌어모으기만 한다면, 어리석은 부자를 나무라시듯 한국 교회를 주님께서 질책하실 것이다눅 12:16-21.

선한 청지기는 하나님께서 맡겨 주신 달란트를 가지고 하나님의 뜻과 계획에 맞게 사용하고 천국 본향으로 향하는 사람들이다마 25:18.

모세는 바로의 궁에서 지내던 시절에 배운 모든 지식과 지혜, 40년 동안 미디안 광야에서 얻은 모든 경험과 지혜를 이스라엘 자손들이 애굽을 탈출하고, 가나안에 들어서고 더 나아가서는 이스라엘이라고 하는 국가의 기초를 닦는 데 사용하였다.

한국 교회와 한국 교회의 지체들도 세상에서 일어나는 모든 지식과 기술, 지혜와 경험 등을 교회가 더욱 세상에서 선교적인 교회로서의 역할을 추진력 있게 수행할 수 있도록 사용해야 한다. 특히, 온라인 공간이 하나님의 선교와 사역에 가장 역동적으로 사용되어 더 많은 영혼에게 주님의 복음을 전하고, 복음의 열매들이 도처에서 일어나게 하는 가장 강력한 선교의 도구이자 미래 교회의 장이 될 수 있어야 한다. 교회의 확장을 위해서가 아닌, 하나님 나라의 확장과 복음의 전파를 위해 변화가 몰아치는 세상으로 매일 빅스텝을 내디딜 수 있는 굳은 믿음이 필요하다.

성경을 통해 예수님께서 풍랑이 이는 와중에도 베드로에게 물 위를 걸어오라고 말씀하신 것을 기억한다. 그리고 물 위를 잠시나마 걸었지만 거침없는 파도로 인해 믿음이 약해져 물에 빠지고 마는 베드로를 성경을 통해서 접할 수 있었다.

만약 예수님께서 파도를 먼저 잠재우신 이후에 베드로에게 걸어오라 말씀하셨다면 과연 베드로는 예수님께 가는 도중에 바다에 빠지는 일이 일어났을까? 아마 안전하게 예수님께서 계신 곳까지 도착했을 것이다.

하지만, 성경이 전하고자 하는 내용은 그것이 아니다. 성경은 우리에게 질문하고 있다. 신도여, 풍랑이 임한 상황에서도 예수님을 바라볼 수 있는가? 그리고 예수님을 바라보고 나아가며 믿음을 잃지 않을 수 있는가?

예수님은 물에서 베드로를 건지시고 "믿음이 작은 자여 왜 의심하였느냐"마 14:31라고 말씀하셨다. 동시에 성경을 통해 주님은 한국 교회에 물으신다. 몰아치는 세상의 변화 속에서 교회는 그리스도를 바라볼 수 있는가? 급변하는 세상 속에서 교회는 믿음을 지킬 수 있겠는가? 매일 같이 등장하는 새로운 도전들은 교회를 안에서 포위해 오고 있지만, 교회와 신도는 믿음을 지켜야 한다.

그리스도를 믿는 그 믿음이 오늘날의 교회를 교회다운 모습으로 회복시키고 앞으로 등장하게 될 모든 도전을 극복하고 이겨낼 수 있는 기초가 될 것으로 믿는다. 그리고 그 믿음 위에서 교회는 급변하는 세상을 향해 매일 빅스텝을 내디뎌 세상에서 하나님의 복음을 전하며 그리스도의 사랑을 실천하는 사역을 실천할 수 있을 것으로 믿는다.

　필자는 한국 교회로부터 신앙의 유산을 물려받은 신앙인으로서, 한국 교회가 앞으로도 신앙의 선구적 역할을 감당하기를 바란다. 하나님께 부름받은 사역자로서 수많은 교회와 교회의 지체인 신도가 매일 새로운 빅스텝을 내디디며 세상으로 나갈 수 있도록 하나님의 영원한 축복과 위로가 한국 교회와 교회를 이루는 지체들, 이 땅에 하나님을 예배하는 모든 교회와 신도에게 항상 있기를 주님의 이름으로 간절히 소망한다.

표 목록

미주

참고 자료

표 목록

<도표-1> 대한민국 종교별 인구 비율 변화   95

<도표-2> 2020년 한국 교회 연령별 신도 숫자와 중심 세대   97

<도표-3> 2040년 한국 교회 연령별 신도 숫자와 중심 세대 예측   97

<도표-4> 대한민국 총 인구 변동 예측   98

<도표-5> 대한민국 초고령(80세 이상)인구 비율 예측   99

<도표-6> 60세 이상 개신교인 및 대한민국 전체 국민 내 60세 이상 비율 비교   100

<도표-7> 한국 교회 신뢰도 변화 (2020년 1월 vs 2021년 1월)   110

<도표-8> 연령별 OTT 플랫폼 이용 변화 추이   117

<도표-9> 기독교인들이 온라인 사역에서 가장 기대하는 사역   119

<도표-10> 지난주 주일예배를 어떻게 드렸는지에 대한 설문   120

<도표-11> 2024년 대한민국은 작년과 비교할 때 어떻게 될 것으로 예상하는지 설문   125

<도표-12> 2024년 나의 삶은 작년과 비교할 때 어떻게 될 것으로 예상하는지 설문   125

<도표 13> 지난 주 주일예배를 어떻게 드렸는지에 대한 설문 (2020년 ~ 2023년)   215

<도표-14> 청장년층의 팬데믹 이전 대비 현장 예배 (2022년 ~ 2023년)   217

<도표-15> 현재 시무하는 교회의 주일예배 방식 현황   219

<도표-16> 비개신교인과 개신교인이 생각하는 교회의 주요 사역   245

<도표-17> 비개신교인과 개신교인이 생각하는 참교회의 모습   246

<도표-18> 개신교인과 비개신교인이 생각하는 교회의 공적 역할   246

미주(Endnotes)

■ 프롤로그

1 WHO는 국제보건규칙(IHR)긴급위원회 결정에 따라 국제공중보건위기상황(PHEIC) 선포를 해제한다고 2023년 5월 5일(현지시간) 발표했다. 이로써 2019년부터 지속된 코로나19 팬데믹은 3년 6개월여 만에 종식된 것이다.
2 '콘택트'(contact: 접촉하다)에 부정의 의미인 '언'(un-)을 합성한 말로, 기술의 발전을 통해 점원과의 접촉 없이 물건을 구매하는 등의 새로운 소비 경향을 의미하는 것에서 시작되었지만 오늘날에는 접촉 없이 연결되는 모든 관계와 형태를 통칭적으로 의미한다.

■ 1부 크고 새로운 것들이 온다

1 김상일 외 14명, 「메타버스 시대의 신학과 목회」(서울: 동연, 2022), 78. 메타버스(Metaverse)는 가상, 초월을 의미하는 '메타'(meta)와 세계, 우주를 의미하는 '유니버스'(universe)를 합성한 신조어다. '가상 우주'라고 번역하기도 했다. 가상 현실, 증강 현실을 결합한 상위 개념으로서 현실을 디지털 기반의 가상 세계로 확장해 가상 공간에서 모든 활동을 할 수 있게 만드는 시스템이다. 구체적으로 정치와 경제, 사회, 문화 전반적 측면에서 현실과 비현실이 공존하는 생활형, 게임형 가상 세계라는 의미로 폭넓게 사용되고 있다.
2 너희도 아는 바니 만일 집 주인이 도둑이 어느 시각에 올 줄을 알았더라면 깨어 있어 그 집을 뚫지 못하게 하였으리라 이러므로 너희도 준비하고 있으라 생각하지 않은 때에 인자가 오리라 충성되고 지혜 있는 종이 되어 주인에게 그 집 사람들을 맡아 때를 따라 양식을 나눠 줄 자가 누구냐(마 24:43-45).
3 네가 온전하고자 할진대 가서 네 소유를 팔아 가난한 자들에게 주라…그리고 와서 나를 따르라(마 19:20).

4   하나님이 그들에게 이르시되 복을 주시며 하나님이 그들에게 이르시되 생육하고 번성하여 땅에 충만하라, 땅을 정복하라, 바다의 물고기와 하늘의 새와 땅에 움직이는 모든 생물을 다스리라 하시니라(창 1:28).
5   최윤식, 최현식, 『빅체인지 한국 교회』(서울: 생명의말씀사, 2021), 38
6   이상규, 『전염병과 마주한 기독교』』(군포: 다함, 2020), 147-154
7   Wendy J. Gade, *Pandemic Flu Plan for the Church: Ministering to the Community in a Time of Crisis* (Bloomington, IN: WestBow Press, 2016)
8   이상규, "초기 기독교는 전염병에 어떻게 대처했을까?",「기독신문」, 2020년 3월 27일자.
9   권형진, 『세계 각국사 시리즈: 독일사』(서울: 대한교과서, 2005), 64-74. 요한 테첼(Johann Tetzel)은 독일 라이프치히 출신 도미니크회 소속 수도사였다. 그는 1504년 본인 마음대로 면죄부를 판매한 이력이 있는 인물이었다. 당시 조반니 디 메디치(Giovanni di Bicci di Medici)라는 인물이 있었는데 그는 자기 가문의 부를 유지하고 정치적 권력을 확보하기 위해 성직에 진출하였고 1513년에는 교황 레오 10세로 선출되었다. 그는 기본적으로 성직자의 자질이 부족한 인물이었으며 사치와 탐욕을 서슴지 않았다. 그의 탐욕을 채우기에는 당시 중세 교회의 재정이 부족했으며, 이를 채우기 위한 방법을 모색하던 중 그가 발견한 인물이 도미니크회 소속 수도사인 테첼이었다. 1514년 교황청은 그를 징계하기는커녕 새로운 면죄부 판매를 공식 임무로 부여하였다. 이렇게 면죄부 판매로 얻어진 부는 고위 성직자들의 사적 용도로 사용되거나 교황청에 바쳐졌다. 문제는, 이러한 만행들이 당시 유럽 인구의 1/3이 사망하는 사건이 발생했음에도 일어났다는 것이다.
10 Justin Tayler, "When the Deadly Outbreak Comes: Councel from Martin Luther". 2020.03.12. "내가 병들었을 때에 너희가 돌보지 아니하였느니라"는 주님의 말씀을 따르면, 우리는 서로에게 묶여 있어 누구도 고통 중에 있는 다른 사람을 버릴 수 없고, 그 사람이 도움을 받고자 할 때 기꺼이 그를 돕고 거들어 줘야 할 책임을 안고 있다.
11 신동수, "1920년대 미국 '영적 대공황' 2020년 한국 교회에 주는 교훈"「크리스천투데이」2020년 11월 26일자.
12 Influenza Encyclopedia, "The American Influenza Epidemic of 1918-1919"
13 신동수, "1920년대 미국 '영적 대공황' 2020년 한국 교회에 주는 교훈"「크리스천투데이」2020년 11월 26일자.

14 요한계시록에 첫 사랑을 버린 에베소 교회를 향하여 주님께서 말씀하신 것을 기억해야 한다. 회개하지 아니하면 내가 네게 임하여 네 촛대를 그 자리에서 옮기리라 (계 2:5).
15 지용근 외 9명, 『한국 교회 트렌드 2023』 (서울: 규장, 2022). 30. 2022년 4월 18일 정부의 사회적 거리두기 전면 해제 직후 목회데이터연구소에서 실시한 개신교인 조사 자료에 의하면 "주일예배를 반드시 교회에서 드려야 한다"고 응답한 응답자는 34.1%였으나, 반면 온라인 예배나 가정 예배로 대체할 수 있다고 대답한 응답자는 61.1%에 달하였다.
16 가나안 성도, 혹은 가나안 교인이라는 용어는 성경의 나오는 지명인 '가나안'을 거꾸로 하면 '안나가'라는 문자이며 어떤 특정한 곳에 가지 않는다는 의미다. 그러므로 '가나안' 교인이란 교회에 나가지 않지만 자신은 기독교인이라고 말하는 사람들이다. 교인이라 스스로 부르지만 교회를 출석하지 않기 때문에 이들을 성도로 분류하는 것에 논쟁이 있지만, 그들은 스스로 신앙이 있는 사람들이라고 생각하기 때문에 성도로 불리는 것을 선호한다. 이미 미국에서는 'Believing without Belonging'(소속 없는 신앙)혹은 'Unchurched Christian' (교회 없는 크리스천)이라고도 불리고 있다.
17 지용근 외 9명, 『한국 교회 트렌드 2023』(서울: 규장, 2022). 37-38.
18 김난도, 전미영 외 7명, 『한국 교회 트렌드 2022』(서울: 미래의창 2021), 9
19 다양한 정보들을 객관적인 관점으로 이해하고 판단하는 것이 아니라 평소 본인이 가지고 있는 성향에 따라 편향적인 정보들을 접하고 선택하게되어 기존 성향이 더욱 강화되는 현상을 말한다. 특히, 알고리즘에 의해 사용자의 성향을 분석하여 사용자의 취향에 따라 정보가 노출되기 때문에 이러한 현상은 더욱 강화될 수 있다.

■ 2부 새로운 세대가 일어나다

1 지용근 외 9명, 『한국 교회 트렌드 2023』 (서울: 규장, 2022). 56.
2 Ibid., 61.
3 Ibid., 65.
4 2007년 7월 13일, 경기도 성남시 분당구에 소재한 분당샘물교회 교인들이 이슬람을 믿는 무슬림들의 지역에 복음을 전파하겠다는 이유로, 분쟁 지역

인 아프가니스탄에 입국을 강행했다가, 현지 이슬람 근본주의 과격 단체 탈레반에게 인질로 붙잡힌 사건이 있었다. 당시 아프가니스탄을 방문하는 것은 굉장히 위험한 행동이었다. 사건 5개월 전인 2007년 2월에는 탈레반이 자신들의 동료들을 석방해 달라는 조건을 걸기 위해서 한국인들을 납치하려 한다는 첩보가 이미 입수되었고 이를 대한민국 정부는 선교사 등에게 육로 이동을 금지할 것을 권고하고, 아프간을 여행 제한 국가로 분류한 상태였다. 샘물교회에도 정부에서 협조 공문을 보낸 적이 있으며, 사건 2개월 전인 같은 해 5월에도 각별한 신변주의 요청과 함께, 특히 아프간 남부 지역의 방문은 자제해 줄 것 그리고 아프간 현지에 나가 있는 선교사 단체들도 철수를 적극 검토해 줄 것을 요청했다. 이로 인해, 아프간에 가려던 대부분의 선교사 단체들은 계획을 포기했다. 그러나 샘물교회의 선택은 달랐다. 그리고 사건은 일어났고 정부는 이들을 생환시키기 위해 많은 인력과 세금을 투입할 수밖에 없었다. 샘물교회를 향한 여론의 비난은 무서웠다. 그리고 그 비난은 일개 교회로 끝나지 않고 기독교 전체를 비난하게 이르렀다. '개독교'라는 비속어는 이 사건을 계기로 등장하였다.

5   Pew Research Center, *Where Milennials End and Generation Z Begins*, 2018
6   지용근 외 9명, 『한국 교회 트렌드 2023』 (서울: 규장, 2022). 173-176.
7   이은혜, "기독 청년들이 교회를 떠나는 이유", 「뉴스앤조이」, 2021년 4월 16일자.
8   Balance between Work and Life의 줄임말.

■ 3부 한국 교회에 산적한 문제들

1   한국성결신문, "개신교 인구 15%까지 감소…무종교인 급증, 2024년 2월 6일. 19세 이상 개신교인 2,000명, 비개신교인 1,000명, 목회자 802명, 일반인 9,182명(한국갤럽 조사) 등 총 1만 2,984명을 대상으로 조사.
2   최윤식, 최현식, 『빅체인지 한국 교회』 (서울: 생명의말씀사, 2021), 320-322
3   통계청이 각종 인구 통계를 '시각화 콘텐츠'로 구현해 지난달 2023년 3월 27일 공개한 웹사이트 '인구로 보는 대한민국'에는 한국 사회 고령화 속도를 실감케 하는 자료들이 공개되었는데 2024년 2월 9일 기준, 대한민국

의 생산연령인구는 36,327,585명 그리고 2072년에는 16,575,182명으로 줄어들 것으로 나타났고, 청년인구는 현재 10,444천여 명이지만 2072년에는 4,505천여 명으로 감소할 것으로 예측하였다. 반면, 고령인구(65세 이상)는 현재 9,938,235명(19.2%)인데 반해 2072년에는 17,270,735명(47.68%)으로 배 이상 증가할 것으로 예상하였다. 이 가운데 초고령인구(80세 이상)의 비중은 4.6%에서 22.4%로 대한민국 인구의 5명 중 1명으로 집계될 것으로 전망한다. 대한민국의 고령화는 OECD 국가들 가운데서도 가장 높다.

4   최윤식, 최현식, 『앞으로 5년, 한국 교회 미래 시나리오』 (서울: 생명의말씀사, 2020). 195.
5   왕하 17:28-35; 삿 17:6; 딤전 4:1-2.
6   겔 13:1-16.
7   요한계시록 2장 12-16절. 니골라당(Nicola tans)은 무율법주의자와 무도덕주의자들로, '율법의 때는 지났으므로 지킬 필요가 없다', '육신은 악이요 영만이 선하므로 육신으로는 무슨 일을 하든 상관없다'고 주장하던 무리다. 그리스도인은 은혜로 보호를 받기 때문에 어느 곳에 가서 무엇을 행하든 해 받음이 없다고 주장했다. 니골라 당의 기원에 관해서는 두 가지 설이 있는데, 역사적 기원설로 유대교에 입교한 수리아의 안디옥 사람(이방인)으로 다시 기독교로 개종해 초대 교회 일곱집사의 한 사람인(행 6:5) 니골라(Nicolas)가 후 일에 배교하여 이 당을 시작했고 그의 제자들은 니골라의 엄격한 율법주의에 대한 반발로 무율법주의로 떨어졌다는 설과 상징적 기원설로 '백성을 이김'이라는 뜻의 "니골라"라는 말을 계시록 2:14의 '백성을 삼킴'이란 "발람"과 동의어로 보고 발람의 교훈을 쫓는 자들처럼 기독교 복음을 세속적인 문화와 절충하여 교회안에 우상 숭배와 성적인 부패가 들어오게 되었다고 보는 설이다.
8   계 2:19-29.
9   이는 교회에 나타난 작금의 현실이 팬데믹으로 인해 생겨난 문제점들이 아닌 교회 안과 밖에 이미 산재한 문제들이었으며, 언젠가 드러날 민낯이었다. 다만 팬데믹이 그 시기를 앞당겼을 뿐이다.
10 우성규, "한국 교회 코로나 대응 평가 '극과 극' 교회와 시민들 인식 차 뚜렷", 「국민일보」, 2021년 4월 5일자.
11 OTT(Over-The-Top)은 안테나로 수신하는 지상파 방송이나, 셋톱박스에 케이블을 연결하여 시청하는 케이블 방송 등이 아니라 인터넷으로 영화,

방송, 음악 등 각종 디지털 콘텐츠를 수신하는 방식으로 OTT 플랫폼을 이용하면 방송국이나 중간 통신 업체를 거치지 않고 콘텐츠 제작자의 앱과 웹사이트에서 직접 미디어를 스트리밍할 수 있다. 미국에서는 대표적으로 넷플릭스나 디즈니플러스, 유튜브 등이 있다.

12 지용근 외 10명, 『한국 교회 트렌드 2024』 (서울: 규장, 2023). 82-83
13 https://www.rightnowmedia.org
14 https://www.fondant.kr
15 지용근 외 10명, 『한국 교회 트렌드 2024』 (서울: 규장, 2023). 89-90
16 Ibid. 92
17 2023년 6월 미국의 AI 기술에 선도기업 중 하나인 OpenAI의 샘 알트만(Sam Altmas)대표와 그렉 브로크만(Greg Brockma) 사장이 한국을 방문을 했다. 그들이 간담회에서 받은 질문이 'AI가 종교 단체의 역할을 대신할 수 있겠는가?'였는데 브로크만 사장은 이에 '매우 그렇다'고 확신에 차서 말했다. 그 근거로 그가 말한 것이 "이미 AI 목사가 존재하고 사람들이 처한 상황에 따라 적절한 성경 구절을 제시하며 조언하는 역할을 수행하고 있기 때문"이라고 하였다. 그는 교회의 기능에 대해 깊은 이해를 가지지 못한 것으로 보여진다. 한국에서도 유사한 기독교 인공지능 서비스가 출시되었다. '주님 AI'(현 초원AI)가 시작되어 기독교인과 비기독교인 모두에게 성경적인 답변을 제공하고, 성경 말씀을 제시하며, 상황에 따라 기도문을 생성해 주기도 한다. 이러한 종교적 조언과 제안을 하는 것도 교회의 역할 중 하나임에 분명하고, 어느정도 온라인과 인공지능의 영역에서 도움을 줄 수 있겠지만, 이러한 기능들이 교회의 역할을 대체할 수 있다고 생각하기는 어렵다.
18 이동한, "2024년에 대한 기대감", 「여론 속의 여론」, 2024년 1월 24일자.
19 조현, "목사, 99% '교회 내부 혁신 필요' 32.8% '주요 개혁 대상은 목회자'", 「한겨레」, 2021년 1월 19일자.

■ 4부 이제, 교회의 기초를 다시 쌓을 때

1 J, Merman Bavinck, *An Introduction to the Science of Mission*, trans. David Hugh Freeman (Grand Rapids: Baker Academic, 1960), 153. 바빙크는 "배고픈 사람

들은 설교에 귀를 기울일 수가 없기 때문에 그들에게 필요를 제공함으로서 복음을 전달받을 수 있게하는 사역 역시 교회의 주된 임무이다" 고 하였다.
2 기술적으로 온라인만을 통한 교회 생활은 가능하다고 생각한다. 방송을 통해서 예배를 드리고, 화상회의 프로그램을 통해 양육과 훈련을 받고, 교제를 나누며 다음 세대를 교육할 수 있다. 생방송이나 녹화 방송을 통해 지역 공동체나 해외의 선교지에 복음을 전파할 수도 있다. 하지만, 이는 현실적으로는 지속성 여부가 불투명하다. 신앙생활을 일상의 터전에서 이어가야 하는 신도들이 성전에서 드리는 예배만큼의 영적 교제를 할 수 있을지, 혹은 얼마나 지속할 수 있을지 그리고 온라인으로만 사역을 꾸려간다면 교회가 영적인 관리와 지도를 계속적으로 효과적으로 이루어질지에 대한 불확실성이다.
3 김균진, 『기독교조직신학 4』 (서울: 연세대학교대학출판문화원, 1999) 31.
4 그러나 그를 맞아들인 사람들, 곧 그 이름을 믿는 사람들에게는, 하나님의 자녀가 되는 특권을 주셨다(요 1:12).
5 사람이 마땅히 우리를 그리스도의 일꾼이요 하나님의 비밀을 맡은 자로 여길지어다 그리고 맡은 자들에게 구할 것은 충성이니라(고전 4:1-2).
6 당시 루터가 주장한 믿음에 대한 행동은 교황청이 판매하였던 면죄부를 직접적으로 거부하였던 저항 운동이었다.
7 Stanley J. Grenz, *Theology for the Community of God* (Nachville, TN: Broadman & Holman Publishers, 1994), 604.
8 Edmond S. Morgan, *Visible Saints: The History of a Puritan Idea* (New York: New York Univerisuty Press, 1963), 14.
9 J. L. Dagg, *A Treatise on Church Order* (Harrisonburg, VA: Gano Books, 1982), 74.
10 김균진, 『기독교조직신학 4』 (서울: 연세대학교 대학출판문화원, 1999) 56.
11 Ibid. 60. 교회의 시작은 사람들에게 있지 아니하고 삼위일체 하나님에게 있다. 교회는 개인들이 자발적으로 자유롭게 결합하여 만든 결사가 아니다. 그것은 교회 구성원의 총화 이상의 것이다. 교회가 삼위일체로부터 기인한다는 것은 본질적으로 교회는 하나님의 뜻을 따르고 하나님의 영인 성령의 인도를 따라야하며 그의 사랑 안에서 서로를 돌보는 거룩한 공동체임을 선언하는 것이다.
12 최근 확산 중인 '신앙은 있지만 종교적이지 않은'이라는 의미를 가진

SBNR이 여기에 속한다. 그들은 스스로 신앙을 가지고 있다고 하고 공동체 모임인 지역 교회에 나오지 않을 뿐이라고 말하지만, 사실 이것은 성경적이라고 말 할 수 없다. 이 책 부록에 담긴 내용을 참고하라.

13 Arthur W Wainwright, *The Trinity in the New Testment* (London: S.P.C.K., 1962) 256-260.
14 Millard J. Erickson, 『복음주의 조직신학 (하)』, 신경수 역 (서울: CH북스, 2000) 226.
15 Ibid., 227.
16 오진철, 『교회론』 (서울: 누가, 2020) 204.
17 John S. Hammet, *Biblical Foundations for Baptist Churches: A Contemporary Ecclesiology* (Grand Rapids: Kregel Academics, 2005) 238.
18 Ralph Martin, *The Worship of God* (Grand Rapids: Eerdmans, 1982) 4.
19 Langdon Gilkey, *How the church Can Minister to the World Without Losing Itself* (New Yoek: Harper and Row, 1964) 104.
20 이스라엘은 자기를 지으신 이로 말미암아 즐거워하며 시온의 주민은 그들의 왕으로 말미암아 즐거워할지어다(시 149:2).
21 하나님은 영적인 분이시다. 그러므로 예배하는 사람들은 영적으로 참되게 하나님께 예배 드려야 한다(요 4:24).
22 할렐루야, 내가 정직한 자들의 모임과 회중 가운데에서 전심으로 여호와께 감사하리로다(시 111:1), 내가 전심으로 주께 감사하며 신들 앞에서 주께 찬송하리이다(시 138:1).
23 만일 우리가 우리 죄를 자백하면 그는 미쁘시고 의로우사 우리 죄를 사하시며 우리를 모든 불의에서 깨끗하게 하실 것이요(요일 1:9).
24 그러므로 예물을 제단에 드리려다가 거기서 네 형제에게 원망들을 만한 일이 있는 것이 생각나거든 예물을 제단 앞에 두고 먼저 가서 형제와 화목하고 그 후에 와서 예물을 드리라(마 5:23-24).
25 그들이 사도의 가르침을 받아 서로 교제하고 떡을 떼며 오로지 기도하기를 힘쓰니라(행 2:42).
26 John S. Hammet, *Biblical Foundations for Baptist Churches: A Contemporary Ecclesiology*, 233.
27 주 예수 그리스도의 은혜와 하나님의 사랑과 성령의 교통하심이 너희 무리와 함께 있을지어다(고후 13:13).

28 John S. Hammet, *Biblical Foundations for Baptist Churches: A Contemporary Ecclesiology*, 234.
29 그가 밤에 예수께 와서 가로되 랍비여 우리가 당신은 하나님께로서 오신 선생인 줄 아나이다. 하나님이 함께 하시지 아니하시면 당신의 행하시는 이 표적을 아무라도 할 수 없음이니이다(요 3:2).
30 Dietrich Bonhoeffer, *Letters and Papers from Prison* (New York: Macmillan, 1967), 204.
31 Millard J. Erickson, *Christian Theology* (Ada: Baker Academic, 2013), 1053.
32 Ibid., 1054.
33 헤롯이 영광을 하나님께로 돌리지 아니하므로 주의 사자가 곧 치니 벌레에게 먹혀 죽으니라(행 12:23)
34 J, Merman Bavinck, *An Introduction to the Science of Mission*, trans. David Hugh Freeman (Grand Rapids: Baker Academic, 1960), 153.
35 Friedrich Nietzsche, *Thus Spoke Zarathustra* (UK: Oxford University Press, 2009), 150.
36 오진철, 『교회론』(서울: 누가, 2020), 240.
37 그 사람들이 예수께서 행하신 이 표적을 보고 말하되 이는 참으로 세상에 오실 그 선지자라 하더라 그러므로 예수께서 그들이 와서 자기를 억지로 붙들어 임금으로 삼으려는 줄 아시고 다시 혼자 산으로 떠나가시니라(요 6:14-15).
38 David Wells, 『용기있는 기독교』, 홍병용 역(서울: 부흥과개혁사) 349.
39 Ibid. 350.
40 Benjamin L. Gladd, Matthew S. Harmon, 『하나님 나라와 교회 생활』, 신윤수 역 (서울: 부흥과개혁사) 51.
41 하나님께서는 회개하지 않았던 이스라엘을 내버려주셨다. 이스라엘이 북왕국과 남왕국으로 분열되고 각각 앗수르(주전 722년)와 바벨론(주전 586년)에 의해 멸망당할 때에도, 그들이 약속의 땅인 가나안에서 내쫓김을 당할 때도 하나님은 침묵하셨다. 마치 하나님의 낙원에서 범죄한 아담이 내쫓겨날 때에도 하나님께서는 그들을 내버려두셨듯 말이다.
42 Benjamin L. Gladd, Matthew S. Harmon, 『하나님 나라와 교회 생활』, 신윤수 역 (서울: 부흥과개혁사) 43.
43 Herman Ridderbos, 『바울신학』(*Paul: An Outline of His Theology*)(서울: 개

혁주의신행협회, 1999), 600

44 David Wells, 『용기있는 기독교』, 홍병용 역(서울: 부흥과개혁사), 350.
45 옛 언약 백성과 새 언약 백성의 차이는 아래와 같다(렘 31:31-34, 겔 36:24-28). 새 언약으로 조성 될 '하나님의 새 언약 백성'은 본성적으로(존재론적으로) 새 사람이다. 새 영, 곧 성령님을 받아 새 마음을 가진 새로운 존재다. 성령님으로 굳은 마음이 제거되고 '부드러운 마음'-하나님을 사랑하고 순종하려는 마음- 곧 새 마음을 가진 백성이다. 성령님으로 하나님의 법(율법)이 그 마음에 기록되어 하나님의 뜻대로 살 수 있는 새 마음을 가진 백성이다. 그래서 작은 자로부터 큰 자까지 서로 여호와를 알라고 할 필요가 없을 정도로 하나님과 하나님의 법을 아는 자들이다. 이들은 영원토록 하나님의 나라에 거하는 하나님의 백성이 되고 하나님께서는 그들의 하나님이 되셔서 절대 거룩에서 실패하지 않는 백성이며 옛 언약 백성과 질적으로 다른 자들이다.
46 미국 Linchburg에 소재한 한 교회의 슬로건이 다음과 같았다. 'Don't go to church. Be a church!'
47 Benjamin L. Gladd, Matthew S. Harmon, 『하나님 나라와 교회 생활』, 신윤수 역 (서울: 부흥과개혁사), 46.
48 David Wells, 『용기있는 기독교』, 홍병용 역 (서울: 부흥과개혁사), 344.
49 이신건, 『교회에 대한 오해와 이해』(서울: 신앙과지성사), 113.
50 David Wells, 『거룩하신 하나님』, 윤석인 역 (서울: 부흥과개혁사), 34

■ 5부 온라인교회를 교회로 볼 수 있을까?

1 코로나 팬데믹이 발생한 2020년 봄부터 한국 교회는 온라인 목회에 관한 활발한 연구를 통한 지침들을 제시하고 있다. 한 예로서, 한국 복음주의 실천신학회가 「복음과 실천신학」의 2020년 봄호인 제54권부터 2021년 가을호인 제61권까지 게재한 총 53편의 논문 중에 코로나 팬데믹 시대에 온라인 예배와 설교 그리고 성찬에 관한 논문은 다수이다. 하지만, 온라인교회에 관한 연구는 없는 실정이다. 안덕원, "디지털 미디어 시대의 기독교 예배", 한국복음주의실천신학회, 「복음과 실천신학」 56 (2020): 45-82.
2 David Lochhead, *Shifting Realities: Information and the Church* (Geneva: WCC

Publications, 1997), 48.
3   Church of England Board of Social Responsibility, *Cybernauts Awake!* (London: Church House Publishing, 1999), 153.
4   Lochhead, *Shifting Realities*, 52.
5   Tim Hutchings, Creating Church Online: A Case-Study Approach to Religious Experience", in Study in World Christianity 13 (2007): 243. Charles Henderson은 인터넷에서 회중을 최초로 구성하여 온라인교회를 세웠다는 점에서 의의가 있다. Teresa Berger는 가톨릭교회 신학자로서 The First Church of Cyberspace는 개신교회 핵심적인 특징인 설교에 초점을 맞추었고, 그 설교가 웹상에 포스팅 되었다고 주목하면서, 1998년에 설립된 로마 가톨릭교회가 세운 온라인교회인 " St. Bonifatius- Internet-Kirche"는 "지도 신부와의 대화를 위한 채팅룸, 중보기도를 위한 게시판, 월 1회 모이는 저녁 기도회, 부활절 직전 몇 주 동안의 사순절 금욕 실행을 위한 권유 등과 같은 수많은 교회 절기를 위한 예배 계획 등을 제공한다"고 밝힌다. Teresa Berger, *Liturgical Practices in Digital Worlds*, 안선희 역, 『예배, 디지털 세상을 만나다』(서울: CLC, 2018), 102.
6   Fazlul Rahman, "Cyberising God: A Theo-Phenomenological Investigation of Religion Online and Online Religion", Academic Journal of Religion Studies 1 (2016): 302-03. Simon Jenkins을 포함한 친구들은 1998년에 「Ship of Fools」 (바보들의 배)라는 온라인 버전의 잡지를 창간했다. 그들은 인쇄물보다 인터넷의 높은 잠재력을 확인한 후, 2003년에 온라인 3D 공간에 "방주"(The Ark)라고 일컫는 노아의 방주를 구현했다. 방주는 2개 층과 일곱의 방들 그리고 동물들을 가둔 두 개의 지하실을 갖춘 넓은 공 간을 3D 화면으로 재현했다. Jenkins와 그의 친구들은 그들의 온라인 아바타로 온라 인상의 방주에서 활동했다. 그리고 누구든지 방주에 참여할 수 있게 했으며, 매일 4,000명 이상이 방주 사이트에 접속해 12명이 활동하는 것을 보았다.
7   Ibid., 304-305.
8   Ibid., 306.
9   Ibid., 306-307. 바보들의 교회에 등록한 2,500명들 중 남성이 58%, 30대 미만이 50%이었으며, 방문자 중 39%는 교회에 거의 가지 않고 성탄절이나 부활절에 참석하는 사람들이었고, 방문자 중 미국인이 48%, 영국인이 27%, 그 밖에 유럽인이 12%로 구성되었다.

10 "St Pixels Internet Church"; available from http://www.stpixels.com.
11 전생명, "온라인 사역과 선교", 「월간교회성장」 342 (2021): 49.
12 https://www.life.church
13 김영석, "2021 온라인교회건축프로젝트", 「월간교회성장」 342 (2021): 22-23. 교회성장연구소의 김영석 소장은 "한국 교회를 약 5만여 개 정도로 본다면 그중 홈페이지를 자체 제작하거나 홈페이지 빌더 시스템 등을 활용하여 온라인 사역을 하는 교회들을 2만 개 정도로 볼 수 있다"고 하였다. 그리고 "나머지 3만 개 교회 중 다음 카페, 네이버 블로그 등으로 온라인 사역을 하는 교회들을 5천에서 1만 개 정도로 추정한다면 2만 개에서 2만 5천 개 정도 교회들, 특히 작은 교회, 미자립교회, 농어촌교회들이 온라인 사역을 할 수 있는 홈페이지가 없다고 판단할 수 있었다"고 보고한다.
14 김병삼, 『올라인 교회』 (서울: 두란노서원, 2021), 65-67.
15 Ibid., 68.
16 Ibid., 67-68.
17 김병삼, "올라인(All Line) 교회와 예배", 「월간교회성장」 338 (2021): 37-38
18 김진홍, "온라인교회, 기존교회 성도는 NO!", 「뉴스파워」, 2020년 9월 17일자.
19 정소영, "온라인교회는 교제와 양육을 통한 성도의 회복이다", 「목회와 신학」 390 (2021): 68.
20 양재영, "목사도 성전도 없다. 아둘람 온라인공동체의 실험", 「뉴스M」 2020년 5월 28일자.
21 Ibid.
22 김아영, "온라인교회에 대한 분명한 소명, 차별화 된 콘텐츠 필요", 「국민일보」 2021년 6월 30일자.
23 Ibid.
24 케이바이블 온라인교회 홈페이지, https://www.kbible.kr/41?category=1151230.
25 김병삼, 『올라인 교회』 (서울: 두란노서원, 2021), 21.
26 Kay Taylor and Laura Silver, "Smart Phone Ownership Is Growing Rapidly Around the World, But Not Always Equally", Pew Research Center (2019); 김병삼, 『올라인 교회』, 61.

27 김영석, "온라인교회 세우기", 「월간교회성장」 342 (2021): 18.
28 주종훈, "디지털 예배의 목회신학적 고찰과 실천 방향", 「복음과 실천신학」 60 (2021): 51.
29 Thom S. Rainer, The Post-Quarantine Church, 『코로나 이후 목회』 m 정성묵 역 (서울: 두란노서원, 2020), 16. 톰 레이너는 그의 책에서 코로나19 이후에 나타날 교회 사역의 변화에 대해 아홉 가지를 예측하여 제시한다: 첫째, 사역의 단순함, 둘째, 교회 밖에 관한 관심의 증가, 셋째, 예배 인원의 감소, 넷째, 지교회의 확대, 다섯째, 디지털 사용 능력에 대한 수요 증가, 여섯째, 가나안 성도에게 더 많은 초점을 맞출 것, 일곱째, 온라인 예배에 집중할 것, 여덟째, 사역자들의 목회 훈련에 새로운 콘텐츠를 만드는 훈련이 추가될 것, 아홉째, 목회자들이 더 이상 뒤에서 뒷짐 지지 않고 더 평등한 상황에서 함께 사역을 감당할 것을 제시한다.
30 김병삼, 『올라인 교회』 (서울: 두란노서원, 2021), 65.
31 Ibid., 68.
32 장지동, "뉴노멀 시대, 온라인 통한 교회 개척 가능할까?", 「기독일보」 2020년 10월 8일자, 본 기사는 대한기독교서회가 『비대면 시대의 새로운 교회를 상상하다』의 출판 기념으로 개최한 "코로나 이후 뉴노멀 목회를 상상하다" 콘퍼런스에 관한 기사로서, 성결대학교 선교학과 윤영훈 교수의 "온라인 공간에서 실험하는 새로운 교회"의 발제를 통해, 사이버 공간에 새로운 선교적 확장을 위한 온라인교회의 가능성을 주장한다.
33 김광열, "확장되는 '온라인교회', 공예배 중요성 약화 시키면 안 된다", 「기독신문」 2020년 11월 17일자. 해당 기사는 예장합동 교단지인 기독신문이 "'위드 코로나 시대' 2021년 목회 계획"의 특집 기사로, 총신대학교 조직신학 김광열은 코로나 시대에 한국 교회에 등장한 온라인교회를 경계하면서 "오프라인 예배는 그대로 가되, 오프라인 예배의 부족한 부분을 보충하는 차원에서 온라인 예배를 병행하는 것이 바람직하다"고 지적한다.
34 Clowney, The Church, 115-125. Clowney는 "선교 단체들, 가정 교회들, 운동들 그리고 교파들의 뒤범벅 속에 참 교회와 거짓 교회를 구분하는데 도움이 되는 기준들이 있는가? 그런 표지들에 비추어 볼 때 우리가 그런 단체들을 정당하게 '교회'라고 불리는 단체에 연결시킬 수 있는가?"라며, 교회는 개혁파 신학자들의 주장대로 교회의 3대 표지인 말씀, 성례, 권징이 있어야 참된 교회라고 할 수 있다고 주장한다.

35 Louis Berkhof, *Systematic Theology* by Louis Berkhof, 『벌코프 조직신학』, 권수경, 이상원 역 (서울: 크리스챤다이제스트, 2000), 834.
36 Berkhof, *Systematic Theology*, 835.
37 최덕성, "2020년, 뉴노멀온라인교회시대열리다", 「크리스천투데이」 2020년 6월 20일자,
38 윤영민, "코로나시대, 온라인교회는 합당한가?", 「복음과 실천신학」 63, (2022), 19
39 김병삼, 『올라인 교회』 (서울: 두란노서원, 2021), 77-78.
40 이승우, "코로나 팬데믹 상황에서 온라인 성찬에 관한 연구", 「복음과 실천신학」 61, (2021), 115.
41 Hutchings, "Real Virtual Community", 157.
42 Berkhof, *Systematic Theology*, 836.
43 David Clough, *Unweaving the Web: Beginning to Think Theologically About the Internet* (Cambridge: Grove Books, 2002), 22.
44 주종훈, "디지털 예배의 목회신학적 고찰과 실천 방향", 「복음과 실천신학」 60 (2021): 54.
45 김진홍, "11월 21일 건물 없는 교회, 두레온라인교회를 창립합니다", 「크리스천투데이」 2020년 11월 2일자,
46 최진봉, "비대면 시대, 온라인과 오프라인을 넘나드는 예배", 「목회와 신학」 375 (2020): 52. 최진봉은 "예배가 하나님을 디지털 영상이나 가상 공간에서 처리해야 할 정보가 아닌, 신자들과 교감하고, 만나며, 그들과 하나 되는 인격체로 경험해야 한다"는 의미로 "예배는 본질상 실용적이기보다 신학적이어야 한다"고 주장한다.

■ 6부 한국 교회, 다시 교회를 교회답게

1 최윤식, 최현식, 『빅체인지 한국 교회』 (서울: 생명의말씀사, 2021), 351-352.
2 지용근 외 10명, 『한국 교회 트렌드 2024』 (서울: 규장, 2023). 40-41.
3 한국목회자협회, 『한국기독교 분석 리포트』 (서울: 대한기독교서회, 2023.06.20), 689.

4   지용근 외 10명, 『한국 교회 트렌드 2024』 (서울: 규장, 2023). 42.
5   성경에 '전략'이라는 단어가 한 군데 나온다. "너는 전략으로 싸우라 승리는 지략이 많은에 있느니라" (잠 24:6).
6   최윤식, 최현식, 『빅체인지 한국 교회』 (서울: 생명의말씀사, 2021), 93.
7   연합감리교뉴스(UM News)에 따르면 4월 27일 총회 본회의에서 대의원들은, 연합감리교회는 "성적 지향이나 성 정체성과 상관없이, 모든 사람이 평등한 권리와 자유를 누리고 그리고 개개인의 권리를 보호받아야 한다"라고 선언한 사회생활원칙 개정안(Revised Social Principles) 제1부를 671대 57, 92%의 찬성이라는 압도적인 투표로 통과시켰다. 이어 30일에는 동성 결혼 처벌 조항 삭제, 5월 1일에는 1984년부터 시행해 온 '스스로 동성애자라고 밝힌' 목회 후보자의 안수 금지 조항을 삭제했다. 또 5월 2일, 총회는 1972년 총회 이후 연합감리교회 장정에 포함되었던 '동성애는 기독교 가르침과 양립할 수 없다'라는 문구를 장정에서 삭제했다. 이날 총회 결정으로 지난 52년간 이어온 연합감리교회의 동성애 반대 입장은 종식되었다. 미국장로교(PCUSA)가 동성결혼을 인정한지 10년만에 미국 내 주류 교단 중 하나인 연합감리교회가 동성연애에 대한 입장을 바꾸게 된 것이다.
8   이 율법책을 네 입에서 떠나지 말게 하며 주야로 그것을 묵상하여 그 안에 기록된 대로 다 지켜 행하라 그리하면 네 길이 평탄하게 될 것이며 네가 형통하리라 (수 1:8). 여기서 묵상의 의미를 가진 원어 역시 하가(הָגָה)이다.
9   Charles W Colson, 『이것이 교회다』 (서울: 홍성사, 2011), 51.
10 Lesslie Newbigin, 『교회란 무엇인가』, 홍병룡 역 (서울: IVP, 2023), 7-8.
11 Ibid., 37.
12 Ibid., 107.
13 김병삼 외, 『올라인 교회』 (서울: 두란노, 2021). 26.
14 Paul Ricoeur, "Ye are the salt of the Earth", (Athens: Ohio University Press, 1976), 105-124.
15 Rodney Stark, *Triumph of Christianity: How the Jesus Movement Become the World Largest Religion*, (New York: Harper Collins Publishers, 2011), 156-157.
16 이상규, 『전염병과 마주한 기독교』 (군포: 다함, 2020) 118-125.
17 Stark, *The Rise of Christianity: How the Obscure, Marginal Jesus Movement Become the Dominant Religious Force in the Western World in a Centuries* (New

Jersey, Harper Colins Publishers, 1997), 73-94. 주후 362년 배교자라고 불리던 율리아누스 황제는 갈라디아의 대제사장에게 편지하였다. "우리가 싫어하는 불경건한 갈릴리인(그리스도인)이 어떻게 사람들을 돌보고 자비를 베푸는 지 살펴보라." 로마의 전통 종교를 신봉하던 율리아누스 황제가 전염병으로 사람들이 쓰러져가는 것을 보고 그리스도인들이 베푸는 구제와 사랑을 배워야 한다고 한 것이다.

18 황을호, 『COVID-19 대유행병과 기독교』(서울: 생명의말씀사, 2020) 18.
19 박경수, 이상억, 김정형, 『재난과 교회: 코로나19 그리고 그 이후를』위한 신학적 성찰」(서울: 장로회신학대학원출판부, 2020) 118-125.
20 Ibid. 77-78. 우리 동료 가운데 블랑셰(Pierre Blanchet)가 이들을 돌보겠다고 자원하였고 모두는 잠자코 이를 받아들였다. 만일 그에게 무슨 일이 생긴다면, 나도 이러한 위험을 받아야 하리라는 생각 때문에 두렵다. 당신도 아는바, 우리는 서로에게 빚을 지고 있는 사람들이기에, 누구보다도 우리의 사역을 필요로 하는 사람들이 있는데 우리가 빠져서는 아니 된다.

■ 7부 세상으로 내딛는 빅스텝

1 '다움은 '무엇과 같다' 혹은 '얼마 만한 가치가 있다' 라는 뜻을 지닌 접미사 -답다' 의 명사형이다. 이 용어의 의미를 알맞게 담은 말은 《논어》의 <안연> 편에 나타난다. 난세를 해결하기 위한 제나라 경공의 질문에 대한 공자의 대답이 바로 그것이다. '임금은 임금답게, 신하는 신하답게, 어버이는 어버이답게 자식은 자식답게' 라는 의미의 "군군신신부부자자"(君君臣臣父父子子)다.
2 최윤식, 최현식, 『2020 2040 한국 교회 미래지도 2』 (서울: 생명의말씀사, 2015) 119.
3 Alan Hirsch, 『잊혀진 교회의 길 - 선교적 교회 운동의 근본 개념 교과서』, 오찬규 역 (서울: 아르카, 2020) 56.
4 Jeff Iorg, 『선교사처럼 살라』, 손정훈 역 (서울: 토기장이, 2013) 18.
5 VR은 Virtual Reality의 약자로, 가상 현실을 의미한다. 컴퓨터를 통하여 가상을 현실처럼 체험해 볼 수 있는 기술을 말하며, HDM이라 불리는 기기를 머리에 써서 체험할 수 있으며, 단순 영상 시청부터 사용자의 움직임과 상호 작용하는 게임 등 다양한 콘텐츠가 개발되어 있다. 반면 AR은 Augment-

ed Reality의 약자로 증강 현실을 뜻한다. 가상의 공간에서 콘텐츠를 즐기는 VR과 달리 현실의 이미지 또는 배경에 가상의 이미지를 입히는 기술이다. AR기술은 더욱 발전해서 실제 존재하지 않지만 실제로 존재하는 공간을 구축하여 사용자들이 실제로 공간 안에 있는 것처럼 인식하게 될 것이다. 학교와 기타 모임같은 사람들의 모임 뿐 아니라 유럽의 바티칸시티나 미국의 하와이와 같이 유명 관광지 역시 증강 현실로 구현될 것이다.
6 남지현, "미국 공립 학교에서 휴대폰 금지하자 벌어진 일",「한계레」, 2023년 11월 1일자.
7 탁지일, "2021년 이단 트렌드 전망",「국민일보」, 2021년 1월 15일자.

■ 에필로그

1 Author Unknown, "Start With Yourself."
2 A traching from Rabbi Isral Salanter-The founder of the Modern Musar or Jewish Ethical Mindfulness Movement.

참고 자료

1. 국문 단행본

강준민 외 10명.『포스트코로나 시대와 교회의 미래』. 서울: 동연, 2020.
권형진.『세계 각국사 시리즈: 독일사』. 서울: 대한교과서, 2005.
김균진.『기독교조직신학 4』.서울: 연세대학교 대학출판문화원, 1999.
김난도. 전미영 외 7명,『한국 교회 트렌드 2022』. 서울: 미래의창, 2021.
김도훈.『교회론』, 서울: 고요아침, 2021.
김대식.『챗GPT에게 묻는 인류의 미래』. 서울: 동아시아, 2023.
김병삼 외.『올라인 교회』.서울: 두란노, 2021.
김상일 외 14명.『메타버스 시대의 신학과 목회』. 서울: 동연, 2022.
김용섭.『라이프 트렌드 2020: 느슨한 연대』.서울: 부키, 2019.
_____.『언컨택트-더 많은 연결을 위한 새로운 시대 진화 코드』. 서울: 퍼블리온, 2020.
김형국.『교회를 꿈꾼다』. 서울: 포이에마, 2012.
문화랑.『회복하는 교회-우리가 다시 모일 때』. 서울: 생명의말씀사, 2020.
박경수, 이상억, 김정형.『재난과 교회: 코로나19 그리고 그 이후를 위한 신학적 성찰』. 서울: 장로회신학대학원출판부, 2020.
송민호.『선교적 교회로 가는 길』. 서울: 킹덤북스, 2021.
성영은 외 7명.『포스트 코로나와 교회의 미리』. 서울: 생명의양식, 2021.
신형섭, 신현호.『슬기로운 메타버스 교회학교』. 서울: 두란노, 2022.
오진철.『교회론』. 서울: 누가, 2020.
윤기역.『뉴노멀-우리가 알던 세상은 끝났다』. 서울: 책들의 정원, 2020.
이도영.『페어처치』. 서울: 새물결플러스, 2017.
_____.『코로나19 이후 시대와 한국 교회의 과제』. 서울: 새물결플러스, 2020.
이상규.『전염병과 마주한 기독교』. 군포: 다함, 2020.
이승구.『교회란 무엇인가』. 서울: 말씀과 신학, 2020.
이신건.『교회에 대한 오해와 이해』. 서울: 신앙과 지성사, 2012.
이종찬.『4차 산업시대의 크리스천 일터와 Business As Mission』.서울: 북랩, 2019.
_____.『코로나와 4차 산업혁명이 만든 뉴노멀』. 서울: 북랩, 2020.
이영석.『잠시 멈춘 세계 앞에서』.서울: 푸른역사, 2020.

이윤석. 『4차 산업 혁명과 그리스도인의 삶』. 서울: CLC, 2018.
정재영. 『한국 교회의 미래 10년』. 서울: SFC, 2019.
조영엽. 『교회론』. 서울: CLC, 2012.
_____. 『교회론-기독교 정통교리』. 서울: 언약, 2010.
주안대학원대학교. 『선교하는 교회에서 선교적 교회로』. 서울: 주안대학원대학교 출판부, 2021.
지용근 외 9명. 『한국 교회 트렌드 2023』. 서울: 규장, 2022.
지용근 외 10명. 『한국 교회 트렌드 2024』. 서울: 규장, 2023.
최윤식. 『2020 2040 한국 교회 미래지도』. 서울: 생명의말씀사, 2013.
_____. 『앞으로 5년, 한국 교회 미래 시나리오』. 서울: 생명의말씀사, 2020.
_____. 『빅체인지 한국 교회』. 서울: 생명의말씀사, 2021.
_____. 『2030년 부의 미래지도』. 서울: 지식노마드, 2009.
최윤섭. 『이미 시작된 미래, 헬스케어 이노베이션』. 서울: 클라우드나인, 2014
최홍석. 『교회론』. 서울: 솔로몬, 1998.
케빈 리. 『온라인 사역을 부탁해』. 서울: 두란노, 2021.
한국선교신학회. 『선교적 교회론과 한국 교회』, 서울: 대한기독교서회, 2020.
한국조직신학회. 『교회론』, 서울: 대한기독교서회, 2009.
황을호. 『COVID-19 대유행병과 기독교』, 서울: 생명의말씀사, 2020.

2. 번역 단행본

Berkouwer, G. C. 『개혁주의 교회론』. 나용화, 이승구 역. 서울: CLC, 2016.
Brueggemann, Walter. 『다시 춤추기 시작할 때까지』. 신지칠 역. 서울: IVP, 2020.
Calvin, John. 『기독교 강요-중』. 원광연 역. 서울: 크리스천다이제스트, 2015.
Colson, Charles W. 외 1. 『이것이 교회다』. 김애진 역. 서울: 홍성사, 2011.
Couch, John D. 『교실이 없는 시대가 온다』. 김영선 역. 서울: 어크로스, 2020.
Edmund P. Clowney. 『교회』. 황영철 역. 서울: IVP, 1998.
Engen, Charles Van. 『하나님의 선교적 교회』. 임윤택 역. 서울: CLC, 2014.
Erickson, Millard J. 『복음주의 조직신학 (하)』. 신경수 역. 서울: CH북스, 2000.
_____. 『조직신학개론』. 나용화 역. 서울: CLC, 2013.
Giles, Kevin. 『신약성경의 교회론』. 홍성희 역. 서울: CLC, 2007.
Gladd, Benjamin L. 『하나님 나라와 교회 생활』. 신윤수 역. 서울: 부흥과 개혁사, 2018.
Grantz, Stanley J. 『조직신학』. 신옥수 역. 서울: CH북스, 2017.

Grudem, Wayne A. 『조직신학 (하)』. 노진준 역. 서울: 은성, 2009.
Guder, Darrell L. 『선교적 교회』. 정승현 역. 서울: 주안대학원대학교출판부, 2013.
_____. 『증인으로의 부르심』. 하성식 역. 서울: 새물결플러스, 2016.
Hauerwas, Stanley. 『교회 됨』. 문시영 역. 성남: 북코리아, 2010.
Hirsch, Alan. 『잊혀진 교회의 길』. 오찬규 역. 서울: 아르카, 2020.
Iorg, Jeff. 『선교사처럼 살라』. 손정훈 역. 서울: 토기장이, 2013.
Küng, Hans. 『교회』, 정지련 역. 서울: 한들출판사, 2007.
Lennox, John. 『코로나바이러스 세상, 하나님은 어디에 계실까』. 홍병룡 역. 서울: 아바서원, 2020.
Lewis, Clive Staples 『순전한 기독교』. 장경철, 이종태 역. 서울: 홍성사, 2001.
Louis Berkhof, 『벌코프 조직신학』. 권수경·이상원 역. 서울: 크리스챤다이제스트, 2000.
Lloyd-Jones, Martyn. 『영적 침체』. 정상윤 역. 서울: 복있는 사람, 2014.
Moltmann, Jürgen. 『성령의 능력 안에 있는 교회』. 이신건 역. 서울: 대한기독교서회, 2017.
Newbigin, Lesslie. 『교회란 무엇인가』. 홍병룡 역. 서울: IVP, 2023.
Ridderbos, Herman, 『바울신학』. 서울: 개혁주의 신행협회, 1999.
Schenker, Jason. 『코로나 이후의 세계』. 박성현 역. 서울: 미디어숲, 2020.
Shenk, Willbert R. 『선교의 새로운 영역』. 장훈태 역. 서울: CLC, 2001.
Smith, Christopher C. 『슬로처치』. 김윤희 역. 서울: 새물결플러스, 2015.
Thom S. Rainer. 『코로나이후 목회』. 정성묵 역. 서울: 두란노서원, 2020.
Wells, David. 『용기있는 기독교』. 홍병용 역. 서울: 부흥과 개혁사, 2010.
_____. 『거룩하신 하나님』. 윤석인 역. 서울: 부흥과 개혁사, 2010.

3. 학술지와 학위 논문

김병삼. "미디어교회, 미래를 바라보다", 「월간 교회성장」 323, 2020.
김영석. "2021 온라인교회 건축프로젝트", 「월간 교회성장」 342, 2021.
서영곤. "선교적 교회론에 관한 연구." 박사학위논 문, 예명대학원대학교, 2015.
안덕원. "디지털 미디어 시대의 기독교 예배", 한국복음주의실천신학회, 「복음과 실천신학」 56, 2020.
이승찬. "팬데믹 시대의 한국 교회, 올라인(All-line) 사역 방법론에 대한 연구." 박사학위 논문.
장로회신학대학교 목회전문대학원, 2021.
전생명. "온라인 사역과 선교", 「월간 교회성장」 342, 2021.

정소영. "온라인교회는 교제와 양육을 통한 성도의 회복이다", 「목회와 신학」390, 2021.
주종훈. "디지털 예배의 목회적 신학적 고찰과 실천 방향", 한국복음주의실천신학회 Vol 60, 2021.
조대웅. "네슬리 뉴비긴의 선교적 교회와 겸직 목회의 관계에 대한 실천신학적 고찰." 박사학위 논문, Drew University, 2023.
최승근. "미디어로서의 교회-리터지로서의 예배". 한국복음주의실천신학회. 「복음과 실천신학」60, 2021.
최요한. "온라인 시대 교회의 복음전도." 박사학위 논문, 장로회신학대학교일반대학원, 2021.
최진봉. "비대면 시대, 온라인과 오프라인을 넘나드는 예배". 「목회와 신학」375, 2020.
한국목회자협희회, 「한국 기독교 분석 리포트」 서울: 대한기독교서회, 2023.

4. 영문 단행본

Bavinck, Merman J. *An Introduction to the Science of Mission,* trans. David Hugh Freeman, Grand Rapids: Baker Academic, 1960.

Bonhoeffer, Dietrich. *Letters and Papers from Prison*, New York: Macmillan, 1967.

Church of England Board of Social Responsibility, *Cybernauts Awake!,* London: Church House Publishing, 1999.

Clough, David. *Unweaving the Web: Beginning to Think Theologically About the Internet*, Cambridge: Grove Books, 2002.

Dagg, J. L. *A Treatise on Church Order*, Harrisonburg, VA: Gano Books, 1982.

David Clough, *Unweaving the Web: Beginning to Think Theologically About the Internet,* Cambridge: Grove Books, 2002.

David Lochhead. *Shifting Realities: Information and the Church,* Geneva: WCC Publications, 1997.

Erickson, Millard J. *Christian Theology*, Ada: Baker Academic, 2013.

Gilkey, Langdon. *How the church Can Minister to the World Without Losing Itself,* New York: Harper and Row, 1964.

Grenz, Stanley J. *Theology for the Community of God*, Nachville, TN: Broadman & Holman Publishers, 1994.

Hammet, John S. *Biblical Foundations for Baptist Churches: A Contemporary Ecclesiology*, Grand Rapids: Kregel Academics, 2005.

Hobb, Herchel H. *The Baptist Faith and Message,* Nashville, TN: Convention Press, 2002.

Martin, Ralph. *The Worship of God*, Grand Rapids: Eerdmans, 1982.

Morgan, Edmond S. *Visible Saints: The History of a Puritan Idea*, New York: New York Univerisuty Press, 1963.

Nietzsche, Friedrich. *Thus Spoke Zarathustra*, UK: Oxford University Press, 2009.

Pew Research Center, *Where Milennials End and Generation Z Begins*, 2018.

Ricoeur, Paul. *Ye are the salt of the Earth*, Athens: Ohio University Press, 1976.

Stark, Rodney. *Triumph of Christianity: How the Jesus Movement Become the World Largest Religion*, New York: HarperColins Publishers, 2011.

_____. *The Rise of Christianity: How the Obscure, Marginal Jesus Movement Become the Dominant Religious Force in the Western World in a Centuries*, New Jersey, Harper Colins Publishers, 1997.

Tim Hutchings, *Creating Church Online: A Case-Study Approach to Religious Experience*, in Study in World Christianity 13, 2007.

Wainwright, Arthur W. *The Trinity in the New Testament*, London: S.P.C.K., 1962.

5. 인터넷 자료

김광열. "확장되는 '온라인교회', 공예배 중요성 약화시키면 안 된다". 「기독신문」 2020.11.17.

남지현. "미국 공립학교에서 휴대폰 금지하자 벌어진 일", 「한겨레」, 2023.11.01.

목회데이터연구소. Numbers 82호 "코로나19 정부 방역 조치에 대한 일반 국민 평가 조사."

_____. Numbers 207호 "비개신교인이 바라보는 한국 교회."

신동수. "1920년대 미국 '영적 대공황' 2020년 한국 교회에 주는 교훈". 「크리스천투데이」, 2020.11.26.

이동한. "2024년에 대한 기대감"「여론 속의 여론」, 2024.01.24.

이상규. "초기 기독교는 전염병에 어떻게 대처했을까?". 「한국기독신문」, 2020.03.27.

이은혜. "기독 청년들이 교회를 떠나는 이유, 「뉴스앤조이」, 2021.04.16.

조현. "목사, 99% '교회 내부 혁신 필요' 32.8% '주요 개혁 대상은 목회자'". 「한겨레」, 2021.01.19.

탁지일. "2021년 이단 트렌드 전망", 「국민일보」, 2021.01.15.

한국성결신문. "성결인 신앙 의식 조사 응답자 분석", 2020.07.08.

Encyclopedia. Influenza. "The American Influenza Epidemic of 1918-1919."

Tayler, Justin. "When the Deadly Outbreak Comes: Councel from Martin Luther", 2020.03.12.